Learn to speak Arabic!

Levantine Colloquial Arabic

Omar and Khaled Nassra

Contents

Acknowledgements

We would like to express our sincere thanks to Alice Smith, Thomas Small and Dr. John F. Eppling for their assistance in matters of translation, grammar and general organization. We take of course full responsibility for any errors.

Omar and Khaled Nassra

The authors would appreciate any suggestions for improvement. Please contact Omar Nassra at omar.nassra@hotmail.com and Khaled Nassra at khaled.nassra@gmail.com

www.omarnassra.com
www.khalednassra.com

Introduction

The aim of this book is to present a new method of learning colloquial Arabic which focuses on the grammatical structure of the language. The book is designed for students who can read and write using the Arabic script. It can be used for private study, with a tutor or in the classroom, and is an essential point of reference for any student of colloquial Arabic.

Some teachers of spoken Arabic claim that it is an entirely different language to Modern Standard Arabic (MSA). However, colloquial Arabic is in fact very closely related to MSA. This book presents the similarities and differences between the two, allowing the student to adapt his or her knowledge of MSA in order to communicate with people in everyday situations. The student will be amazed by how quickly the transition from MSA to colloquial Arabic can be made. The book also includes useful expressions, over 150 fully conjugated verbs, relevant dialogues and essential vocabulary.

After studying from this book the student will be able to understand the spoken language of Syria, Lebanon, Jordan and the Palestinian Territories, as the differences between these dialects are minimal.

The Arabic spoken every day in the streets, homes and markets of the Levant is a rich, fascinating language. We recommend that every student of Arabic learn both MSA and colloquial Arabic, as they represent two branches of the same language.

Omar and Khaled Nassra

Chapter 1: The differences between MSA and Syrian colloquial Arabic

The differences between letters used in MSA and colloquial Arabic

إختلاف الأحرف بين الفُصحَى والعَامِّية

1- The letter(ق) becomes (ء) or(آ) in colloquial Arabic.

Example:

English	عَامِيَّة	فُصحَى
Little	(ء) قليل	قليل
Pen	(ء) قلم	قلم

* However, in some cases (usually political terms) the (ق) remains the same.

Example:

English	عَامِيَّة	فُصحَى
Decision	قرار	قرار
Convention	إقناع	إقناع

2- The letter (ء) disappears in colloquial Arabic when it comes at the end of a word.

Example:

English	عامِيّة	فُصحَى
Sky	سما	سماء
Thing	شي	شيء
Behind	ورا	وراء

3- The letter (ء) in the middle of the word becomes (ى) in colloquial Arabic.

Example:

English	عامِيّة	فُصحَى
Sleeping	نايم	نائم
Afraid	خايف	خائف

4- The letter ث)) becomes (ت) in some cases.

Example:

English	عامِيّة	فُصحَى
Many	كتير	كثير
Like	متل	مثل

Sometimes * (ث) becomes (س)

Example:

English	عامِيّة	فُصحَى
Example	مِسَال	مِثال

5- In colloquial Arabic(ظ) becomes (ز)

Example:

English	عامِيّة	فُصحَى
nice	زريف	ظريف

6- The letter (ذ) becomes (د)

Example:

English	عامِيّة	فُصحَى
Gold	دهب	ذهب
This (m.)	هادا	هذا

* Sometimes (ذ) becomes (ز)

Example:

English	عامِيّة	فُصحَى
If	إزا	إذا

7- The feminine marker (ة) becomes (ه) except in the genitive construction where it is pronounced (ة)

Example:

English	عامِيّة	فُصحَى
New	جديده	جديدة

.The garden of the house حديقة البيت

Pronouns الضَمائِر

English	عَامِيِّة	فُصحَى
I	أنا	أنا
We	نِحْنَا	نَحنُ
You	إِنْتِه	أَنتَ
You	إِنْتِي	أَنتِ
You	إِنْتُوا	أَنتُما أَنتُنَّ أَنتُم
He	هُوِّ	هُو
She	هِيِّ	هِيَ
They	هِنِّ	هُما هُنَّ هُم

Demonstrative Pronouns أَسْماء الإشارَة

1- القريب

English	عَامِيِّة	فُصحَى
(.This (m	هَادَا	هَذا
(.This (f	هَيْ	هَذِه
These	هَدُول	هَؤُلاء

2- البعيد

English	عامِيِّة	فُصحَى
(.That (m	هَدَاك	ذَلك
(.That (f	هَدِيك	تِلْك
Those	هَدُنْكِ	أُولَئِكَ

Prepositions أحرف الجَر

English	عَامِيِّة	فُصحَى
in	بــِ	فِي
to	عَ	إلى
on	على/عَ	علَى
about	عَن/مِشَان/عَشَان	عَن
for	لـَ/ مِشَان/عَشَان	لـِ
because	لأَنُّ/ مِشَان/عَشَان	لأَنَّ
because of	مِشَان/عَشَان	بِسَبَبْ
that's why	مِشَان هِيك/ عَشَان هِيك	مِن أَجْلِ ذَلِك
until	حَتَّى	حَتَّى

Affixed Pronouns الضَّمائِر المُتَّصِلة

Example	الضمير المُتصِل	الضّمير المُنفَصِل بالعَامِيِّة
بيتِي	(with noun) ي (with verb) نِي	أنا

بيتْنا	نا	نِحْنَا
بِيتَك	ـَـك	إنْتِه

بيتِك	ـِك	إنْتِي
بيتْكُن	كُن	إنْتُوا
بيتُو	ـــو	هُوِّ
بيتَا	ـــا	هِيِّ
بيتُن	ـــُن	هِنِّ

Example: **مِثَال:**

He asked us for the address.	سَألْنَا عَن العِنوان.
He asked him many questions.	سَألُو كْتِير أَسْئِلِة.
He asked her about her work.	سَألا عَن شِغْلا.
He asked them about the new plan.	سَألُن عَنْ الخِطَّة الجدِيدِة.
Your (pl.) house is very nice	بيتْكُن حِلُو كْتِير.
Her house is far away.	بِيتا بْعِيد مِن هُون.
His house is very big.	بِيتو كْبِير كْتِير.

Pronouns Relative صِلة المَوْصول

English	عَامِيَّة	فُصحَى
who which that	يَلّي/إلّلي	الذَّي التَّي اللَّذين
whom	يَلّي/إلّلي	اللاتي

		.
		.
		.

The Negative

النَّفي

نَسْتَخْدِمِ (مَا) مَعْ الأفعال والصِّفَات والأَسْمَاء *.

– ماverb +	**– ما + فِعِل**
.I don’t want to go	ما بِدّي رُوح.
.I will not eat	ما رَحْ آكُل.
.I didn’t do the homework	مَا سَاويت الوظِيفة.
– ما adjective or noun +	**– ما + صِفَة أو إِسم**
.Not nice	مَا حِلو.
.Not big	مَا كْبِير.
.Not ugly	مَا بِشِع.
مَا هُوِّ البيت يلّي أنا بِدّي إِسْكُن فِيه. I don’t want to live in this house.	

*** نَسْتَخْدِمِ (مو) فقط مع الصِّفَات والأَسْمَاء.**

.Not nice	مو حِلو.
.Not ugly	مو بشِع.
.Not used	مُو مُستَعْمَل.
.Not dirty	مو وسِخ.
مُو المَحل الكبير المَحِل الصْغِير. Not the big shop, the small shop.	

(Note (A

* مِن الأَفضَل أن تَستَخدِم (ما) مع الفِعِل و(مو) مع الصِفَة والإِسِم حَتّى لا تحتار بينِهما.

Questions كلِمَات السُّؤال

English	عامِيّة	فُصحى
What	شُو	مَاذَا
Who	مِينْ	مَنْ
Where	وِينْ	أَيْنَ
To where	لَوِين	إِلى أَيْنَ
From where	مِنْ وِين	مِنْ أَيْنَ
Why	لِيش	لِمَاذا
When	إيمْتَى	مَتَى
----	فِيكْ	هَلْ
Which	أَيْ/أَنُو	أَيْ
How	كِيفْ	كَيْفَ
How many	كَمْ	كَمْ
How much/old/far	أَدِّيش	كَمْ

Example: مِثَال:

What is your name?	شُو إِسْمَك؟
What did you do yesterday?	شُو سَاويت إِمْبَارِح؟
What is the date today?	شُو اليوم؟

Who is this (m.)?	مِينْ هَادَا؟

Who is this (f.)?	مينْ هَيْ؟
Why did you (m.) go home?	لِيش رِحِت عَ البيت؟
?How much are these	أديِّش هَادا؟
?How much are these	أديِّش هَدُول؟
?How old are you	أديِّش عِمْرَك؟
?When is the party	إيمْتى الحَفْلِة؟
?When is the lesson	إيمْتى الدَّرْس؟
?Where are you (m.) from	مِن وين إنْتِه؟
?Where are you (f.) from	مِنْ وين إنْتي؟
?Where are you (m.) going	لَوين رايح؟
?Where are you (f.) going	لَوين رَايْحَة؟
?How was the food at the restaurant	كِيف كَان الأَكِل بِـ المَطْعَم؟
What time do you (m.) want ?to go	أيْ سَاعَه بِدَّك تْروح؟
?Which book do you want	أيْ كْتاب بِدَّك؟

*

The Genitive Construction (Idafa) — الإضافَة

Indefinite noun + definite noun — * اِسِم نكِرَة + اِسِم مَعْرِفِة

Example: — مِثَال:

A student of the class.	طالِب الصَّف.
Khaled's book.	كتاب خالد.

The teacher's house.	بيت الإستاذ.
The hummus shop.	مَحل الحُمُّص.

* اِسِم نكِرَة + ضَمير مُتَّصِل

My house	بيتي

Possession المُلْكيَّة

To have عَنْد الحَاضِر

English	عَنْد	الضّمير بالعَاميِّة
I have	عَنْدِي	أنا
We have	عَنَّا	نِحْنَا
You have	عَنْدَك	إِنْتِه
You have (f.)	عَنْدِك	إِنْتِي
You have (pl.)	عَنْدكُن/عَنْكُن	إِنْتُوا
He has	عَنْدو	هُوِّ
She has	عَنْدا	هِيِّ
They have	عَنْدُن	هِنِّ

مِثَال: Example:

I have a car.	أنا عَنْدِي سَيَّارَة.
He has a nice house.	هُوِّ عَنْدو بيت حِلُو.
She has a shop in Bab Touma.	هِيِّ عَندا مَحَل بـِ باب تُوما.
We are having a party today.	عَنَّا حَفْلِة اليُوم.

Past المَاضي

Had كان عند

English	عنْد	الضّمير بالعامِيّة
I had	كَان عَنْدِي	أنا
We had	كَان عَنَّا	نِحْنَا
You had	كَان عَنْدَك	إنْتِه
(.You had (f	كَان عَنْدِك	إنْتِي
(.You had (pl	كَان عَنْدكن/عَنْكُن	إنْتوا
He had	كَان عَنْدو	هُوِّ
She had	كَان عَنْدا	هِيِّ
They had	كَان عَنْدُن	هِنِّ

Example: **مِثَال:**

I had a house.	كَان عَنْدِي بيت.
He had a book shop.	كَان عَنْدو مكتَبْة.
They had a car.	كَان عَنْدُن سيَّارَة.
She had a party yesterday.	كَان عَندا حفلِة إمْبَارِح.

Future المستقبل

Will have **رح + يكون + عند**

English	عنْد	الضّمير بالعامِيّة
I will have	رَح يْكوُن عَنْدِي	أنا
We will have	رَح يْكوُن عَنَّا	نِحْنَا
You will have	رَح يْكوُن عَنْدَك	إنْتِه
You will have (f.)	رَح يْكوُن عَنْدِك	إنْتِي
You will have (pl.)	رَح يْكوُن عَنْدكن/عَنْكُن	إنْتُوا

He will have	رَح يْكوُن عَنْدو	هُوِّ
She will have	رَح يْكوُن عَنْدا	هِيِّ
They will have	رَح يْكوُن عَنْدُن	هِنِّ

Example: **مِثَال:**

He will have a house in Bab Touma.	رَح يْكوُن عَنْدو بيت بـِ بَاب تُوما.
You (m.) will have a very nice shop.	رَح يْكوُن عَنْدَك مَحَل كْتير حِلُو.
You (f.) will have a bookshop.	رَح يْكوُن عَنْدِك مكْتَبَة.
She will have a party on Thursday.	رَح يْكوُن عَنْدا حَفْلِة يُوم الخَميس.

*

Possession إِلْـــ

English	إِلْــ	الضّمير بالعَامِيّة
My / Mine	إِلي	أنا
Our / Ours	إِلْنَا	نِحْنَا
You / Yours (m.)	إِلَك	إِنْتِه
You / Yours (f.)	إِلِك	إِنْتِي
You / Yours (pl.)	إِلْكُن	إِنْتُوا
His	إِلُو	هُوِّ
Her / Hers	إِلاَ	هِيِّ
Their / Theirs	إِلُن	هِنِّ

*

Possession تَبَعْ

English	تَبَعْ	الضّمير بالعَاميِّة
My / Mine	تَبَعِي	أنا
Our / Ours	تَبَعْنا	نِحْنَا
You / Yours (m.)	تَبَعَك	إِنْتِه
You / Yours (f.)	تَبَعِك	إِنْتِي
You / Yours (pl.)	تَبَعْكُنْ	إِنْتُوا
His	تَبَعُو	هُوِّ
Her / Hers	تَبَعَا	هِيِّ
Their / Theirs	تَبَعُنْ	هِنِّ

*

Note ((B

Note (1):

English	عَاميِّة	عَاميِّة
You (m) and I	أَنَا + إِنْتِه	أَنَا وِيَّاك
You (f) and I	أَنَا + إِنْتي	أَنَا وِيَّاكِي
You (pl) and I	أَنَا + إِنْتُو	أَنَا وِيَّاكُن
He and I	أَنَا + هُوِّ	أَنَا وِيَّاه
She and I	أَنَا + هِيِّ	أَنَا وِيَّاها
They and I	أَنَا + هِنِّ	أَنَا وِيَّاهُن

مِثال:

- بدِّي رُوح أَنَا وِيَّاه عَ الجَامْعَة.
- أَنَا وِيَّاه بِدْنَا نْرُوح عَ الجَامْعَة.
- بدِّي إِدْرُس أَنَا وِيَّاكن بِـــ هَيْ المَكْتَبِة.
- أَنَا وِيَّاكُن بِدْنَا نِدرُس بِـــ هَيْ المَكْتَبَة.

***

Note (2):

1– بِدَّك + فِعل مُضَارِع

Example: **مِثال:**

Do you want to go with me?	بِدَّك تْروح مَعي شِي؟

2– بِدَّك + إِسم

Example: **مِثال:**

Do you want some food?	بِدَّك أَكِل شِي؟
Do you want some tea?	بِدَّك شَاي شِي؟

Note (3):

1– بِتْحِب + فِعل مُضَارِع

Example: **مِثال:**

Would you like to eat falafel with me?	بِتْحِب تَاكُل فَلافِل مَعِي؟

2– بِتْحِب + إِسِم

Example: **مِثال:**

Do you like Arabic food?	بْتحِب الأَكِل العَرَبي؟
Do you like the life here?	بْتحِب الحَيَاة هُون؟

Note (4):

1- شُو رَأْيَك + فِعل مُضَارِع

1- What do you think + verb in present

Example: **مِثال:**

What do you think about going to the party with me?	شُو رَأْيك تْروح مَعي ع الحَفْلِة؟

2- شُو رَأْيَك بِـــ + إِسم

2- What do you think about + noun

Example: **مِثال:**

What do you think about the house?	شُو رَأْيك بِـــ البيت؟

Numbers العَدَد

(A)

English	عَامِيِّة	فُصْحَى	العَدَد
0	صفْر	صِفْرْ	٠
1	وَاحِد	وَاحِد	١
2	اِتْنِين	اِثْنَان	٢
3	تْلاتِة	ثَلاثَة	٣

4	أَرْبَعَة	أَرْبَعة	٤
5	خَمْسِة	خَمْسَة	٥
6	سِتِّة	سِتَّة	٦
7	سَبْعَة	سَبْعَة	٧
8	تْمَانِة	ثَمَانية	٨
9	تِسْعَة	تِسْعَة	٩
10	عَشْرَة	عَشَرَة	١٠

Notice **لاَحِظ**

* مِن /3–10/ المَعْدود فِي حَالِة الجَمع كَما فِي الفُصْحى و العَدَد فِي حَالة المُذَكَّر دائِماً عِندما يُذْكَر.

* Between the numbers 3 - 10 the counted noun is always plural (as in MSA) and the number is always masculine.

Example: **مِثال:**

7 chairs.	سَبِع كَراسِي.
8 books.	تْمَن كِتِب.
9 houses.	تِسِع بيوت.
10 cars.	عَشْر سَيّارات.
6 shops.	سِت مَحلاَّت.
3 boys.	تْلَت وْلاد.

5 tables.	خَمِس طَاوْلات.

(B)

English	عَاميِّه	فُصْحَى	العَدَد
11	اِدعِش	أَحَدَ عَشَر	١١
12	اِطْنَعِش	اِثنا عَشَر	١٢
13	تْلَطَّعِش	ثَلاثَة عَشَر	١٣
14	أَرْبَطَعِش	أَرْبَعَة عَشَر	١٤
15	خَمِسْطَعِش	خَمْسَة عَشَر	١٥
16	سطَّعِش	سِتَّة عَشَر	١٦
17	سَبَعْطَعِش	سَبْعَة عَشَر	١٧
18	تْمَنْطَعِش	ثَمَانِية عَشَر	١٨
19	تِسِعْطَعِش	تِسْعَة عَشَر	١٩

Notice

لاَحِظ

* مِن /11 – 19/ المَعدُود فِي حَالَةِ المُفرِد والأعْداد مِن دَائماً تَنْتَهي بِـ (ر) عِنْدما يَذْكَر المعدُود.

* From 11 – 19 the counted noun is always singular. The final (ر) is only pronounced when the number is followed by a noun.

Example: **مِثال:**

I have 14 books.	عِنْدي أَرْبَع طَعْشَر كتَاب.
There are 15 tables in the house.	فِي خَمِسْ طَعْشَر طَاوِلَة بِـــ البِيت.
I bought 17 chairs.	إشْتَريت سَبع طَعْشَر كِرْسِي.
I have 19 pens.	مَعي تِسِع طَعْشَر قلَم.

(C)

English	عَامِيَّة	فُصْحَى	العَدَد
20	عِشْرِين	عُشْرون / عِشرين	٢٠
30	تْلاتِين	ثَلاثون / ثَلاثين	٣٠
40	أَرْبِعين	أَرْبَعُون / أَرْبَعين	٤٠
50	خَمْسِين	خَمْسُون / خَمْسِين	٥٠
60	سِتِّين	سِتُّون / سِتِّين	٦٠
70	سَبْعِين	سَبْعُون / سَبْعِين	٧٠
80	تْمَانِين	ثَمَانُون / ثَمَانِين	٨٠
90	تِسْعِين	تِسْعُون / تِسْعِين	٩٠

Notice **لاَحِظ**

* من /2 – 9/ المَعدُود دَائماً فِي حَالَةِ المُفرد و الأعْداد.

* From 20 – 90 the counted noun is always singular.

Example: **مِثال:**

I have 20 pens.	عِنْدي عِشْرين قَلَم.

He has 30 carpets.	عَنْدو تْلاتِين سِجَّادِة.
I saw 50 students.	شِفت خَمْسِين طَالِب.
I wrote 90 articles.	كَتَبت تِسْعِين مَقَالِة.

(d)

English	عَامِيِّة	فُصحَى	العَدَد
26	سِتَّة وْ عِشرين	سِتَّة وَعِشْرون / عِشْرين	٢٦
29	تِسْعَة وْ عِشرين	تِسْعة وَ عِشْرون / عِشْرين	٢٩
77	سَبْعَة وْ سَبْعِين	سَبْعة وسَبْعون / سَبْعِين	٧٧
75	خَمْسَة وْ سَبْعِين	خَمْسَة وسَبْعون / سَبْعِين	٧٥
52	اِتْنين وْ خَمسين	اِثنان وَ خَمْسُون / خَمْسِين	٥٢
43	تْلاتِة وْ أَرْبعين	ثَلاثَة وَ أَرْبَعون / أَرْبَعين	٤٣

Notice **لاحِظ**

* المَعدُود بَعد الأعْداد المعطوفة دائِماً فِي حَالِةِ المُفرِد.

* After numbers above 20 which are linked with 1 – 9 the counted noun is singular.

Example: **مِثال:**

I bought 26 books.	إِشْتَرِيت سِتَّة وْ عِشْرِين كِتاب.
He has 77 pens.	مَعُو سَبْعَة وْ سَبْعِين قَلَم.
She has 43 chairs.	عَندا تْلاتِة وْ أَرْبعين كِرسِي.
There are 29 rooms in my house.	فِي بِـــ بيتي تِسْعَة وْ عِشْرِين غِرْفِة.

(E)

English	عَامِيّة	فُصْحى	العَدَد
100	مِيِّة	مِئَة	١٠٠
200	ميتين	مِئَتان / مِئَتين	٢٠٠
300	تْلات مِيِّة	ثلاثُ مِئَة	٣٠٠
400	أَرْبَعْ مِيِّة	أَرْبعُ مِئَة	٤٠٠
500	خَمِسْ مِيِّة	خَمْسُ مِئَة	٥٠٠
600	سِتْ مِيِّة	ستُّ مِئَة	٦٠٠
700	سَبِعْ مِيِّة	سَبْعُ مِئَة	٧٠٠
800	تْمانْ مِيِّة	ثَمانُ مِئَة	٨٠٠
900	تِسِعْ مِيِّة	تِسْعُ مِئَة	٩٠٠
1000	أَلف	أَلف	١٠٠٠
2000	أَلفين	أَلفان / أَلفين	٢٠٠٠

3000	تْلَتْ تالاف	ثلاثة آلاف	٣٠٠٠
4000	أَرْبَعْ تالاف	أَربعْة آلاف	٤٠٠٠
5000	خَمِسْ تالاف	خَمسِة آلاف	٥٠٠٠
6000	سِتّ تالاف	سِتّة آلاف	٦٠٠٠
7000	سَبع تالاف	سَبعة آلاف	٧٠٠٠
8000	تَمْن تالاف	ثَمانية آلاف	٨٠٠٠
9000	تِسع تالاف	تِسعة آلاف	٩٠٠٠
1,000,000	مِلْيون	مِلْيون	١٠٠٠٠٠٠

Notice — **لاحِظ**

* After these numbers the counted noun is always singular.

Example: **مِثال:**

I paid 2000 lira for this book.	دَفَعِت أَلفين لِيرَة مِشان هادَا الكِتْاب.
I have 3000 papers.	مَعِي تْلت تَالاف وَرَقة.
They bought 5000 CDs.	إِشْتَرو خَمِس تَالاف CD

***

The endings of nouns, adjectives and verbs

One of the main differences between MSA and colloquial Arabic is that in colloquial Arabic the vowels at the end of adjectives and nouns (which demonstrate either the nominative, accusative or genitive case) disappear. In other words, all nouns and adjectives end with sukoon (ْ).

مِثَال:

الجَوْ حِلُوْ
رَحِتْ عَ البيتْ
أكَلَت خِبزْ

* In colloquial Arabic all verbs end with sukoon (ْ).

Pronouns	عَامِيّة	فُصحَى

I	كَتبْتِ	كَتَبْتُ
We	كَتبْنَا	كَتَبْنَا
(.You (m	كَتْبتْ	كَتَبتَ
(.You (F	كَتبتَي	كَتَبتِ
(.You (pl	كَتَبْتُوا	كَتَبْتُم(هم)
		كَتَبْتُنَّ(هُنَّ)
		كَتَبا(هُماَ)
He	كَتَبْ	كَتَبَ
She	كَتْبتْ	كَتَبَتْ
They	كَتَبُوا	كَتَبُوا(هُم)
		كَتَبْنَ (هَنَّ)
		كَتَبَا (هُمّا)

Chapter 2: Verbs

Arabic verbs can be divided into two groups, regular verbs and helping verbs.

1- Helping verbs:

Helping verbs are used to help the main verb in the sentence. They have two tenses, past and present. These verbs are:

Helping verbs	الأفعَال المُساعِدة
To want	بِدِّي
To be able to	فِيني بِحْسِن بِقْدِر
To have to	لاَزِم
To need	لازمني
To like, to love	بْحِب

To want بِدُّو

الماضي	المضارع	الضمير
كان بِدِّي	بِدِّي	أنا
كان بِدْنا	بِدْنا	نِحْنَا
كان بِدَّك	بِدَّك	إنْتِه
كان بِدِّك	بِدِّك	إنْتِي
كان بِدْكُن	بِدْكُن	إنْتوا
كان بِدُّو	بِدُّو	هُوِّ

كان بِدَّا	بِدَّا	هِيِّ
كان بِدُّن	بِدُّن	هِنِّ

To be able to
فِيني

الماضي	المضارع	الضمير
كان فِيني	فِيني	أنا
كان فِينَا / فينَّا		نِحْنَا
كان فِينَك / فِيك		إِنْتِه
كان فِينِك / فِيكي		إِنْتِي
كان فِينْكن / فِيكُن		إِنْتُوا
كان فِينو / فِيه/ فِيُّو		هُوِّ
كان فِينا / فِيَّا		هِيِّ
كان فِينُن		هِنِّ

To have to / must / should
لاَزِم

كان لاَزِم	لاَزِم	الضمير
كان لاَزِم	لاَزِم	أنا
كان لاَزِم	لاَزِم	نِحْنَا
كان لاَزِم	لاَزِم	إِنْتِه
كان لاَزِم	لاَزِم	إِنْتِي

إنْتُوا	لاَزِم	كان لاَزِم
هُوِّ	لاَزِم	كان لاَزِم
هِيِّ	لاَزِم	كان لاَزِم
هِنِّ	لاَزِم	كان لاَزِم

To need to **لَازم + ني / مك / يك / كُن / نا / مو**

الضمير	المضارع	الماضي
أنا	لاَزمني	كان لاَزمني
نِحْنَا	لاَزِمْنَا	كان لاَزِمْنَا
إنْتِه	لاَزْمَك	كان لاَزْمَك
إنْتِي	لاَزْمِك	كان لاَزْمِك
إنْتُوا	لاَزِمْكُن	كان لاَزِمْكُن
هُوِّ	لاَزْمُو	كان لاَزْمُو
هِيِّ	لاَزْما	كان لاَزِم
هِنِّ	لاَزْمَن	كان لاَزْمَن

To like / to love / would like **بْحِب**

الضمير	المضارع	الماضي
أنا	بْحِب	حَبِّيت
نِحْنَا	بِنْحِب	حَبِّينا
إنْتِه	بِتْحِب	حَبِّيت
إنْتِي	بِتْحِبِّي	حَبِّيتي

إِنْتُوا	بِتحِبُّوا	حَبِّيتُوا
هُوِّ	بيحِب	حَبْ
هِيِّ	بِتْحِب	حَبِّيت
هِنِّ	بيحِبُّو	حَبُّوا

بِقْدِر Can / to be able to

- هذا الفعل يستخدم في المُضارِع في أَغلب الأحيان ولذلك سَنَكتفي بوضع تصريفُه في المُضارِع نظراً لِـ عَدَم الحاجةِ.

الضمير	المضارع
أنا	بِقْدِر
نِحْنَا	بنِقْدِر
إِنْتِه	بتِقْدِر
إِنْتِي	بتِقدري
إِنْتُوا	بتِقدْروا
هُوِّ	بيقْدِر
هِيِّ	بتِقْدِر
هِنِّ	بيقِدْروا

بِحْسِن Can / to be able to

* وهذا الفعل فِي أغلب الأحيان يُستَخدَم فِي المُضَارِع.

الضمير	المضارع
أنا	بِحْسِن

نِحْنَا	بنِحْسِن
إِنْتِه	بتِحْسِن
إِنْتِي	بتِحْسني
إِنْتُوا	بتِحِسْنُوا
هُوِّ	بيِحْسِن
هِيِّ	بتِحْسِن
هِنِّ	بيحِسْنُوا

***

1- Regular verbs:

By "regular verbs" we mean those verbs which have the following tenses:

- **Past tense.**
- **Present continuous.**
- **Simple present.**
- **Past habitual.**
- **Simple future.**
- **Future continuous.**
- **Past continuous.**

and from which we can derive present and past participles. In compiling our list of regular verbs, we have adapted the system of ten forms which are familiar to students of modern standard Arabic. Before entering upon the system of conjugating verbs, we shall

.explain the way tenses are used in colloquial Arabic

1- The continuous present: المُضَارِع المُسْتَمر

In colloquial Arabic, the continuous present corresponds with the English continuous tense, i.e. "I am eating", though it is used only to refer to actions being accomplished at the present moment, right now.

- Verb + ing — **عَمْ + فِعِل مُضَارِع –**

Example: — **مِثَال:**

I'm eating.	عَمْ آكُل.
I'm going.	عَمْ رُوح.
I'm walking.	عَمْ إمْشِي.
I'm trying.	عَمْ جَرِّب.

2- The simple present: المُضارِع الإعتِيادي

The simple present corresponds with the English simple present tense and, as in English, is used to refer to habitual actions: "I don't eat meat." Also, unlike in English, it is used to refer to an intended action in the immediate future.

- بـــ + فِعِل

Example: **مِثَال:**

I eat.	بَاكُل.
I go.	بْروح.
I walk.	بِمْشِي.
I try.	بْجَرِّب.
Every day I go to university.	كِل يوم بْرُوح ع الجَامْعَة.
I always eat falafel.	دائماً بَاكُل فَلافِل.

3- The simple future: المُسْتَقبَل

The simple future corresponds with the English 'will' or 'going to', to denote a future action. The future particle in colloquial Arabic is رَح + فِعِل , although there is a contracted form of this, فِعِل + حَ, which is used in quick speech or with certain verbs to ease pronunciation.

Will + verb – going to + verb /	**– رَح + فِعِل**
- 'll + verb	**– حَ + فَعَل**

Example: **مِثَال:**

I'll eat.	رَح آكُل.
I'll go.	رَح رُوح.
I'll walk.	رَح إِمْشِي.
I'll try.	رَح جَرِّب.

4- The past continuous: الْمَاضي الْمُسْتَمر

The past continuous is used exactly as the continuous past in English, " I was eating ", to denote a past uncompleted action. As in English, this tense is not appropriate for every verb. Note as well that the past continuous can be used to express the pluperfect i.e., " I have been eating ", depending on context.

- كِنْت/كِنَّا/كِنت/كِنتِي/كِنْتُوا/كان/كانِت/كَانوا/ + عم + فِعل مُضارِع

- **Was / were + verb + ing**

Example: **مِثَال:**

I was eating.	كِنْت عَمْ آكُل.
I was walking.	كِنْت عَمْ إِمْشِي.
I was sleeping.	كِنْت عَمْ نَام.
I was trying.	كِنْت عَمْ جَرِّب.

5- The past habitual: الْمُضارِع التام

The past habitual is used to denote past habits, which in English is usually expressed using the auxiliary verb, "used to", i.e. "I used to eat meat."

- كِنْت/كِنّا/كِنت/كِنتي/كْنتُوا/كان/كانِت/كَانوا/ +فِعل مُضارِع

Was / were + verb -

Example: **مِثَال:**

I used to go to this restaurant.	كِنْت رُوح عَ هَادا المَطْعَم.
I used to study for 8 hours per day at university.	كِنْت إدْرُس بـــ الجَامْعَة كِل يُوم تْمِن سَاعَات.
I used to play in this garden when I was a child.	كِنت إلْعَب بـــ هَي الحَدِيقة وَقِت كِنت زغير.

6- The future continuous: المُسْتَقْبَل المُسْتَمر

The future continuous is used to denote a future uncompleted action, i.e. "I will be working when you come home". Note that in colloquial Arabic this tense is almost always accompanied by a preceding clause specifying the future context, beginning with the particle (وَقْت) (wa'et), meaning, for example, "when I'm in Syria, I will study Colloquial Arabic". Also note that Arabic uses the future tense rather than the present simple for the 'when' clause so the literal translation is: "When I will be in Syria I will be studying Arabic".

- رَح+/كُون/نكون/تكون/تْكونوا/يكون/تْكون/يكُونوا/+ عم + فِعِل مُضارِع

Example: **مِثَال:**

When I am in Egypt, I will be studying Arabic.	وقْت رَح كون بـــ مَصِر رَح كون عَمْ إدْرُس عَرَبي.
When I go to Britain, I will work.	وَقْت رَح روح ع بِريطانيا رَح كُون عَمْ إشْتِغِل.

7- The Active Voice:

The active participle is used in colloquial Arabic to express the continuous present, i.e."I am eating".

* اسم الفاعل = عم + فِعِل مُضارع = المُضارع المستمر

روح ← رَايح

Example: **مِثَال:**

I am going to the house.	أنا رايح عَ البيت.

إجى ← جَاي

:Example **مِثَال:**

.I am coming to the shop	أنا جاي عَ المَحَل.

* The active participle is also used to express the English perfect tense.

أكل ← آكِل

Example:	**مِثَال:**
I have eaten "foul".	أنا آكِل فول.

حكى ← حاكي

:Example **مِثَال:**

.I have talked to Samir	أنا حاكي مع سَامِر.

8- The future perfect: المستقبل التام

We can use the active participle to create the future perfect, i.e. "I will have eaten."

* رَحِ+/كُون/نْكون/تْكون/تْكونوا/يكون/تْكون/يكُونوا/+ اسم الفاعل

Example: **مِثَال:**

He will have written.	رَحِ يْكون كَاتِب.
She will have studied.	رَحِ تْكون دَارْسِة.
They will have finished.	رَحْ يْكُونوا خَالصِين.

9- The Passive Participle: المَبني لِلمَجهُول

In colloquial Arabic the passive participle is usually used as adjective, but is sometimes used as a noun.

Example: **مِثَال:**

English	المَبني لِلمَجهُول	الفعل
Letter (n.)	مَكتُوب	كَتَب
Food (n.)	مَأْكُول	أَكَل
Understood (adj.)	مَفهُوم	فَهم
Used (adj.)	مُستَعْمَل	إستَعْمَل
Drink (n)	مَشْرُوب	شَرِب
Opened (adj.)	مَفْتُوح	فَتح

- The passive participles of Forms 5, 6, 7 and 9 are not used.

Form	Verb	Passive Participles
Form 1	فَعَل	مَفْعُول
Form 2	فَعَّل	مُفَعَّل
Form 3	فاعَل	مُفاعَل

Form 4	أَفْعَل	مُفْعِل
Form 8	افْتَعَل	مُفْتَعِل
Form 10	اسْتَفْعَل	مُسْتَفْعِل

* In colloquial Arabic we find the same 10 verb forms as in MSA. The most important of these forms are Form 1 (فَعَل) and Form 2 (فَعَّل).

Form 1	فَعَل
Form 2	فَعَّل
Form 3	فاعَل
Form 4	أَفْعَل
Form 5	تَفَعَّل
Form 6	تَفاعَل
Form 7	انْفَعَل
Form 8	افْتَعَل
Form 9	افْعَلّ
Form 10	اسْتَفْعَل

* * *

Chapter 2: Verb conjugation tables

Form 1	**فَعْل**

Table (A)

To open   فَتَح / يِفْتَح   فَتَح

الضمير	الماضي	المضارع	المضارع		المستقبل
			الاعتيادي	المستمر	
أنا	فَتَحت	اَفْتَح/اِ	بِفْتَح	عَمْ اَفْتَح/اِ	رَح/حَ اَفْتَح/اِ
نِحْنَا	فَتَحْنا	نَفْتَح	بنِفْتَح	عَمْ نَفْتَح	رَح/حَ نَفْتَح
إنْتِه	فَتَحْت	تِفْتَح	بتِفْتَح	عَمْ تِفْتَح	رَح/حَ تِفْتَح
إنْتِي	فَتَحْتي	تِفْتَحي	بتِفْتَحي	عَمْ تِفْتَحي	رَح/حَ تِفْتَحي
إنْتُوا	فَتَحْتُوا	تِفْتَحُوا	بتِفْتَحُوا	عَمْ تِفْتَحُوا	رَح/حَ تِفْتَحُوا
هُوِّ	فَتَح	يِفْتَح	بيِفْتَح	عَمْ يِفْتَح	رَح/حَ يِفْتَح
هِيِّ	فَتَحِت	تِفْتَح	بتِفْتَح	عَمْ تِفْتَح	رَح/حَ تِفْتَح
هِنِّ	فَتَحُوا	يِفْتَحُوا	بيِفْتَحُوا	عَمْ يِفْتَحُوا	رَح/حَ يِفْتَحُوا

المضارع التام: rarely used

الأمر:

- إنْتِه: اِفْتَاح
- إنْتِي: اِفْتَحي
- إنْتُوا: اِفْتَحُوا

الضمير	اسم الفاعل	اسم المفعول
أنا / إنْتِه / هُوِّ	فَاتِح	مَفْتُوح
أنا/ إنْتِي / هِيِّ	فَاتْحَة	مَفْتُوحَة
إنْتُوا / نِحْنَا / هِنِّ	فَاتْحِين	مَفْتُوحِين

المصدر: فَتح

To pay   دَفَع / يِدْفَع   دَفَع

الضمير	الماضي	المضارع	المضارع		المستقبل
			الاعتيادي	المستمر	

أنا	دَفَعت	اَدْفَع/اِ	بِدْفَع	عَمْ اَدْفَع/اِ	رَحْ/حَ اَدْفَع/اِ
نِحْنَا	دَفَعْنا	نَدْفَع	بِنَدْفَع	عَمْ نَدْفَع	رَحْ/حَ نَدْفَع
إنْتِه	دَفَعت	تِدْفَع	بِتِدْفَع	عَمْ تِدْفَع	رَحْ/حَ تِدْفَع
إنْتِي	دَفَعتِي	تِدْفَعِي	بِتِدْفَعِي	عَمْ تِدْفَعِي	رَحْ/حَ تِدْفَعِي
إنْتُوا	دَفَعْتُوا	تِدْفَعُوا	بِتِدْفَعُوا	عَمْ تِدْفَعُوا	رَحْ/حَ تِدْفَعُوا
هُوِّ	دَفَع	يِدْفَع	بِيدْفَع	عَمْ يِدْفَع	رَحْ/حَ يِدْفَع
هِيِّ	دَفْعِت	تِدْفَع	بِتِدْفَع	عَمْ تِدْفَع	رَحْ/حَ تِدْفَع
هِنِّ	دَفَعُوا	يِدْفَعُوا	بِيدْفَعُوا	عَمْ يِدْفَعُوا	رَحْ/حَ يِدْفَعُوا

المضارع التام: كِنْت اَدْفَع/اِ / كنَّا نَدْفَع / كِنت تِدْفَع / كِنتي تِدْفَعِي / كِنتُوا تِدْفَعُوا / كان يِدْفَع / كانِت تِدْفَع / كانوا يِدْفَعُوا

الأمر:

- إنْتِه: اِدْفاع
- إنْتِي: اِدْفَعي
- إنْتُوا: اِدْفَعُوا

الضمير	اسم الفاعل	اسم المفعول
أنا / إنْتِه / هُوِّ	دَافِع	مَدْفُوع
أنا/ إنْتِي / هِيِّ	دَافْعَة	مَدْفوعَة
إنْتُوا / نِحْنَا / هِنِّ	دَافْعِين	مَدْفوعِين

المصدر: دَفْع

To succeed نَجَح / يَنْجَح   نَجَح

المستقبل	المضارع		المضارع	الماضي	الضمير
	المستمر	الاعتيادي			
رَح/حَ اَنجَح/اِ	عَم اَنجَح/اِ	بِنجَح	اَنجَح/اِ	نَجَحْت	**أنا**
رَح/حَ نَنْجَح	عَمْ نَنْجَح	بِنَنْجَح	نَنْجَح	نَجَحْنا	**نِحْنَا**
رَح/حَ تِنْجَح	عَمْ تِنجَح	بِتِنجَح	تِنجَح	نَجَحْت	**إنْتِه**
رَح/حَ تِنْجَحِي	عَمْ تِنْجَحِي	بِتِنجَحِي	تِنْجَحِي	نَجَحْتي	**إنْتِي**
رَح/حَ تِنْجَحُوا	عَمْ تِنْجَحُوا	بِتِنجَحُوا	تِنْجَحُوا	نَجَحْتُوا	**إنْتُوا**
رَح/حَ ينجَح	عَمْ ينجَح	بِينجَح	ينجَح	نَجَح	**هُوِّ**
رَح/حَ تِنْجَح	عَمْ تِنجَح	بِتِنجَح	تِنجَح	نَجَحِت	**هِيِّ**
رَح/حَ ينجَحُوا	عَمْ ينجَحُوا	بِينجَحُوا	ينجَحُوا	نَجَحُوا	**هِنِّ**

المضارع التام: Not used

الأمر:

– إنْتِه: اِنْجَاح
– إنْتِي: اِنجَحِي
– إنْتُوا: اِنجَحُوا

اسم المفعول	اسم الفاعل	الضمير
	نَاجِح	**أنا / إنْتِه / هُوِّ**
Not used	نَاجْحَة	**أنا/ إنْتِي / هِيِّ**
	نَاجِحِين	**إنْتُوا / نِحْنَا / هِنِّ**

المصدر: نَجَاح

43

أَرْسَلَ　　　بَعَت / يِبْعَت　　　To send

الضمير	الماضي	المضارع	المضارع		المستقبل
			الاعتيادي	المستمر	
أنا	بعَتِت	اَبْعَت/اِ	بِبْعَت	عَمْ اَبْعَت/اِ	رَحْ/حَ اَبْعَت/اِ
نِحْنَا	بَعَتْنا	نَبْعَت	بِنَبْعَت	عَمْ نَبْعَت	رَحْ/حَ نَبْعَت
إِنْتِه	بَعَتِت	تِبْعَت	بْتِبْعَت	عَمْ تِبْعَت	رَحْ/حَ تِبْعَت
إِنْتِي	بَعَتِّي	تِبْعَتَي	بْتِبْعَتَي	عَمْ تِبْعَتَي	رَحْ/حَ تِبْعَتَي
إِنْتُوا	بَعَتُّوا	تِبعَتُوا	بِتبعَتُوا	عَمْ تِبعَتُوا	رَحْ/حَ تِبعَتُوا
هُوِّ	بَعَت	يِبْعَت	بِيِبْعَت	عَمْ يِبْعَت	رَحْ/حَ يِبْعَت
هِيِّ	بَعْتِت	تِبْعَت	بْتِبْعَت	عَمْ تِبْعَت	رَحْ/حَ تِبْعَت
هِنِّ	بَعْتُوا	يِبْعَتُوا	بِيِبْعَتُوا	عَمْ يِبْعَتُوا	رَحْ/حَ يِبْعَتُوا

المضارع التام: Not used

الأمر:

- إِنْتِه: اِبْعَات
- إِنْتِي: اِبْعَتي
- إِنْتُوا: اِبْعَتُوا

الضمير	اسم الفاعل	اسم المفعول
أنا / إِنْتِه / هُوِّ	بَاعِت	مَبْعُوت
أنا/ إِنْتِي / هِيِّ	بَاعْتِة	مَبْعُوتِة
إِنْتُوا / نِحْنَا / هِنِّ	بَاعْتين	مَبْعُوتِين

المصدر: بَعْت

To advise / To recommend نَصَح نَصَح / يِنْصَح

الضمير	الماضي	المضارع	المضارع		المستقبل
			الاعتيادي	المستمر	
أنا	نَصَحْت	اَنْصَح/إ	بِنْصَح	عَمْ اَنْصَح/إ	رَح/حَ اَنْصَح/إ
نِحْنَا	نَصَحْنا	نَنْصح/نِنْـــ	بِنَنْصح	عَمْ نَنْصح	رَح/حَ نَنْصَح
إِنْتِه	نَصَحْت	تَنْصَح	بِتَنْصَح	عَمْ تَنْصَح	رَح/حَ تَنْصَح
إِنْتِي	نَصَحْتي	تَنْصَحِي	بِتَنْصَحِي	عَمْ تِنْصَحِي	رَح/حَ تَنصَحِي
إِنْتُوا	نَصَحْتُوا	تَنْصَحُوا	بِتَنْصَحُوا	عَمْ تَنْصَحُوا	رَح/حَ تَنْصَحُوا
هُوِّ	نَصَح	يَنصَح	بِيَنصَح	عَمْ يَنصَح	رَح/حَ يَنصَح
هِيِّ	نَصْحِت	تَنْصَح	بِتَنْصَح	عَمْ تَنْصَح	رَح/حَ تَنْصَح
هِنِّ	نَصَحُوا	يَنْصَحُوا	بِيَنْصَحُوا	عَمْ يَنْصَحُوا	رَح/حَ يَنْصَحُوا

المضارع التام: Not used

الأمر:

- إِنْتِه: اِنْصَاح
- إِنْتِي: اِنْصَحِي
- إِنْتُوا: اِنْصَحُوا

الضمير	اسم المفعول	
أنا / إِنْتِه / هُوِّ	نَاصح	مَنْصُوح
أنا/ إِنْتِي / هِيِّ	نَاصْحَة	مَنْصُوحَة
إِنْتُوا / نِحْنَا / هِنِّ	نَاصْحِين	منصوحين

المصدر: نَصْح

رَفَعَ   رَفَع / يرْفَع   To lift

الضمير	الماضي	المضارع	المضارع		المستقبل
			الاعتيادي	المستمر	
أنا	رَفَعْت	اَرْفَع/إ	برْفَع	عَمْ اَرْفَع/إ	رَحْ/حَ اَرْفَع/إ
نِحْنَا	رَفَعْنا	نَرْفَع/نِـــ	بِنَرْفَع	عَمْ نَرْفَع/نِـــ	رَحْ/حَ نَرْفَع/نِـــ
إنْتِه	رَفَعْت	تِرْفَع	بتِرْفَع	عَمْ تِرْفَع	رَحْ/حَ تِرْفَع
إنْتِي	رَفَعْتي	تِرْفَعي	بتِرْفَعي	عَمْ تِرْفَعي	رَحْ/حَ تِرْفَعي
إنْتُوا	رَفَعْتُوا	تِرْفَعُوا	بتِرْفَعُوا	عَمْ تِرْفَعُوا	رَحْ/حَ تِرْفَعُوا
هُوِّ	رَفَع	يرْفَع	بيرْفَع	عَمْ يرْفَع	رَحْ/حَ يرْفَع
هِيِّ	رَفْعِت	تِرْفَع	بتِرْفَع	عَمْ تِرْفَع	رَحْ/حَ تِرْفَع
هِنِّ	رَفعُوا	يرْفَعُوا	بيرْفَعُوا	عَمْ يرْفَعُوا	رَحْ/حَ يرْفَعُوا

المضارع التام: كِنْت اَرْفَع/إ / كِنَّا نَرْفَع/نِـــ / كِنت تِرْفَع / كِنتي تِرْفَعي / كِنتُوا تِرْفَعُوا / كان يرْفَع / كانِت تِرْفَع / كانوا يرْفَعُوا

الأمر:

1- إنْتِه: اِرْفاع

2- إنْتِي: اِرْفَعي

3- إنْتُوا: اِرفَعُوا

الضمير	اسم الفاعل	اسم المفعول
أنا / إنْتِه / هُوِّ	رافِع	مَرْفُوع
أنا/ إنْتِي / هِيِّ	رَافْعَة	مَرْفُوعة
إنْتُوا / نِحْنَا / هِنِّ	رَافْعِين	مَرْفُوعين

المصدر: رَفْع

To joke | مَزَح / يَمْزَح | | | مَزَحَ

المستقبل	المضارع		المضارع	الماضي	الضمير
	المستمر	الاعتيادي			
رَح/ح اَمزَح/اِ	عَمْ اَمزَح/اِ	بِمزَح	اَمزَح/اِ	مَزَحْت	**أنا**
رَح/ح نَمزَح/نِـ	عَمْ نَمزَح/نِـ	بِنمزَح	نَمزَح/نِـ	مَزَحْنا	**نِحْنا**
رَح/ح تِمْزَح	عَمْ تِمْزَح	بِتِمْزَح	تِمْزَح	مَزَحْت	**إِنْته**
رَح/ح تِمْزَحي	عَمْ تِمْزَحي	بِتِمْزَحي	تِمْزَحي	مَزَحْتي	**إِنْتِي**
رَح/ح تِمْزَحُوا	عَمْ تِمْزَحُوا	بِتِمْزَحُوا	تِمْزَحُوا	مَزَحْتُوا	**إِنْتُوا**
رَح/ح يِمزَح	عَمْ يِمزَح	بِيِمزَح	يِمزَح	مَزَح	**هُوِّ**
رَح/ح تِمْزَج	عَمْ تِمْزَج	بِتِمْزَج	تِمْزَج	مَزَحِت	**هِيِّ**
رَح/ح يِمْزَحُوا	عَمْ يِمْزَحُوا	بِيِمْزَحُوا	يِمْزَحُوا	مَزَحُوا	**هِنّ**

المضارع التام: كِنْت اَمزَح/اِ / كِنّا نَمزَح/نِـ / كِنت تِمْزَح / كِنتي تِمزَحي / كِنتُوا تِمْزَحُوا / كان يَمزَح/ كانِت تِمزَح / كانوا يِمْزَحُوا

الأمر:

– إِنْته: اِمْزاح
– إِنْتِي: اِمْزَحي
– إِنْتُوا: اِمْزَحُوا

المصدر: مَزْح

اسم المفعول	اسم الفاعل	الضمير
	مَازِح	**أنا / إِنْتِه / هُوِّ**
Not used	مَازْحَة	**أنا/ إِنْتِي / هِيِّ**
	مَازحين	**إِنْتُوا / نِحْنا / هِنّ**

47

مَنَع

مَنَع / يمْنَع

To prevent

الضمير	الماضي	المضارع	المضارع		المستقبل
			الاعتيادي	المستمر	
أنا	مَنَعْت	اَمْنَع/اِ	بمْنَع	عَمْ اَمْنَع/اِ	رَح/حَ اَمْنَع/اِ
نحْنَا	مَنَعْنا	نمْنَع/نمِـــ	بنِمنَع	عَمْ نِمنَع/نمِـــ	رَح/حَ نِمنَع/نمِـــ
إنْتِه	مَنَعْت	تِمْنَع	بتِمْنَع	عَمْ تِمْنَع	رَح/حَ تِمْنَع
إنْتِي	مَنَعْتِي	تِمْنَعي	بتِمْنَعي	عَمْ تِمْنَعي	رَح/حَ تِمْنَعي
إنْتُوا	مَنَعْتُوا	تِمْنَعُوا	بتِمْنَعُوا	عَمْ تِمْنَعُوا	رَح/حَ تِمْنَعُوا
هُوِّ	مَنَع	يمْنَع	بيمْنَع	عَمْ يمْنَع	رَح/حَ يمْنَع
هِيِّ	مَنْعِت	تِمْنَع	بتِمْنَع	عَمْ تِمْنَع	رَح/حَ تِمْنَع
هِنِّ	مَنَعُوا	يمْنَعُوا	بيمْنَعُوا	عَمْ يمْنَعُوا	رَح/حَ يمْنَعُوا

المضارع التام: rarely used

الأمر:

- إنْتِه: اِمْنَاع
- إنْتِي: اِمْنَعِي
- إنْتُوا: اِمْنَعُوا

الضمير	اسم الفاعل	اسم المفعول
أنا / إنْتِه / هُوِّ	مَانِع	مَمْنُوع
أنا/ إنْتِي / هِيِّ	مَانْعة	مَمْنُوعَة
إنْتُوا / نحْنَا / هِنِّ	مَانعين	مَمْنُوعين

المصدر: مَنْع

Table (B)

To see — شَاف/ يشُوف — رَأَى

الضمير	الماضي	المضارع	المضارع		المستقبل
			الاعتيادي	المستمر	
أنا	شِفِت/شِفْت	شُوف	بْشُوف	عَمْ شُوف	رَح/حَ شُوف
نِحْنَا	شِفْنَا	نِشُوف	بِنِشُوف	عَمِ نْشُوف	رَحِ/حَ نْشُوف
إِنْتِه	شِفِت/شِفْت	تِشُوف	بْتِشُوف	عَمِ تْشُوف	رَحِ/حَ تْشُوف
إِنْتِي	شِفْتِي	تْشُوفِي	بِتْشُوفِي	عَمِ تْشُوفِي	رَحِ/حَ تْشُوفِي
إِنْتُوا	شِفْتُوا	تْشُوفُوا	بِتْشُوفُوا	عَمِ تْشُوفُوا	رَحِ/حَ تْشُوفُوا
هُوِّ	شَاف	يْشُوف	بِيْشُوف	عَمِ يْشُوف	رَحِ/حَ يْشُوف
هِيِّ	شَافِت	تْشُوف	بِتْشُوف	عَمِ تْشُوف	رَحِ/حَ تْشُوف
هِنِّ	شَافُوا	يشُوفُوا	بِيشُوفُوا	عَمِ يْشُوفُوا	رَحِ/حَ يْشُوفُوا

المضارع التام: كِنْت شُوف / كِنَّا نِشُوف / كِنت تِشُوف / كِنتي تْشُوفِي / كِنتُوا تْشُوفوا / كان يْشُوف / كانِت تْشُوف / كانوا يشُوفُوا

الأمر:

- إِنْتِه: شُوف
- إِنْتِي: شُوفي
- إِنْتُوا: شُوفوا

الضمير	اسم الفاعل	اسم المفعول
أنا / إِنْتِه / هُوِّ	شَايِف	Not used
أنا/ إِنْتِي / هِيِّ	شَايْفِة	
إِنْتُوا / نِحْنَا / هِنِّ	شَايْفِين	

المصدر: شُوفِة

ذَهَبَ　　رَاح / يْرُوح　　To go

الضمير	الماضي	المضارع	المضارع		المستقبل
			الاعتيادي	المستمر	
أنا	رِحْت	رُوح	بْرُوح	عَمِ رُوح	رَح/حَ رُوح
نِحْنَا	رِحْنا	نْرُوح	بِنْرُوح	عَمِ نْرُوح	رَح/حَ نْرُوح
إِنْتِه	رِحِت	تْرُوح	بِتْرُوح	عَمِ تْرُوح	رَح/حَ تْرُوح
إِنْتِي	رِحْتي	تْرُوحي	بِتْرُوحي	عَمِ تْرُوحي	رَح/حَ تْرُوحي
إِنْتُوا	رِحتُوا	تْرُوحوا	بِتْرُوحوا	عَمِ تْرُوحوا	رَح/حَ تْرُوحوا
هُوِّ	رَاح	يْروح	بيْروح	عَمِ يْروح	رَح/حَ يْروح
هِيِّ	رَاحِت	تروح	بِتروح	عَمِ تروح	رَح/حَ تروح
هِنِّ	رَاحُوا	يْرُوحُوا	بيْرُوحُوا	عَمِ يْرُوحُوا	رَح/حَ يْرُوحُوا

المضارع التام: رُوح/ كنَّا نْروح / كِنت تْروح / كِنتي تْروحي / كِنتُوا تْروَحُوا / كان يْرُوح/ كانِت تْروح / كانوا يْرُوحُوا

الأمر:

- إِنْتِه: رُوح
- إِنْتِي: رُوحي
- إِنْتُوا: رُوحي

الضمير	اسم الفاعل	اسم المفعول
أنا / إِنْتِه / هُوِّ	رَايح	Not used
أنا/ إِنْتِي / هِيِّ	رَايْحَة	
إِنْتُوا / نِحْنَا / هِنِّ	رَايْحين	

المصدر: رُوحَة

قَالَ　　　　قال / يْقُول　　　　To say

الضمير	الماضي	المضارع	المضارع: الاعتيادي	المضارع: المستمر	المستقبل
أنا	قِلت/قِلْت	قُول	بْقُول	عَمِ قُول	رَحِ/حَ قُول
نِحْنَا	قِلْنَا	نْقُول	بِنْقُول	عَمِ نْقُول	رَحِ/حَ نْقُول
إِنْتِه	قِلْت	تْقُول	بِتْقُول	عَمِ تْقُول	رَحِ/حَ تْقُول
إِنْتِي	قِلْتي	تْقُولي	بِتْقُولي	عَمِ تْقُولي	رَحِ/حَ تْقُولي
إِنْتُوا	قِلْتُوا	تْقُولوا	بِتْقُولوا	عَمِ تْقُولوا	رَحِ/حَ تْقُولوا
هُوِّ	قال	يْقُول	بيقُول	عَمِ يْقُول	رَحِ/حَ يْقُول
هِيِّ	قالت	تْقُول	بِتْقُول	عَمِ تْقُول	رَحِ/حَ تْقُول
هِنِّ	قالُوا	يْقُولوا	بِيقُولوا	عَمِ يْقُولوا	رَحِ/حَ يْقُولوا

المضارع التام: كِنْت قُول/ كنَّا نْقُول / كِنت تْقُول / كِنتي تْقُولي / كِنتُوا تْقُولوا / كان يْقُول / كانِت تْقُول / كانوا يْقُولوا

الأمر:

- إِنْتِه: قُول
- إِنْتِي: قُولي
- إِنْتُوا: قُولوا

الضمير	اسم الفاعل	اسم المفعول
أنا / إِنْتِه / هُوِّ	قَايِل	Not used
أنا/ إِنْتِي / هِيِّ	قَايِلِة	
إِنْتُوا / نِحْنَا / هِنِّ	قايْلِين	

المصدر: قَوْل

To visit **زَار / يْزُور** زَارَ

الضمير	الماضي	المضارع	المضارع		المستقبل
			الاعتيادي	المستمر	
أنا	زِرِت/زِرْت	زُور	بِزُور	عَمْ زُور	رَح/حَ زُور
نِحْنَا	زِرْنا	نْزُور	بِنْزُور	عَمْ نزُور	رَح/حَ نزُور
إِنْتِه	زِرِت/زِرْت	تْزُور	بِتْزُور	عَمِ تْزُور	رَح/حَ تْزُور
إِنْتِي	زِرْتي	تْزُوري	بِتْزُوري	عَمِ تْزُوري	رَح/حَ تْزُوري
إِنْتُوا	زِرْتُوا	تْزُوروا	بِتْزُوروا	عَمِ تْزُوروا	رَح/حَ تْزُوروا
هُوِّ	زَار	يْزُور	بِيزُور	عَمِ يْزُور	رَح/حَ يْزُور
هِيِّ	زَارِت	تْزُور	بِتْزُور	عَمِ تْزُور	رَح/حَ تْزُور
هِنِّ	زَارُوا	يْزُوروا	بِيْزُوروا	عَمِ يْزُوروا	رَح/حَ يْزُوروا

المضارع التام: كِنْت زُور/ كنَّا نْزُور / كِنت تْزُور / كِنتي تْزوري/ كِنتُوا تْزورُوا / كان يْزُور/ كانِت تْزُور / كانوا يْزُورُوا

الأمر:

- إِنْتِه: زُور
- إِنْتِي: زُوري
- إِنْتُوا: زُوروا

الضمير	اسم الفاعل	اسم المفعول
أنا / إِنْتِه / هُوِّ	زَاير	Not used
أنا/ إِنْتِي / هِيِّ	زَايْرَة	
إِنْتُوا / نِحْنَا / هِنِّ	زَايْرين	

المصدر: زِيَارَة

كَان **كَان / يْكُون** **To BE**

المستقبل	المضارع		المضارع	الماضي	الضمير
	المستمر	الاعتيادي			
رَحْ/حَ كُوْن	عَمْ كُوْن	بْكُوْن	كُوْن	كِنتْ	أنا
رَحْ/حَ نْكُون	عَمْ نْكُون	بـِـ/مْنِكُون	نْكُون	كِنَّا	نِحْنَا
رَحْ/حَ تْكُون	عَمْ تْكُون	بِتْكُون	تْكُون	كِنت	إِنْتِه
رَحْ/حَ تْكُونِي	عَمْ تْكُونِي	بِتْكُونِي	تْكُونِي	كِنْتِي	إِنْتِي
رَحْ/حَ تْكُونوا	عَمْ تْكُونوا	بِتْكُونوا	تْكُونوا	كِنْتُوا	إِنْتُوا
رَحْ/حَ يَكون	عَمْ يكون	بِيكون	يَكُون	كَان	هُوِّ
رَحْ/حَ تكون	عَمْ تكون	بِتكونِ	تكُون	كَانِت	هِيِّ
رَحْ/حَ يكونوا	عَمْ يكونوا	بِيكونوا	يكونوا	كَانُوا	هِنِّ

الأمر:

- إِنْتِه: **كُون**
- إِنْتِي: **كُونِي**
- إِنْتُوا: **كُونوا**

الضمير	اسم الفاعل	اسم المفعول
أنا / إِنْتِه / هُوِّ	كَاينْ	Not used
أنا/ إِنْتِي / هِيِّ	كَايْنِة	
إِنْتُوا / نِحْنَا / هِنِّ	كَايْنين	

المصدر: كُوْن

جَاعَ　　　جَاع / يْجُوع　　　To become hungry

الضمير	الماضي	المضارع	المضارع		المستقبل
			الاعتيادي	المستمر	
أنا	جِعْت/جِعِت	جُوع	بِجُوع	عَمِ جُوع	رَح/حَ جُوع
نِحْنَا	جِعْنا	نْجُوع	بِنْجُوع	عَمِ نْجُوع	رَح/حَ نْجُوع
إِنْتِه	جِعْت	تْجُوع	بِتْجُوع	عَمِ تْجُوع	رَح/حَ تْجُوع
إِنْتِي	جِعْتِي	تْجُوعي	بِتْجُوعي	عَمِ تْجُوعي	رَح/حَ تْجُوعي
إِنْتُوا	جِعْتُوا	تْجُوعُوا	بِتْجُوعُوا	عَمِ تْجُوعُوا	رَح/حَ تْجُوعُوا
هُوِّ	جَاع	يْجُوع	بِيجُوع	عَمِ يْجُوع	رَح/حَ يْجُوع
هِيِّ	جَاعِت	تْجُوع	بِتْجُوع	عَمِ تْجُوع	رَح/حَ تْجُوع
هِنِّ	جَاعُوا	يْجُوعُوا	بِيْجُوعُوا	عَمِ يْجُوعُوا	رَح/حَ يْجُوعُوا

المضارع التّام: كِنْت جُوع/ كنَّا نْجُوع / كِنتْ تْجُوع / كِنتْي تْجُوعي / كِنتْوا تْجوعُوا / كان يْجُوع/ كانِتْ تْجُوع / كانوا يْجُوعُوا

الأمر: Not used

المصدر: جُوع

الضمير	اسم الفاعل	اسم المفعول
أنا / إِنْتِه / هُوِّ	جُوعان	Not used
أنا/ إِنْتِي / هِيِّ	جُوعَانِة	
إِنْتُوا / نِحْنَا / هِنِّ	جُوعَانين	

قَامَ　　　قَام / يْقُوم　　　To get up

الضمير	الماضي	المضارع	المضارع		المستقبل
			الاعتيادي	المستمر	
أنا	قِمْت/قِمْت	قوم	بقُوم	عَمْ قوم	رَحْ/حَ قوم
نحْنَا	قِمْنا	نْقُوم	بِنْقُوم	عَمِ نقُوم	رَحِ/حَ نْقُوم
إِنْتِه	قِمت	تْقُوم	بتْقوم	عَمِ تْقُوم	رَحِ/حَ تْقُوم
إِنْتِي	قِمْتي	تْقُومِي	بتْقُومِي	عَمِ تْقُومِي	رَحِ/حَ تْقُومِي
إِنْتُوا	قِمْتُوا	تْقُوموا	بتْقُوموا	عَمِ تْقُوموا	رَحِ/حَ تْقُوموا
هُوِّ	قَام	يْقُوم	بيْقُوم	عَمِ يْقُوم	رَحِ/حَ يْقُوم
هِيِّ	قَامِت	تْقُوم	بتْقُوم	عَمِ تْقُوم	رَحِ/حَ تْقُوم
هِنِّ	قَامُوا	يْقُوموا	بيقوموا	عَمِ يْقُوموا	رَحِ/حَ يقُوموا

المضارع التام: كِنْت قُوم/ كنَّا نْقُوم / كِنت تْقُوم / كِنتي تْقُومي/ كِنتُوا تْقُوموا /
كان يْقُوم/ كانِت تْقُوم / كانوا يْقُوموا

الأمر:

- إِنْتِه: قُوم
- إِنْتِي: قُومِي
- إِنْتُوا: قُومُوا

الضمير	اسم الفاعل	اسم المفعول
أنا / إِنْتِه / هُوِّ	قَايِم	Not used
أنا/ إِنْتِي / هِيِّ	قايْمِة	
إِنْتُوا / نِحْنَا / هِنِّ	قايْمِين	

المصدر: Not used

Table (C)

To sell **بَاع / يْبيع** **بَاعَ**

المستقبل	المضارع		المضارع	الماضي	الضمير
	المستمر	الاعتيادي			
رَح/ح بيع	عَمْ بيع	ببيع	بيع	بعْت/بعِت	**أنا**
رَح/حَ نْبيع	عَمِ نْبيع	بِنْبيع	نْبيع	بِعْنا	**نِحْنَا**
رَح/حَ تْبيع	عَمِ تْبيع	بِتْبيع	تْبيع	بعِت	**إنْتِه**
رَح/حِ تْبيعي	عَمِ تْبيعي	بِتْبيعي	تْبيعي	بِعْتي	**إنْتِي**
رَح/حِ تْبيعُوا	عَمِ تْبيعُوا	بِتْبيعُوا	تْبيعُوا	بِعْتوا	**إنْتُوا**
رَح/حَ يْبيع	عَمِ يْبيع	بيْبيع	يْبيع	بَاع	**هُوِّ**
رَح/حَ تْبيع	عَمِ تْبيع	بِتْبيع	تْبيع	بَاعِت	**هِيِّ**
رَح/حَ يْبيعُوا	عَمِ يْبيعُوا	بيْبيعُوا	يْبيعُوا	بَاعُوا	**هِنِّ**

المضارع التام: كِنْت بيع/ كنّا نْبيع / كِنت تْبِيع / كِنتي تْبيعي/ كِنتُوا تْبيعوا / كان يْبيع/ كانِت تْبِيع / كانوا يْبيعوا

الأمر:

- إنْتِه: بِيع
- إنْتِي: بِيعُي
- إنْتُوا: بِيعُوا

الضمير	اسم الفاعل	اسم المفعول
أنا / إنْتِه / هُوِّ	بَايِع	Not used
أنا/ إنْتِي / هِيِّ	بَايْعَة	
إنْتُوا / نِحْنَا / هِنِّ	بَايْعِين	

المصدر: بِيع

| To wake up | فَاق / يْفِيق | إِسْتيْقَظَ |

المستقبل	المضارع المستمر	المضارع الاعتيادي	المضارع	الماضي	الضمير
رَح/حَ فْيْق	عَمْ فْيْق	بْفِيق	فْيْق	فِقْت/فِقِت	أنا
رَح/حَ نْفِيق	عَم نْفِيق	بِنْفِيق	نْفِيق	فِقْنا	نِحْنَا
رَح/حَ تْفِيق	عَمِ تْفِيق	بِتْفِيق	تْفِيق	فِقْت	إِنْته
رَح/حَ تْفِيقِي	عَمِ تْفِيقِي	بِتْفِيقِي	تْفِيقِي	فِقْتِي	إِنْتِي
رَح/حَ تْفِيقُوا	عَمِ تْفِيقُوا	بِتْفِيقُوا	تْفِيقُوا	فِقْتُوا	إِنْتُوا
رَح/حَ يْفِيق	عَمِ يْفِيق	بِيْفِيق	يْفِيق	فَاق	هُوِّ
رَح/حَ تْفِيق	عَمِ تْفِيق	بِتْفِيق	تْفِيق	فَاقِت	هِيِّ
رَح/حَ يْفِيقُوا	عَمِ يْفِيقُوا	بِيْفِيقُوا	يْفِيقُوا	فَاقُوا	هِنّ

المضارع التام: كِنْت فِيق/ كِنّا نْفِيق / كِنت تْفِيق / كِنتي تْفِيقِي/ كِنتُوا تْفِيقُوا /
كان يْفِيق/ كانِت تْفِيق / كانوا يْفِيقُوا

الأمر:

– إِنْته: فِيق

– إِنْتِي: فِيقِي

– إِنْتُوا: فِيقُوا

المصدر: فِيقَة

اسم المفعول	اسم الفاعل	الضمير
	فايِق	أنا / إِنْته / هُوِّ
Not used	فَايْقَة	أنا/ إِنْتِي / هِيِّ
	فَايْقِين	إِنْتُوا / نِحْنَا / هِنّ

57

أَحْضَرَ   جَاب / يْجِيب   **To bring**

الضمير	الماضي	المضارع	المضارع		المستقبل
			الاعتيادي	المستمر	
أنا	جِبْت/جِبِت	جِيب	بْجِيب	عَمْ جِيب	رَحْ/حَ جِيب
نِحْنَا	جِبْنَا	نْجِيب	بِنْجِيب	عَمِ نْجِيب	رَحِ/حَ نْجِيب
إِنْتِه	جِبِت	تْجِيب	بْتْجِيب	عَمِ تْجِيب	رَحِ/حَ تْجِيب
إِنْتِي	جِبْتي	تْجِيبي	بْتْجِيبي	عَمِ تْجِيبي	رَحِ/حَ تْجِيبي
إِنْتُوا	جِبْتُو	تْجِيبُوا	بْتْجِيبُوا	عَمِ تْجِيبُوا	رَحِ/حَ تْجِيبُوا
هُوِّ	جَاب	يْجِيب	بِيْجِيب	عَمِ يْجِيب	رَحِ/حَ يْجِيب
هِيِّ	جَابِت	تْجِيب	بْتْجِيب	عَمِ تْجِيب	رَحِ/حَ تْجِيب
هِنِّ	جَابوا	يْجِيبوا	بِيْجِيبوا	عَمِ يْجِيبوا	رَحِ/حَ يْجِيبوا

المضارع التام: كِنْت جِيب / كِنَّا نْجِيب / كِنت تْجِيب / كِنتي تْجِيبي / كِنتُوا تْجِيبوا / كان يْجِيب/ كانِت تْجِيب / كانوا يْجِيبوا

الأمر:

- إِنْتِه: جِيب
- إِنْتِي: جِيبي
- إِنْتُوا: جِيبُوا

الضمير	اسم الفاعل	اسم المفعول
أنا / إِنْتِه / هُوِّ	جَايِب	Not used
أنا/ إِنْتِي / هِيِّ	جَايْبِة	
إِنْتُوا / نِحْنَا / هِنِّ	جَايْبِين	

المصدر: جِيب

To try on / to measure قاس/ يقِيس قاسَ

المستقبل	المضارع		المضارع	الماضي	الضمير
	المستمر	الاعتيادي			
رَح/ح قِيس	عَمْ قِيس	بْقِيس	قِيس	قِسْت/قِسِت	أنا
رَح/ح نْقِيس	عَم نْقِيس	بِنْقِيس	نْقِيس	قِسْنا	نِحْنَا
رَح/ح تْقِيس	عَم تْقِيس	بْتْقِيس	تْقِيس	قِسِت	إِنْتِه
رَح/ح تْقِيسي	عَم تْقِيسي	بْتْقِيسي	تْقِيسي	قِسْتي	إِنْتِي
رَح/ح تْقِيسُوا	عَم تْقِيسُوا	بْتْقِيسُوا	تْقِيسُوا	قِسْتُوا	إِنْتُوا
رَح/ح يْقِيس	عَم يْقِيس	بِيْقِيس	يْقِيس	قَاس	هُوِّ
رَح/ح تْقِيس	عَم تْقِيس	بْتْقِيس	تْقِيس	قاسِت	هِيِّ
رَح/ح يْقِيسُوا	عَم يْقِيسُوا	بِيْقِيسُوا	يْقِيسُوا	قاسُوا	هِنِّ

المضارع التام: Not used

الأمر:

- إِنْتِه: قِيس
- إِنْتِي: قِيسِي
- إِنْتُوا: قِيسُوا

الضمير	اسم الفاعل	اسم المفعول
أنا / إِنْتِه / هُوِّ	قَايِس	Not used
أنا/ إِنْتِي / هِيِّ	قَايْسِة	
إِنْتُوا / نِحْنَا / هِنِّ	قَايْسِين	

المصدر: قِياس

اِلتَقَطَ   شَال / يْشِيل   To pick up

الضمير	الماضي	المضارع	المضارع		المستقبل
			الاعتيادي	المستمر	
أنا	شِلْت/شِلِت	شِيل	بْشِيل	عَمِ شِيل	رَح/رِح شِيل
نِحْنَا	شِلْنَا	نْشِيل	بِنْشِيل	عَمِ نْشِيل	رَح/رِح نْشِيل
إنْتِه	شِلِت	تْشِيل	بِتْشِيل	عَمِ تْشِيل	رَح/رِح تْشِيل
إنْتِي	شِلْتِي	تْشِيلي	بْشِيلي	عَمِ تْشِيلي	رَح/رِح تْشِيلي
إنْتُوا	شِلْتو	تْشِيلوا	بِتْشِيلوا	عَمِ تْشِيلوا	رَح/رِح تْشِيلوا
هُوِّ	شَال	يْشِيل	بِيْشِيل	عَمِ يْشِيل	رَح/رِح يْشِيل
هِيِّ	شَالِت	تْشِيل	بِتْشِيل	عَمِ تْشِيل	رَح/رِح تْشِيل
هِنِّ	شَالُوا	يْشِيلُوا	بِيْشِيلُوا	عَمِ يْشِيلُوا	رَح/رِح يْشِيلُوا

المضارع التام: كِنْت شِيل / كِنَّا نْشِيل / كِنت تْشِيل / كِنتي تْشِيلي / كِنتُوا تْشِيلُوا / كان يْشِيل/ كانِت تْشِيل / كانوا يْشِيلوا

الأمر:

- إنْتِه: شِيل
- إنْتِي: شِيلي
- إنْتُوا: شِيلُوا

الضمير	اسم الفاعل	اسم المفعول
أنا / إنْتِه / هُوِّ	شَايِل	Not used
أنا/ إنْتِي / هِيِّ	شَايْلِة	
إنْتُوا / نِحْنَا / هِنِّ	شَايْلِين	

المصدر: Not used

Table (D)

To wash **غَسَل / يغْسِل** **غسَل**

المستقبل	المضارع		المضارع	الماضي	الضمير
	المستمر	الاعتيادي			
رَح/حَ اِغسِل	عَمْ اِغْسِل	بِغْسِل	اِغْسِل	غسَلْت/غسَلَت	**أنا**
رَح/حَ نِغْسِل	عَمْ نِغْسِل	بِنِغْسِل	نِغْسِل	غسَلْنَا	**نِحْنَا**
رَح/حَ تِغْسِل	عَمْ تِغْسِل	بِتِغْسِل	تِغْسِل	غسَلْت	**إنْتِه**
رَح/حَ تِغِسْلِي	عَمْ تِغِسْلِي	بِتِغِسْلِي	تِغِسْلِي	غسَلْتِي	**إنْتِي**
رَح/حَ تِغِسْلُوا	عَمْ تِغِسْلُوا	بِتِغِسْلُوا	تِغِسْلُوا	غسَلْتُوا	**إنْتُوا**
رَح/حَ يِغْسِل	عَمْ يِغْسِل	بِيِغْسِل	يِغْسِل	غسَل	**هُوِّ**
رَح/حَ تِغْسِل	عَمْ تِغْسِل	بِتِغْسِل	تِغْسِل	غسَلِت	**هِيِّ**
رَح/حَ يِغِسْلُوا	عَمْ يِغِسْلُوا	بِيِغِسْلُوا	يِغِسْلُوا	غسَلُوا	**هِنِّ**

المضارع التام: كِنْت اِغْسل / كِنَّا نِغْسِل / كِنت تِغْسِل / كِنتي تِغِسْلِي/ كِنتُوا تِغِسْلُوا / كان يِغْسِل/ كانِت تِغْسِل / كانوا يِغِسْلُوا

الأمر:

- إنْتِه: اِغْسِيل
- إنْتِي: اِغْسِلي
- إنْتُوا: اِغْسِلوا

اسم المفعول	اسم الفاعل	الضمير
مَغْسُول	غاسِل	**أنا / إنْتِه / هُوِّ**
مَغْسُولِة	غاسْلِة	**أنا/ إنْتِي / هِيِّ**
مَغْسُولِين	غاسْلِين	**إنْتُوا / نِحْنَا / هِنِّ**

المصدر: غَسِل

حَمَلَ   حَمَل / يِحْمِل   To carry

الضمير	الماضي	المضارع	المضارع		المستقبل
			الاعتيادي	المستمر	
أنا	حمَلت/حمَلْت	اِحمِل	بحمِل	عَمْ اِحمِل	رَحْ/حَ اِحمِل
نِحنَا	حمَلنا	نِحمِل	بنِحمِل	عَمْ نِحمِل	رَحْ/حَ نِحمِل
إنْتِه	حمَلت	تِحمِل	بتِحمِل	عَمْ تِحمِل	رَحْ/حَ تِحمِل
إنْتِي	حمَلْتي	تِحمْلِي	بتِحمْلِي	عَمْ تِحمْلِي	رَحْ/حَ تِحمْلِي
إنْتُوا	حمَلْتوا	تِحمْلوا	بتِحمْلوا	عَمْ تِحمْلوا	رَحْ/حَ تِحمْلوا
هُوِّ	حمَل	يِحمِل	بيِحمِل	عَمْ يِحمِل	رَحْ/حَ يِحمِل
هِيِّ	حمْلت	تِحمِل	بتِحمِل	عَمْ تِحمِل	رَحْ/حَ تِحمِل
هِنِّ	حمَلُوا	يِحمْلُوا	بيِحمْلُوا	عَمْ يِحمْلُوا	رَحْ/حَ يِحمْلوا

المضارع التام: كِنْت اِحمِل/ كنَّا نِحمِل / كِنت تِحمِل / كِنتي تِحمْلِي/ كِنتُوا تِحمْلُوا / كان يِحمِل/ كانِت تِحمِل / كانوا يِحمْلُوا

الأمر:

- إنْتِه: اِحمِيل
- إنْتِي: اِحمْلِي
- إنْتُوا: اِحمْلُوا

الضمير	اسم الفاعل	اسم المفعول
أنا / إنْتِه / هُوِّ	حامِل	مَحْمُول
أنا/ إنْتِي / هِيِّ	حامْلِة	مَحْمُولِة
إنْتُوا / نِحنَا / هِنِّ	حامْلِين	مَحْمُولِين

المصدر: حَمْل

مَسَكَ مَسَك / يمْسِك **To hold**

الضمير	الماضي	المضارع	المضارع: الاعتيادي	المضارع: المستمر	المستقبل
أنا	مَسكِت/مَسكْت	اِمْسِك	بِمْسِك	عَمْ اِمْسِك	رَح/ح اِمْسِك
نِحْنَا	مَسكْنَا	نِمْسِك	م/بِنِمْسِك	عَمْ نِمْسِك	رَح/ح نِمْسِك
إنْتِه	مَسكِت	تِمْسِك	بتِمْسِك	عَمْ تِمْسِك	رَح/ح تِمْسِك
إنْتِي	مَسكْتِي	تِمِسْكي	بتِمِسْكي	عَمْ تِمِسْكي	رَح/ح تِمِسْكي
إنْتُوا	مَسكْتوا	تِمِسْكُوا	بتِمِسْكُوا	عَمْ تِمِسْكُوا	رَح/ح تِمِسْكُوا
هُوِّ	مَسَك	يِمْسِك	بيِمْسِك	عَمْ يِمْسِك	رَح/ح يِمْسِك
هِيِّ	مَسكِت	تِمْسِك	بتِمْسِك	عَمْ تِمْسِك	رَح/ح تِمْسِك
هِنِّ	مَسكُوا	يمِسْكُوا	بيمِسْكُوا	عَمْ يمِسْكُوا	رَح/ح يمِسْكُوا

المضارع التام: Not used

الأمر:

- إنْتِه: اِمسِيك
- إنْتِي: اِمْسِكي
- إنْتُوا: اِمْسِكُوا

الضمير	اسم الفاعل	اسم المفعول
أنا / إنْتِه / هُوِّ	مَاسِك	مَمْسُوك
أنا/ إنْتِي / هِيِّ	مَاسْكِة	مَمْسُوكِة
إنْتُوا / نِحْنَا / هِنِّ	مَاسْكِين	مَمْسُوكِين

المصدر: مَسْك

حَجَزَ   حَجَز / يحْجِز / To reserve To book

الضمير	الماضي	المضارع	المضارع		المستقبل
			الاعتيادي	المستمر	
أنا	حَجزت/حَجزْت	اِحْجِز	بِحْجِز	عَمْ اِحْجِز	رَحْ/حَ اِحْجِز
نِحْنَا	حَجزْنا	نِحْجِز	بِنِحْجِز	عَمْ نِحْجِز	رَحْ/حَ نِحْجِز
إنْتِه	حَجزت	تِحْجِز	بِتِحْجِز	عَمْ تِحْجِز	رَحْ/حَ تِحْجِز
إنْتِي	حَجزْتِي	تِحْجِزي	بِتِحْجِزي	عَمْ تِحْجِزي	رَحْ/حَ تِحْجِزي
إنْتُوا	حَجزْتُوا	تِحْجِزوا	بِتِحِجْزوا	عَمْ تِحِجْزوا	رَحْ/حَ تِحِجْزوا
هُوِّ	حَجَز	يِحْجِز	بِيحْجِز	عَمْ يِحْجِز	رَحْ/حَ يِحْجِز
هِيِّ	حَجْزِت	تِحْجِز	بِتِحْجِز	عَمْ تِحْجِز	رَحْ/حَ تِحْجِز
هِنِّ	حَجزُوا	يِحِجْزوا	بِيحِجْزوا	عَمْ يِحِجْزوا	رَحْ/حَ يِحِجْزوا

المضارع التام: كِنْت اِحْجِز/ كنَّا نِحْجِز / كِنت تِحْجِز / كِنتي تِحْجِزي/ كِنتُوا تِحِجْزوا / كان يِحْجِز/ كانِت تِحْجِز / كانوا يِحِجْزُوا

الأمر:

- إنْتِه: اِحْجِيز
- إنْتِي: اِحْجِزي
- إنْتُوا: اِحْجِزوا

الضمير	اسم الفاعل	اسم المفعول
أنا / إنْتِه / هُوِّ	حَاجِز	مَحْجُوز
أنا/ إنْتِي / هِيِّ	حَاجْزة	مَحْجُوزة
إنْتُوا / نِحْنَا / هِنِّ	حَاجْزِين	مَحْجوزِين

المصدر: حَجْز

كَسَرَ

To break كَسَر / يكْسِر

الضمير	الماضي	المضارع	المضارع		المستقبل
			الاعتيادي	المستمر	
أنا	كَسرت/كَسَرْت	اِكْسِر	بكْسِر	عَمْ اِكْسِر	رَحْ/حَ اِكْسِر
نِحْنَا	كَسَرْنا	نِكْسِر	بنِكْسِر	عَمْ نِكْسِر	رَحْ/حَ نِكْسِر
إنْتِه	كَسَرت	تِكْسِر	بتِكْسِر	عَمْ تِكْسِر	رَحْ/حَ تِكْسِر
إنْتِي	كَسَرْتي	تِكِسْري	بتِكِسْري	عَمْ تِكِسْري	رَحْ/حَ تِكِسْري
إنْتُوا	كَسَرْتوا	تِكِسْروا	بتِكِسْروا	عَمْ تِكِسْروا	رَحْ/حَ تِكِسْروا
هُوِّ	كَسَر	يكْسِر	بيكْسِر	عَمْ يكْسِر	رَحْ/حَ يكْسِر
هِيِّ	كَسْرِت	تِكْسِر	بتِكْسِر	عَمْ تِكْسِر	رَحْ/حَ تِكْسِر
هِنِّ	كَسَرُوا	يكِسْروا	بيكِسْروا	عَمْ يكِسْروا	رَحْ/حَ يكِسْروا

المضارع التام: كِنْت اِكْسِر/ كِنَّا نِكْسِر / كِنت تِكْسِر / كِنتي تِكِسْري/ كِنتُوا تِكِسْروا / كان يكْسِر/ كانِت تِكْسِر / كانوا يكِسْروا

الأمر:

- إنْتِه: اِكْسِير
- إنْتِي: اِكْسِري
- إنْتُوا: اِكْسِروا

الضمير	اسم الفاعل	اسم المفعول
أنا / إنْتِه / هُوِّ	كاسِر	مَكْسُور
أنا/ إنْتِي / هِيِّ	كاسْرَة	مَكْسُورَة
إنْتُوا / نِحْنَا / هِنِّ	كَاسْرين	مَكْسُورين

المصدر: كَسْر

غَلَبَ / هَزَمَ　　　غَلَب / يغْلِب　　　**To beat**

الضمير	الماضي	المضارع	المضارع		المستقبل
			الاعتيادي	المستمر	
أنا	غَلَبت/غَلَبْت	اِغْلِب	بِغْلِب	عَمْ اِغْلِب	رَح/حَ اِغْلِب
نِحنَا	غَلَبْنَا	نِغْلِب	بنِغْلِب	عَمْ نِغْلِب	رَح/حَ نِغْلِب
إِنْتِه	غَلَبت	تِغْلِب	بتِغْلِب	عَمْ تِغْلِب	رَح/حَ تِغْلِب
إِنْتِي	غَلَبْتِي	تِغْلْبي	بتِغْلْبي	عَمْ تِغْلْبي	رَح/حَ تِغْلْبي
إِنْتُوا	غَلَبْتوا	تِغْلْبُوا	بتِغْلْبُوا	عَمْ تِغْلْبُوا	رَح/حَ تِغْلْبُوا
هُوِّ	غَلَب	يِغْلِب	بيِغْلِب	عَمْ يِغْلِب	رَح/حَ يِغْلِب
هِيِّ	غَلَبت	تِغْلِب	بتِغْلِب	عَمْ تِغْلِب	رَح/حَ تِغْلِب
هِنِّ	غَلَبُوا	يِغْلْبوا	بيِغْلْبوا	عَمْ يِغْلْبوا	رَح/حَ يِغْلْبوا

المضارع التام: كِنْت اِغْلِب/ كنَّا نِغْلِب / كِنت تِغْلِب / كِنتي تِغْلْبي/ كِنتوا تِغْلْبُوا / كان يِغْلِب/ كانِت تِغْلِب / كانوا يِغْلْبوا

الأمر:

- إِنْتِه: اِغْلِيب
- إِنْتِي: اِغْلِبي
- إِنْتُوا: اِغْلْبُوا

الضمير	اسم الفاعل	اسم المفعول
أنا / إِنْتِه / هُوِّ	غَالِب	مَغْلُوب
أنا/ إِنْتِي / هِيِّ	غَالْبِة	مَغْلُوبِة
إِنْتُوا / نِحنَا / هِنِّ	غَالْبِين	مَغْلُوبِين

المصدر: غَلْب

Table (E)

To understand **فِهِم/ يَفْهَم** **فَهِم**

الضمير	الماضي	المضارع	المضارع		المستقبل
			الاعتيادي	المستمر	
أنا	فِهِمْت	اَفْهَم/اِ	بِفْهَم	عَمْ اَفْهَم/اِ	رَح/ح اَفْهَم/اِ
نِحْنَا	فْهِمْنا	نِفْهَم	بْنَفْهَم	عَمْ نِفْهَم	رَح/ح نِفْهَم
إنْتِه	فْهِمِت	تِفْهَم	بْتَفْهَم	عَمْ تِفْهَم	رَح/ح تِفْهَم
إنْتِي	فْهِمْتِي	تِفْهَمي	بْتِفْهَمي	عَمْ تِفْهَمي	رَح/ح تِفْهَمي
إنْتُوا	فِهِمْتُوا	تِفْهَمُوا	بْتَفْهَمُوا	عَمْ تِفْهَمُوا	رَح/ح تِفْهَمُوا
هُوِّ	فِهِم	يِفْهَم	بِيِفْهَم	عَمْ يِفْهَم	رَح/ح يِفْهَم
هِيِّ	فِهْمِت	تِفْهَم	بْتَفْهَم	عَمْ تِفْهَم	رَح/ح تِفْهَم
هِنِّ	فِهْمُوا	يِفْهَمُوا	بِيِفْهَمُوا	عَمْ يِفْهَمُوا	رَح/ح يِفْهَمُوا

المضارع التام: كِنْت اَفْهَم / كِنَّا نِفْهَم / كِنت تِفْهَم / كِنتي تِفْهَمي/ كِنتُوا تِفْهَمُوا / كان يِفْهَم/ كانِت تِفْهَم / كانوا يِفْهَمُوا

الأمر:

- إنْتِه: اِفْهَام
- إنْتِي: اِفْهَمي
- إنْتُوا: اِفْهَمُوا

الضمير	اسم الفاعل	اسم المفعول
أنا / إنْتِه / هُوِّ	فَاهِم	مَفْهُوم
أنا/ إنْتِي / هِيِّ	فَاهْمِة	مَفْهُومِة
إنْتُوا / نِحْنَا / هِنِّ	فَاهْمِين	مَفْهُومِين

المصدر: فِهِم

To memorize **حَفِظ/ يحْفَظ** **حَفِظَ**

الضمير	الماضي	المضارع	المضارع: الاعتيادي	المضارع: المستمر	المستقبل
أنا	حفَظِت	اَحفَظ	بِحفَظ	عَمْ اَحفَظ	رَحْ/حَ اَحفَظ
نِحنَا	حفَظْنا	نِحفَظ	بنَحفَظ	عَمْ نِحفَظ	رَحْ/حَ نِحفَظ
إنْتِه	حفَظِت	تِحفَظ	بتَحفَظ	عَمْ تِحفَظ	رَحْ/حَ تِحفَظ
إنْتِي	حفَظْتِي	تِحفَظِي	بتَحفَظِي	عَمْ تِحفَظِي	رَحْ/حَ تِحفَظِي
إنْتُوا	حفَظْتوا	تِحفَظُوا	بتَحفَظُوا	عَمْ تِحفَظُوا	رَحْ/حَ تِحفَظُوا
هُوِّ	يحْفَظ	يحفَظ	بيْحفَظ	عَمْ يحفَظ	رَحْ/حَ يحفَظ
هِيِّ	حفْظِت	تِحفَظ	بتَحفَظ	عَمْ تِحفَظ	رَحْ/حَ تِحفَظ
هِنِّ	حفِظُوا	يحفَظُوا	بيحفَظُوا	عَمْ يحفَظُوا	رَحْ/حَ يحفَظُوا

المضارع التام: كِنْت اَحفَظ / كنّا نِحفَظ / كِنت تِحفَظ / كِنتي تِحفَظِي / كِنتُوا تِحفَظُوا / كان يحفَظ/ كانِت تِحفَظ / كانوا يحفَظُوا

الأمر:

- إنْتِه: اِحفَاظ
- إنْتِي: اِحفَظي
- إنْتُوا: اِحفَظوا

الضمير	اسم الفاعل	اسم المفعول
أنا / إنْتِه / هُوِّ	حَافِظ	مَحفوظ
أنا/ إنْتِي / هِيِّ	حَافظِة	مَحفُوظَة
إنْتُوا / نِحنَا / هِنِّ	حَافظِين	مَحفوظين

المصدر: حِفظ

سَمِعَ   سمِع/ يسْمَع   **To hear**

الضمير	الماضي	المضارع	المضارع		المستقبل
			الاعتيادي	المستمر	
أنا	سمِعْت	اِسمَع/اَ	بِسمَع	عَمْ اِسمَع/اَ	رَح/حَ اِسمَع/اَ
نِحْنَا	سمِعْنَا	نِسْمَع	بنِسْمَع	عَمْ نِسْمَع	رَح/حَ نِسْمَع
إنْتِه	سمِعْت	تِسْمَع	بتِسْمَع	عَمْ تِسْمَع	رَح/حَ تِسْمَع
إنْتِي	سمِعْتِي	تِسْمَعِي	بتِسْمَعِي	عَمْ تِسْمَعِي	رَح/حَ تِسْمَعِي
إنْتُوا	سمِعْتُوا	تِسْمَعُوا	بتِسْمَعُوا	عَمْ تِسْمَعُوا	رَح/حَ تِسْمَعُوا
هُوِّ	سمِع	يسْمَع	بيسْمَع	عَمْ يسْمَع	رَح/حَ يسْمَع
هِيِّ	سمْعت	تِسْمَع	بتِسْمَع	عَمْ تِسْمَع	رَح/حَ تِسْمَع
هِنِّ	سِمْعُوا	يسْمَعُوا	بِيسْمَعُوا	عَمْ يسْمَعُوا	رَح/حَ يسْمَعُوا

المضارع التام: كِنْت اَسمع/إِ / كنَّا نِسْمَع / كِنت تِسْمَع / كِنتي تِسْمَعِي/ كِنتُوا تسْمَعُوا / كان يسمَع/ كانِت تسمَع / كانوا يسْمَعُوا

الأمر:

- إنْتِه: اِسمَاع
- إنْتِي: اِسمعَي
- إنْتوا: اِسْمَعُوا

الضمير	اسم الفاعل	اسم المفعول
أنا / إنْتِه / هُوِّ	سَامِع	مَسْمُوع
أنا/ إنْتِي / هِيِّ	سَامْعَة	مَسْمُوعَة
إنْتُوا / نِحْنَا / هِنِّ	سَامْعِين	مَسْمُوعِين

المصدر: سَمْع

رَكَب   رِكِب/ يِرْكَب   To get on / To ride

الضمير	الماضي	المضارع	المضارع		المستقبل
			الاعتيادي	المستمر	
أنا	رْكِبِت	اَرْكَب/اِ	بِرْكَب	عَمْ اَرْكَب/اِ	رَح/حْ اَرْكَب/اِ
نِحْنَا	رْكِبْنا	نِرْكَب	بنِرْكَب	عَمْ نِرْكَب	رَح/حْ نِرْكَب
إِنْتِه	رْكِبِت	تِرْكَب	بتِرْكَب	عَمْ تِرْكَب	رَح/حْ تِرْكَب
إِنْتِي	رْكِبْتي	تِرْكَبي	بتِرْكَبي	عَمْ تِرْكَبي	رَح/حْ تِرْكَبي
إِنْتوا	رْكِبْتُوا	تِرْكَبُوا	بتِرْكَبُوا	عَمْ تِرْكَبُوا	رَح/حْ تِرْكَبُوا
هُوِّ	رِكِب	يِرْكَب	بيِرْكَب	عَمْ يِرْكَب	رَح/حْ يِرْكَب
هِيِّ	رِكْبِت	تِرْكَب	بتِرْكَب	عَمْ تِرْكَب	رَح/حْ تِرْكَب
هِنِّ	رِكْبُوا	يِرْكَبُوا	بيِرْكَبُوا	عَمْ يِرْكَبُوا	رَح/حْ يِرْكَبُوا

المضارع التام: كِنْت اَرْكَب/اِ / كنَّا نِرْكَب / كِنت تِرْكَب / كِنتي تِرْكَبي / كِنتُوا تِرْكَبُوا / كان يِرْكَب/ كانِت تِرْكَب / كانوا يِرْكَبُوا

الأمر:

- إِنْتِه: اِرْكاب
- إِنْتِي: اِرْكَبي
- إِنْتُوا: اِرْكَبُوا

الضمير	اسم الفاعل	اسم المفعول
أنا / إِنْتِه / هُوِّ	راكِب	Not used
أنا/ إِنْتِي / هِيِّ	راكْبِة	
إِنْتوا / نِحْنَا / هِنِّ	راكبين	

المصدر: رَكْب

خَسِرَ　　　　خِسِرْ/ يِخْسَر　　　　**To lose**

الضمير	الماضي	المضارع	المضارع		المستقبل
			الاعتيادي	المستمر	
أنا	خْسِرت	اَخسَر	بِخسَر	عَمْ اَخسر	رَحْ/حَ اَخسر
نِحْنَا	خْسِرنا	نِخْسَر	بنِخْسَر	عَمْ نِخْسَر	رَحْ/حَ نِخْسَر
إِنْتِه	خْسِرت	تِخْسَر	بتِخْسَر	عَمْ تِخْسَر	رَحْ/حَ تِخْسَر
إِنْتِي	خْسِرْتِي	تخْسَري	بتخْسَري	عَمْ تخْسَري	رَحْ/حَ تخْسَري
إِنْتُوا	خْسِرْتوا	تْخسَرُوا	بتْخسَرُوا	عَمْ تْخسَرُوا	رَحْ/حَ تْخسَرُوا
هُوِّ	خِسِر	يِخسَر	بيِخسَر	عَمْ يِخسَر	رَحْ/حَ يِخسَر
هِيِّ	خِسْرِت	تِخْسَر	بتِخْسَر	عَمْ تِخْسَر	رَحْ/حَ تِخْسَر
هِنِّ	خِسْرُوا	يِخْسَرُوا	بيِخْسَرُوا	عَمْ يِخْسَرُوا	رَحْ/حَ يِخْسَرُوا

المضارع التام: كِنْت اِخْسَر/ كنَّا نِخْسَر / كِنت تِخْسَر / كِنتي تِخْسَري / كِنتُوا تِخْسَرُوا / كان يِخْسَر/ كانِت تِخْسَر / كانوا يِخْسَرُوا

الأمر:

- إِنْتِه: اِخْسَار
- إِنْتِي: اِخْسَري
- إِنْتُوا: اِخْسَرُوا

الضمير	اسم الفاعل	اسم المفعول
أنا / إِنْتِه / هُوِّ	خَاسِر	Not used
أنا/ إِنْتِي / هِيِّ	خَاسْرَة	
إِنْتُوا / نِحْنَا / هِنِّ	خَاسْرِين	

المصدر: خْسَارَة

أَخْطَأَ   غَلِط / يغلط   To make a mistake

الضمير	الماضي	المضارع	المضارع الاعتيادي	المضارع المستمر	المستقبل
أنا	غلِطِت	اِغْلَط/اَ	بغْلَط	عَمْ اِغْلَط	رَح/حْ اِغْلَط
نِحْنَا	غْلِطْنا	نِغْلَط	بنِغْلَط	عَمْ نِغْلَط	رَح/حْ نِغْلَط
إنْتِه	غْلِطِت	تِغْلَط	بتِغْلَط	عَمْ تِغْلَط	رَح/حْ تِغْلَط
إنْتِي	غْلِطْتي	تِغْلَطي	بتِغْلَطي	عَمْ تِغْلَطي	رَح/حْ تِغْلَطي
إنْتُوا	غْلِطْتوا	تِغْلَطُوا	بتِغْلَطُوا	عَمْ تِغْلَطُوا	رَح/حْ تِغْلَطُوا
هُوِّ	غِلِط	يِغْلَط	بيِغْلَط	عَمْ يِغْلَط	رَح/حْ يِغْلَط
هِيِّ	غْلِطِت	تِغْلَط	بتِغْلَط	عَمْ تِغْلَط	رَح/حْ تِغْلَط
هِنِّ	غِلْطُوا	يِغْلَطُوا	بيِغْلَطُوا	عَمْ يِغْلَطُوا	رَح/حْ يِغْلَطُوا

المضارع التام: كِنْت اِغْلَط / كنّا نِغْلَط / كِنت تِغْلَط / كِنتي تِغْلَطي/ كِنتُوا تِغْلَطُوا / كان يِغْلَط/ كانِت تِغْلَط / كانوا يِغْلَطُوا

الأمر:

- إنْتِه: اِغلاط
- إنْتِي: اِغلَطي
- إنْتُوا: اِغلَطوا

الضمير	اسم الفاعل	اسم المفعول
أنا / إنْتِه / هُوِّ	Not used	Not used
أنا/ إنْتِي / هِيِّ		
إنْتُوا / نِحْنَا / هِنِّ		

المصدر: غَلَط

خرَجَ / دخَلَ/ صعَدَ   طلِع / يطْلَع   To leave / To get in / To go up

الضمير	الماضي	المضارع	المضارع		المستقبل
			الاعتيادي	المستمر	
أنا	طلِعت	اِطْلَع	بِطْلَع	عَمْ اِطْلَع	رَحْ/حَ اِطْلَع
نِحْنَا	طلِعْنَا	نِطْلَع	بنِطْلَع	عَمْ نِطلَع	رَحْ/حَ نِطْلَع
إنْته	طلْعِت	تِطْلَع	بتِطْلَع	عَمْ تِطلَع	رَحْ/حَ تِطْلَع
إنْتِي	طلِعْتي	تِطْلَعي	بتِطْلَعي	عَمْ تِطلَعي	رَحْ/حَ تِطْلَعي
إنْتُوا	طلِعْتُوا	تِطْلَعوا	بتِطْلَعوا	عَمْ تِطلَعوا	رَحْ/حَ تِطْلَعوا
هُوِّ	طلِع	يِطْلَع	بيطْلَع	عَمْ يطلَع	رَحْ/حَ يطْلَع
هِيِّ	طلْعِت	تِطْلَع	بتِطْلَع	عَمْ تِطلَع	رَحْ/حَ تِطْلَع
هِنِّ	طِلْعُوا	يِطْلَعُوا	بِيطْلَعُوا	عَمْ يطْلَعُوا	رَحْ/حَ يطْلَعُوا

المضارع التام: كِنْت اِطْلَع / كنَّا نِطْلَع / كِنت تِطْلَع / كِنتي تِطْلَعي/ كِنتُوا تِطْلَعُوا / كان يطْلَع/ كانِت تِطْلَع / كانوا يطْلَعُوا

الأمر:

- إنْتِه: اِطلاع
- إنْتِي: اِطلعي
- إنْتُوا: اِطلعوا

الضمير	اسم الفاعل	اسم المفعول
أنا / إنْتِه / هُوِّ	إطلعوا	مَطْلُوع
أنا/ إنْتِي / هِيِّ	طَالْعَة	مَطْلوعة
إنْتُوا / نِحْنَا / هِنِّ	طَالْعِين	مَطْلوعِين

المصدر: طَلْعَة

فَشِلَ فِشِل / يِفْشَل To fail

المستقبل	المضارع		المضارع	الماضي	الضمير
	المستمر	الاعتيادي			
رَح/حَ اِفْشَل	عَمْ اِفْشَل	بِفْشَل	اِفْشَل	فشِلت	أنا
رَح/حَ نِفْشَل	عَمْ نِفْشَل	بنِفْشَل	نِفْشَل	فشِلْنَا	نحْنَا
رَح/حَ تِفْشَل	عَمْ تِفْشَل	بتِفْشَل	تِفْشَل	فشِلت	إِنْتِه
رَح/حَ تِفْشَلِي	عَمْ تِفْشَلِي	بتِفْشَلِي	تِفْشَلِي	فشِلْتِي	إِنْتِي
رَح/حَ تِفْشَلوا	عَمْ تِفْشَلوا	بتِفْشَلوا	تِفْشَلوا	فشِلْتُوا	إِنْتُوا
رَح/حَ يِفْشَل	عَمْ يِفْشَل	بيِفْشَل	يِفْشَل	فِشِل	هُوِّ
رَح/حَ تِفْشَل	عَمْ تِفْشَل	بتِفْشَل	تِفْشَل	فِشْلِت	هِيِّ
رَح/حَ يِفْشَلُوا	عَمْ يِفْشَلُوا	بيِفْشَلُوا	يِفْشَلُوا	فِشْلُوا	هِنِّ

المضارع التام: كِنْت اِفْشَل / كنَّا نِفْشَل / كِنت تِفْشَل / كِنتي تِفْشَلي/ كِنتُوا تِفْشَلُوا / كان يِفْشَل/ كانِت تِفْشَل / كانوا يِفْشَلُوا

الأمر:

- إِنْتِه: اِفشال
- إِنْتِي: اِفْشَلي
- إِنْتُوا: اِفْشَلُوا

الضمير	اسم الفاعل	اسم المفعول
أنا / إِنْتِه / هُوِّ	فَاشِل	Not used
أنا/ إِنْتِي / هِيِّ	فَاشْلِة	
إِنْتُوا / نِحْنَا / هِنِّ	فَاشْلِين	

المصدر: فَشَل

لَعِب   لعِب / يلْعَب   To play

المستقبل	المضارع		المضارع	الماضي	الضمير
	المستمر	الاعتيادي			
رَحْ/حَ اِلْعَب	عَمْ اِلْعَب	بِلْعَب	اِلْعَب	لْعِبت	**أنا**
رَحْ/حَ نِلْعَب	عَمْ نِلْعَب	بنِلْعَب	نِلْعَب	لْعِبْنا	**نِحْنَا**
رَحْ/حَ تِلْعَب	عَمْ تِلْعَب	بتِلْعَب	تِلْعَب	لْعِبت	**إنْتِه**
رَحْ/حَ تِلْعَبي	عَمْ تِلْعَبي	بتِلْعَبي	تِلْعَبي	لْعِبْتي	**إنْتِي**
رَحْ/حَ تِلْعَبُوا	عَمْ تِلْعَبُوا	بتِلْعَبُوا	تِلْعَبُوا	لْعِبْتُوا	**إنْتُوا**
رَحْ/حَ يِلْعَب	عَمْ يِلْعَب	بيِلْعَب	يِلْعَب	لِعِب	**هُوِّ**
رَحْ/حَ تِلْعَب	عَمْ تِلْعَب	بتِلْعَب	تِلْعَب	لِعْبت	**هِيِّ**
رَحْ/حَ يِلْعَبُوا	عَمْ يِلْعَبُوا	بيِلْعَبُوا	يِلْعَبُوا	لِعْبُوا	**هِنِّ**

المضارع التام: كِنْت اِلْعَب / كِنَّا نِلْعَب / كِنت تِلْعَب / كِنتي تِلْعَبي/ كِنتُوا تِلْعَبوا / كان يِلْعَب/ كانِت تِلْعَب / كانوا يِلْعَبُوا

الأمر:

- إنْتِه: اِلْعَاب
- إنْتِي: اِلْعَبي
- إنْتُوا: اِلعَبُو

الضمير	اسم الفاعل	اسم المفعول
أنا / إنْتِه / هُوِّ	لاعِب	مَلْعوب
أنا/ إنْتِي / هِيِّ	لاعْبِة	مَلْعُوبِة
إنْتُوا / نِحْنَا / هِنِّ	لاعْبين	مَلْعُوبين

المصدر: لِعِب

رَبِحَ   رِبِح / يِرْبَح   To win

المستقبل	المضارع		المضارع	الماضي	الضمير
	المستمر	الاعتيادي			
رَح/حَ ارْبَح	عَمْ اَرْبَح	بِرْبَح	ارْبَح	رْبِحِت	أنا
رَح/حَ نِرْبَح	عَمْ نِرْبَح	بِنِرْبَح	نِرْبَح	رْبِحْنَا	نِحْنَا
رَح/حَ تِرْبَح	عَمْ تِرْبَح	بْتِرْبَح	تِرْبَح	رْبِحِت	إِنْتِه
رَح/حَ تِرْبَحي	عَمْ تِرْبَحي	بْتِرْبَحي	تِرْبَحي	رْبِحْتِي	إِنْتِي
رَح/حَ تِرْبَحُوا	عَمْ تِرْبَحُوا	بْتِرْبَحُوا	تِرْبَحُوا	رْبِحْتُوا	إِنْتُوا
رَح/حَ يِرْبَح	عَمْ يِرْبَح	بِيرْبَح	يِرْبَح	رِبِح	هُوِّ
رَح/حَ تِرْبَح	عَمْ تِرْبَح	بْتِرْبَح	تِرْبَح	رْبِحِت	هِيِّ
رَح/حَ يِرْبَحوا	عَمْ يِرْبَحوا	بِيرْبَحوا	يِرْبَحوا	رِبْحُوا	هِنِّ

المضارع التام: كِنْت اَرْبَح / كنَّا نِرْبَح / كِنت تِرْبَح / كِنتي تِرْبَحي/ كِنتُوا تِرْبَحوا / كان يِرْبَح/ كانِت يِرْبَح / كانوا يِرْبَحوا

الأمر:

- إِنْتِه: اِرْبَاح
- إِنْتِي: اِرْبَحي
- إِنْتُوا: اِرْبَحُوا

اسم المفعول	اسم الفاعل	الضمير
Not used	رَابِح	أنا / إِنْتِه / هُوِّ
	رَابْحَة	أنا/ إِنْتِي / هِيِّ
	رَابْحِين	إِنْتُوا / نِحْنَا / هِنِّ

المصدر: رِبِح

قَبِلَ   قِبِل/ يقْبَل   To accept

الضمير	الماضي	المضارع	المضارع		المستقبل
			الاعتيادي	المستمر	
أنا	قبِلِت	اقبَل	بقبَل	عَمْ اقبَل	رَحْ/حَ اقبَل
نحْنَا	قبِلْنا	نِقبَل	بنِقبَل	عَمْ نِقبَل	رَحْ/حَ نِقبَل
إنْته	قبِلِت	تِقبَل	بتِقبَل	عَمْ تِقبَل	رَحْ/حَ تِقبَل
إنْتِي	قبِلْتِي	تِقبَلي	بتِقبَلي	عَمْ تِقبَلي	رَحْ/حَ تِقبَلي
إنْتُوا	قبِلْتُوا	تِقبَلوا	بتِقبَلوا	عَمْ تِقبَلوا	رَحْ/حَ تِقبَلوا
هُوِّ	قبِل	يِقبَل	بيِقبَل	عَمْ يِقبَل	رَحْ/حَ يِقبَل
هِيِّ	قبْلِت	تِقبَل	بتِقبَل	عَمْ تِقبَل	رَحْ/حَ تِقبَل
هِنِّ	قِبْلُوا	يِقبَلُوا	بيِقبَلُوا	عَمْ يِقبَلُوا	رَحْ/حَ يِقبَلُوا

المضارع التام: كِنْت اَقبَل / كنَّا نِقبَل / كِنت تِقبَل / كِنتي تِقبَلي/ كِنتُوا تِقبَلوا / كان يِقبَل/ كانِت تِقبَل / كانوا يِقبَلُوا

الأمر:

- إنْته: اِقبَال
- إنْتِي: اِقبَلي
- إنْتوا: اِقبَلوا

الضمير	اسم الفاعل	اسم المفعول
أنا / إنْتِه / هُوِّ	قَابِل	مَقبُول
أنا/ إنْتِي / هِيِّ	قَابْلِة	مَقبُولة
إنْتُوا / نحنَا / هِنِّ	قَابْلِين	مَقبُولين

المصدر: قُبُول

To become happy فِرِح / يفْرَح فَرِحَ

الضمير	الماضي	المضارع	المضارع الاعتيادي	المضارع المستمر	المستقبل
أنا	فْرِحِت	اِفْرَح	بفْرَح	عَمْ اِفْرَح	رَح/حَ اِفْرَح
نِحْنَا	فْرِحْنا	نِفْرَح	بنِفْرَح	عَمْ نِفْرَح	رَح/حَ نِفْرَح
إِنْتِه	فْرِحِت	تِفْرَح	بتِفْرَح	عَمْ تِفْرَح	رَح/حَ تِفْرَح
إِنْتِي	فْرِحْتِي	تِفْرَحي	بتِفْرَحي	عَمْ تِفْرَحي	رَح/حَ تِفْرَحي
إِنْتُوا	فْرِحْتُوا	تِفْرَحُوا	بتِفْرَحُوا	عَمْ تِفْرَحُوا	رَح/حَ تِفْرَحُوا
هُوِّ	فِرِح	يفْرَح	بيفْرَح	عَمْ يفْرَح	رَح/حَ يفْرَح
هِيِّ	فِرْحِت	تِفْرَح	بتِفْرَح	عَمْ تِفْرَح	رَح/حَ تِفْرَح
هِنِّ	فِرْحُوا	يفْرَحُوا	بيفْرَحُوا	عَمْ يفْرَحُوا	رَح/حَ يفْرَحُوا

المضارع التام: كِنْت اِفْرَح / كنَّا نِفْرَح / كِنت تِفْرَحي / كِنتي تِفْرَحي/ كِنتُوا تِفْرَحُوا / كان يفْرَح/ كانِت تِفْرَح / كانوا يفْرَحُوا

الأمر:

- إِنْتِه: اِفْرَاح
- إِنْتِي: اِفْرَحي
- إِنْتُوا: اِفْرَحُوا

الضمير	اسم الفاعل	اسم المفعول
أنا / إِنْتِه / هُوِّ	فرْحَان	Not used
أنا/ إِنْتِي / هِيِّ	فَرْحَانِة	
إِنْتُوا / نِحْنَا / هِنِّ	فَرْحَانين	

المصدر: فَرَح

Table (E)

To write **كَتَب / يكتُب** **كَتَبَ**

الضمير	الماضي	المضارع	المضارع		المستقبل
			الاعتيادي	المستمر	
أنا	كَتَبِت	أكتُب	بِكتُب	عَمْ إِكتُب	رَح/حَ إِكتُب
نِحْنَا	كَتَبنا	نِكْتُب	بنِكْتُب	عَمْ نِكْتُب	رَح/حَ نِكْتُب
إِنْتِه	كَتَبِت	تِكتُب	بتِكتُب	عَمْ تِكتُب	رَح/حَ تِكتُب
إِنْتِي	كَتَبْتي	تِكتِبي	بتِكتِبي	عَمْ تِكتِبي	رَح/حَ تِكتِبي
إِنْتُوا	كَتَبْتوا	تِكتْبُوا	بتِكتْبُوا	عَمْ تِكتْبُوا	رَح/حَ تِكتْبُوا
هُوِّ	كَتَب	يِكتُب	بِيكتُب	عَمْ يِكتُب	رَح/حَ يِكتُب
هِيِّ	كَتْبِت	تِكْتُب	بتِكْتُب	عَمْ تِكْتُب	رَح/حَ تِكْتُب
هِنِّ	كَتَبُوا	يِكتْبُوا	بِيكتْبُوا	عَمْ يِكتْبُوا	رَح/حَ يِكتْبُوا

المضارع التام: كِنْت اِكتُب / كنَّا نِكْتُب / كِنت تِكتُب / كِنتي تِكتِبي / كِنتُوا تِكتْبُوا / كان يِكتُب / كانِت تِكْتُب / كانوا يِكتْبُوا

الأمر:

- إِنْتِه: اِكتُوب
- إِنْتِي: اِكْتِبي
- إِنْتُوا: اِكتْبُوا

الضمير	اسم الفاعل	اسم المفعول
أنا / إِنْتِه / هُوِّ	كَاتِب	مَكْتُوب
أنا/ إِنْتِي / هِيِّ	كَاتْبِة	مَكْتُوبِة
إِنْتُوا / نِحْنَا / هِنِّ	كَاتْبِين	مَكْتُوبِين

المصدر: كِتَابِة

تَرَكَ		تَرَك / يترُك		To leave a person or thing

الضمير	الماضي	المضارع	المضارع		المستقبل
			الاعتيادي	المستمر	
أنا	ترَكِت	اِترْك	بترْك	عَمْ اِترُك	رَح/حَ اِترْك
نِحْنَا	تَركنَا	نِترْك	بنِترْك	عَمْ نِترْك	رَح/حَ نِترْك
إنْتِه	تَرَكِت	تِترْك	بتِترْك	عَمْ تِترْك	رَح/حَ تِترْك
إنْتِي	تَرَكْتي	تِترْكي	بتِتركي	عَمْ تِترْكي	رَح/حَ تِترْكي
إنْتُوا	تَركْتُوا	تِترْكوا	بتِترْكوا	عَمْ تِترْكوا	رَح/حَ تِترْكوا
هُوِّ	تَرك	يترْك	بيَترْك	عَمْ يَترْك	رَح/حَ يَترْك
هِيِّ	تَرْكِت	تِترْك	بتِترْك	عَمْ تِترْك	رَح/حَ تِترْك
هِنِّ	تَركُوا	يترْكوا	بيترْكوا	عَمْ يترْكوا	رَح/حَ يترْكوا

المضارع التام: كِنْت اِترْك / كنَّا نِترْك / كِنت تِترْك / كِنتي تِترْكي / كِنتُوا تِترْكوا / كان يترْك/ كانِت تِترْك / كانوا يترْكُوا

الضمير	اسم الفاعل	اسم المفعول
أنا / إنْتِه / هُوِّ	تَارك	مَترُوك
أنا/ إنْتِي / هِيِّ	تَارْكَة	مَترُوكِة
إنْتُوا / نِحْنَا / هِنِّ	تَارْكين	مَترُوكين

الأمر:

- إنْتِه: اِتْريك
- إنْتِي: اِترْكي
- إنْتُوا: اِترُكُوا

المصدر: تَرْك

رَقَصَ   رَقَص / يِرْقُص   To dance

الضمير	الماضي	المضارع	المضارع: الاعتيادي	المضارع: المستمر	المستقبل
أنا	رَقَصِت	اِرْقُص	بِرْقُص	عَمْ اِرْقُص	رَح/حَ اِرْقُص
نِحْنَا	رَقَصْنا	نِرْقُص	بِنِرْقُص	عَمْ نِرْقُص	رَحْ/حَ نِرْقُص
إنْتِه	رَقَصِت	تِرْقُص	بِتِرْقُص	عَمْ تِرْقُص	رَحْ/حَ تِرْقُص
إنْتِي	رَقَصْتِي	تِرقْصي	بِتِرقْصي	عَمْ تِرقْصي	رَحْ/حَ تِرقْصي
إنْتُوا	رَقَصْتُوا	تِرقْصُوا	بِتِرقْصُوا	عَمْ تِرقْصُوا	رَحْ/حَ تِرقْصُوا
هُوِّ	رَقَص	يِرْقُص	بِيِرْقُص	عَمْ يِرْقُص	رَحْ/حَ يِرْقُص
هِيِّ	رَقَصِت	تِرْقُص	بِتِرْقُص	عَمْ تِرْقُص	رَحْ/حَ تِرْقُص
هِنِّ	رَقَصُوا	يِرقِصُوا	بِيِرقِصُوا	عَمْ يِرقِصُوا	رَحْ/حَ يِرقِصُوا

المضارع التام: كِنْت اِرْقُص / كِنَّا نِرْقُص / كِنت تِرْقُص / كِنتي تِرقِصِي/ كِنتُوا تِرقِصُوا / كان يِرْقص/ كانِت تِرْقُص / كانوا يِرقِصُوا

الأمر:

- إنْتِه: اِرْقُوص
- إنْتِي: اِرْقِصِي
- إنْتُوا: اِرْقِصُوا

الضمير	اسم الفاعل	اسم المفعول
أنا / إنْتِه / هُوِّ	رَاقِص	Not used
أنا/ إنْتِي / هِيِّ	رَاقْصَة	
إنْتُوا / نِحْنَا / هِنِّ	رَاقْصِين	

المصدر: رَقْص

رَفَضَ

رَفَض / يُرْفُض **To refuse**

الضمير	الماضي	المضارع	المضارع		المستقبل
			الاعتيادي	المستمر	
أنا	رَفَضِت	اِرْفُض	بِرْفُض	عَمْ اِرْفُض	رَح/حَ اِرْفُض
نِحْنَا	رَفَضْنَا	نِرْفُض	بنِرْفُض	عَمْ نِرْفُض	رَح/حَ نِرْفُض
إِنْتِه	رَفَضِت	تِرْفُض	بتِرْفُض	عَمْ تِرْفُض	رَح/حَ تِرْفُض
إِنْتِي	رَفَضْتي	تِرِفْضي	بتِرِفْضي	عَمْ تِرِفْضي	رَح/حَ تِرِفْضي
إِنْتُوا	رَفَضْتُوا	تِرِفْضُوا	بتِرِفْضُوا	عَمْ تِرِفْضُوا	رَح/حَ تِرِفْضُوا
هُوِّ	رَفَض	يِرْفُض	بيِرْفُض	عَمْ يِرْفُض	رَح/حَ يِرْفُض
هِيِّ	رَفْضِت	تِرْفُض	بتِرْفُض	عَمْ تِرْفُض	رَح/حَ تِرْفُض
هِنِّ	رَفَضُوا	يِرِفْضوا	بيِرِفْضوا	عَمْ يِرِفْضوا	رَح/حَ يِرِفْضوا

المضارع التام: كِنْت اِرْفُض / كِنَّا نِرْفُض / كِنت تِرْفُض / كِنتي تِرِفْضي/ كِنتُوا تِرِفْضُوا / كان يِرْفُض/ كانِت تِرْفُض/ كانوا يِرِفْضُوا

الأمر:

- إِنْتِه: اِرْفُوض
- إِنْتي: اِرْفِضي
- إِنْتُوا: اِرْفُضُوا

الضمير	اسم الفاعل	اسم المفعول
أنا / إِنْتِه / هُوِّ	رَافِض	مَرْفُوض
أنا/ إِنْتِي / هِيِّ	رَافْضِة	مَرْفُوضَة
إِنْتُوا / نِحْنَا / هِنِّ	رَافْضِين	مَرْفُوضِين

المصدر: رَفْض

رَكَضَ　　رَكَض/ يرْكُض　　**To run**

الضمير	الماضي	المضارع	المضارع		المستقبل
			الاعتيادي	المستمر	
أنا	رَكَضِت	اِرْكُض	بِرْكُض	عَمْ اِرْكُض	رَحْ/حَ اِرْكُض
نِحْنَا	رَكَضْنا	نِرْكُض	بِنِرْكُض	عَمْ نِرْكُض	رَحْ/حَ نِرْكُض
إِنْتِه	رَكَضِت	تِرْكُض	بِتِرْكُض	عَمْ تِرْكُض	رَحْ/حَ تِرْكُض
إِنْتِي	رَكَضْتي	تِرِكْضي	بِتِرِكْضي	عَمْ تِرِكْضي	رَحْ/حَ تِرِكْضي
إِنْتُوا	رَكَضْتُوا	تِرِكْضُوا	بِتِرِكْضُوا	عَمْ تِرِكْضُوا	رَحْ/حَ تِرِكْضُوا
هُوِّ	رَكَض	يِرْكُض	بِيرْكُض	عَمْ يِرْكُض	رَحْ/حَ يِرْكُض
هِيِّ	رَكْضِت	تِرْكُض	بِتِرْكُض	عَمْ تِرْكُض	رَحْ/حَ تِرْكُض
هِنِّ	رَكَضُوا	يِرِكْضُوا	بِيرِكْضُوا	عَمْ يِرِكْضُوا	رَحْ/حَ يِرِكْضُوا

المضارع التام: كِنْت اِرْكُض / كنَّا نِرْكُض / كِنت تِرْكُض / كِنتي تِرِكْضي/ كِنتُوا تِرِكْضُوا / كان يِرْكُض/ كانِت تِرْكُض / كانوا يِرِكْضُوا

الأمر:

- إِنْتِه: اِرْكُوض
- إِنْتِي: اِرْكِضي
- إِنْتُوا: اِرْكِضُوا

الضمير	اسم الفاعل	اسم المفعول
أنا / إِنْتِه / هُوِّ	رَاكِض	Not used
أنا/ إِنْتِي / هِيِّ	رَاكْضِة	
إِنْتُوا / نِحْنَا / هِنِّ	رَاكْضِين	

المصدر: رَكْض

Table (F)

To talk / to speak حَكى / يحْكي تَكَلَّمَ / حَكَى

المستقبل	المضارع		المضارع	الماضي	الضمير
	المستمر	الاعتيادي			
رَح/حَ اِحكي	عَمْ اِحْكي	بِحكي	اِحْكي	حكيت	**أنا**
رَح/حَ نِحكي	عَمْ نِحْكي	بِنحكي	نِحْكي	حكينا	**نِحْنَا**
رَح/حَ تِحكوا	عَمْ تِحكوا	بتِحكوا	تِحكوا	حكيت	**إنْتِه**
رَح/حَ تِحكي	عَمْ تِحكي	بتِحْكي	تِحكي	حكيتي	**إنْتِي**
رَح/حَ تِحكوا	عَمْ تِحكوا	بتِحكوا	تِحكوا	حكيتُوا	**إنْتُوا**
رَح/حَ يحكي	عَمْ يحكي	بيحكِي	يحكي	حَكَى	**هُوِّ**
رَح/حَ تِحكي	عَمْ تِحكي	بتِحكي	تِحكي	حكِت	**هِيِّ**
رَح/حَ يحكوا	عَمْ يحكوا	بِيحكوا	يحكوا	حَكُوا	**هِنِّ**

المضارع التام: كِنْت اِحْكي / كنَّا نِحْكي / كِنت تِحْكي / كِنتي تِحكِي/ كِنتُوا تِحْكوا / كان يحْكي/ كانِت تِحْكي / كانوا يحْكوا

الأمر:

- إنْتِه: اِحْكي
- إنْتِي: اِحْكي
- إنْتُوا: اِحْكوا

الضمير	اسم الفاعل	اسم المفعول
أنا / إنْتِه / هُوِّ	حَاكي	مِحْكِي
أنا/ إنْتِي / هِيِّ	حَاكْية	مِحْكيِّة
إنْتُوا / نِحْنَا / هِنِّ	حَاكين	مِحْكيِّين

المصدر: حَكِي

مَشَى   مَشَى / يمْشي   **To walk**

الضمير	الماضي	المضارع	المضارع		المستقبل
			الاعتيادي	المستمر	
أنا	مْشِيت	اِمشي	بِمشي	عَمْ اِمشي	رَح/حَ اِمشي
نِحْنَا	مْشِينا	نِمْشي	بِنِمْشي	عَمْ نِمْشي	رَح/حَ نِمْشي
إِنْتِه	مْشِيت	تِمْشي	بْتِمْشي	عَمْ تِمْشي	رَح/حَ تِمْشي
إِنْتِي	مْشِيتي	تِمْشي	بْتِمْشي	عَمْ تِمْشي	رَح/حَ تِمْشي
إِنْتُوا	مْشِيتوا	تِمْشُوا	بْتِمْشُوا	عَمْ تِمْشُوا	رَح/حَ تِمْشُوا
هُوِّ	مَشَى	يمْشي	بِيمْشي	عَمْ يمْشي	رَح/حَ يمْشي
هِيِّ	مْشِيت	تِمْشي	بْتِمْشي	عَمْ تِمْشي	رَح/حَ تِمْشي
هِنِّ	مَشُوا	يمْشُوا	بِيمْشُوا	عَمْ يمْشُوا	رَح/حَ يمْشُوا

المضارع التام: كِنْت إِمشي / كنَّا نِمْشي / كِنت تِمْشي / كِنتي تِمْشي/ كِنتُوا تِمْشوا / كان يمْشي/ كانِت تِمْشي / كانوا يمْشُوا

الأمر:

- إِنْتِه: اِمْشي
- إِنْتِي: اِمْشي
- إِنْتُوا: اِمْشُوا

الضمير	اسم الفاعل	اسم المفعول
أنا / إِنْتِه / هُوِّ	مَاشِي	مِمْشي
أنا/ إِنْتِي / هِيِّ	مَاشْية	مِمْشِيِّة
إِنْتُوا / نِحْنَا / هِنِّ	مَاشْين	مِمْشِيِّين

المصدر: مَشِي

رَمَى　　　رَمَى/ يرْمِي　　　**To throw**

الضمير	الماضي	المضارع	المضارع		المستقبل
			الاعتيادي	المستمر	
أنا	رَميت	اِرْمي	بِرْمي	عَمْ اِرْمي	رَحْ/حَ اِرْمي
نِحْنَا	رَمينا	نِرْمِي	بِنِرْمِي	عَمْ نِرْمِي	رَحْ/حَ نِرْمِي
إِنْتِه	رَميت	تِرْمِي	بِتِرْمِي	عَمْ تِرْمِي	رَحْ/حَ تِرْمِي
إِنْتِي	رَميتي	تِرْمي	بِتِرْمي	عَمْ تِرْمي	رَحْ/حَ تِرْمي
إِنْتُوا	رَميتُوا	تِرْمُوا	بِتِرْمُوا	عَمْ تِرْمُوا	رَحْ/حَ تِرْمُوا
هُوِّ	رَمَى	يِرْمِي	بيِرْمي	عَمْ يِرْمِي	رَحْ/حَ يِرْمِي
هِيِّ	رَمِت	تِرْمي	بِتِرْمي	عَمْ تِرْمي	رَحْ/حَ تِرْمي
هِنِّ	رَمُوا	يِرْمُوا	بيِرْمُوا	عَمْ يِرْمُوا	رَحْ/حَ يِرْمُوا

المضارع التام: كِنْت اِرْمي / كنَّا نِرْمي / كِنت تِرْمي / كِنتي تِرْمي/ كِنتُوا تِرْمُوا / كان يِرْمي/ كانِت تِرْمي / كانوا يِرْمُوا

الأمر:

- إِنْتِه: اِرْمي
- إِنْتِي: اِرْمي
- إِنْتُوا: اِرْمُوا

الضمير	اسم الفاعل	اسم المفعول
أنا / إِنْتِه / هُوِّ	رَامي	مِرْمِي
أنا/ إِنْتِي / هِيِّ	رَامْية	مِرْمِيِّة
إِنْتُوا / نِحْنَا / هِنِّ	رَامْيين	مِرْمِيِّين

المصدر: رَمِي / رِمَاية

لَغَى　　　لَغى / يلْغِي　　　To cancel

المستقبل	المضارع		المضارع	الماضي	الضمير
	المستمر	الاعتيادي			
رَحْ/حَ اِلْغي	عَمْ اِلغي	بلْغي	اَلغي	لَغيت	**أنا**
رَحْ/حَ نِلْغي	عَمْ نِلْغي	بنِلْغي	نلْغي	لَغينا	**نِحْنَا**
رَحْ/حَ تِلْغي	عَمْ تِلْغي	بتِلْغي	تلْغي	لَغيت	**إِنْتِه**
رَحْ/حَ تِلْغي	عَمْ تِلْغي	بتِلْغي	تلْغي	لَغيتي	**إِنْتِي**
رَحْ/حَ تِلْغوا	عَمْ تِلْغوا	بتِلْغُوا	تلْغوا	لَغيتوا	**إِنْتُوا**
رَحْ/حَ يلْغي	عَمْ يلْغي	بيلْغي	يلْغي	لَغَى	**هُوِّ**
رَحْ/حَ تِلْغي	عَمْ تِلْغي	بتِلْغي	تلْغي	لَغِت	**هِيِّ**
رَحْ/حَ يِلْغوا	عَمْ يِلْغوا	بيلْغُوا	يلْغوا	لَغُوا	**هِنِّ**

المضارع التام: كِنْت اِلْغي / كنَّا نِلْغي / كِنت تِلْغي / كِنتي تِلْغي/ كِنتُوا تِلْغوا / كان يلْغي/ كانِت تِلغي / كانوا يلْغُوا

الأمر:

– إِنْتِه: اِلْغِي
– إِنْتِي: اِلْغي
– إِنْتُوا: اِلْغُوا

الضمير	اسم الفاعل	اسم المفعول
أنا / إِنْتِه / هُوِّ	لَاغي	مِلْغي
أنا/ إِنْتِي / هِيِّ	لاغْية	مِلْغِيّة
إِنْتُوا / نِحْنَا / هِنِّ	لَاغيين	مِلْغِيِّين

المصدر: لَغِي

To build   بَنى/ يِبْني   بَنَى

المستقبل	المضارع		المضارع	الماضي	الضمير
	المستمر	الاعتيادي			
رَح/حَ اِبني	عَمْ اِبني	بِبني	اِبني	بَنيت	أنا
رَح/حَ نِبني	عَمْ نِبني	بنِبني	نِبني	بَنينا	نِحْنَا
رَح/حَ تِبني	عَمْ تِبني	بتِبني	تِبني	بَنيت	إنْته
رَح/حَ تِبْني	عَمْ تِبْني	بتِبني	تِبْني	بَنيتي	إنْتِي
رَح/حَ تِبْنُوا	عَمْ تِبْنُوا	بتِبْنُوا	تِبْنُوا	بَنيتُوا	إنْتُوا
رَح/حَ يِبْني	عَمْ يِبْني	بيِبْني	يِبْني	بَنى	هُوّ
رَح/حَ تِبْني	عَمْ تِبْني	بتِبْني	تِبْني	بَنت	هِيّ
رَح/حَ يِبْنُوا	عَمْ يِبْنُوا	بيِبْنُوا	يِبْنُوا	بَنُوا	هِنّ

المضارع التام: كنت اِبني / كنّا نِبْني / كِنت تِبْني/ كِنتي تِبْني / كِنتُوا تِبْنُوا / كان يِبْني/ كانِت تِبْني / كانوا يِبْنُوا

اسم المفعول	اسم الفاعل	الضمير
مِبْني	بَاني	**أنا / إنْته / هُوّ**
مَبْنيّة	بَانية	**أنا/ إنْتِي / هِيّ**
مِبْنيِّين	بَانين	**إنْتُوا / نِحْنَا / هِنّ**

الأمر:
- إنْته: اِبني
- إنْتِي: اِبني
- إنْتُوا: اِبْنُوا

المصدر: بَنِي , بناء

88

To protect **حَمَى / يحْمي** **حَمَى**

المستقبل	المضارع		المضارع	الماضي	الضمير
	المستمر	الاعتيادي			
رَح/حَ احْمي	عَمْ اِحْمي	بِحْمي	اِحْمي	حَميت	**أنا**
رَح/حَ نِحمي	عَمْ نِحمي	بِنِحمي	نِحمي	حَمينا	**نِحْنَا**
رَح/حَ تِحْمي	عَمْ تِحْمي	بِتِحْمي	تِحْمِي	حَميت	**إِنْتِه**
رَح/حَ تِحمي	عَمْ تِحمي	بِتِحمي	تِحْمِي	حَميتي	**إِنْتِي**
رَح/حَ تِحْمُوا	عَمْ تِحْمُوا	بِتِحْمُوا	تِحْمُوا	حَميتُوا	**إِنْتُوا**
رَح/حَ يِحْمي	عَمْ يِحْمي	بيِحْمي	يِحْمي	حَمى	**هُوِّ**
رَح/حَ تِحْمي	عَمْ تِحْمي	بِتِحْمي	تِحْمي	حَمِت	**هِيِّ**
رَح/حَ يِحْمُوا	عَمْ يِحْمُوا	بيِحْمُوا	يِحْمُوا	حَمُوا	**هِنِّ**

المضارع التام: كِنْت اِحْمي / كِنَّا نِحْمي / كِنت تِحْمي / كِنتي تِحْمي/ كِنتُوا تِحْمُوا / كان يِحْمِي/ كانِت تِحْمِي / كانوا يِحْمُوا

الأمر:

- إِنْتِه: اِحْمي
- إِنْتِي: اِحْمي
- إِنْتُوا: اِحْمُوا

اسم المفعول	اسم الفاعل	الضمير
مِحْمي	حَامِي	**أنا / إِنْتِه / هُوِّ**
مِحْمِيِّة	حَامِية	**أنا/ إِنْتِي / هِيِّ**
مِحْمِيِّن	حَامْيين	**إِنْتُوا / نِحْنَا / هِنِّ**

المصدر: حَمي / حِمَايَة

Table (G)

شْعَر/ حَسّ **حَس / يْحِس** **To feel**

الضمير	الماضي	المضارع	المضارع		المستقبل
			الاعتيادي	المستمر	
أنا	حَسّيت	حِس	بِحِس	عَمْ حِس	رَح/حَ حِس
نِحْنَا	حَسّينا	نْحِس	بِنْحِس	عَمْ نْحِس	رَح/حَ نْحِس
إنْتِه	حَسّيت	تْحِس	بِتْحِس	عَمْ تْحِس	رَح/حَ تْحِس
إنْتِي	حَسّيتي	تْحِسّي	بِتْحِسّي	عَمْ تْحِسّي	رَح/حَ تْحِسّي
إنْتوا	حَسّيتُوا	تْحِسُّوا	بِتْحِسُّوا	عَمْ تْحِسُّوا	رَح/حَ تْحِسُّوا
هُوِّ	حَس	يْحِس	بِيْحِس	عَمْ يْحِس	رَح/حَ يْحِس
هِيِّ	حَسِّت	تْحِس	بِتْحِس	عَمْ تْحِس	رَح/حَ تْحِس
هِنِّ	حَسُّوا	يْحِسُّوا	بِيْحِسُّوا	عَمْ يْحِسُّوا	رَح/حَ يْحِسُّوا

المضارع التام: كِنْت حِس / كِنَّا نْحِس / كِنت تْحِس / كِنتي تْحِسِّي / كِنتُوا تْحِسُّوا / كان يْحِس/ كانِت تْحِس / كانوا يْحِسُّوا

الأمر:

- إنْتِه: حِس
- إنْتِي: حِسِّي
- إنْتُوا: حِسُّوا

الضمير	اسم الفاعل	اسم المفعول
أنا / إنْتِه / هُوِّ	حَاسِس	مَحْسُوس
أنا/ إنْتِي / هِيِّ	حَاسِّة	مَحْسُوسِة
إنْتُوا / نِحْنَا / هِنِّ	حَاسِّين	مَحْسُوس

المصدر: حِس / إحْسَاس

دَلَّ　　　　دَل / يْدِل　　　　**To show**

الضمير	الماضي	المضارع	المضارع		المستقبل
			الاعتيادي	المستمر	
أنا	دَلِّيت	دِل	بْدِل	عَمْ دِل	رَحْ/حَ دِل
نِحْنَا	دَلِّينا	نْدِل	بِنْدِل	عَمِ نْدِل	رَحِ/حَ نْدِل
إِنْتِه	دَلِّيت	تْدِل	بِتْدِل	عَمِ تْدِل	رَحِ/حَ تْدِل
إِنْتِي	دَلِّيتي	تْدِلِّي	بِتْدِلِّي	عَمِ تْدِلِّي	رَحِ/حَ تْدِلِّي
إِنْتُوا	دَلِّيتُوا	تْدِلُّوا	بِتْدِلُّوا	عَمِ تْدِلُّوا	رَحِ/حَ تْدِلُّوا
هُوِّ	دَل	يْدِل	بِيْدِل	عَمِ يْدِل	رَحِ/حَ يْدِل
هِيِّ	دَلِّت	تْدِل	بِتْدِل	عَمِ تْدِل	رَحِ/حَ تْدِل
هِنِّ	دَلّوا	يْدِلُّوا	بِيْدِلُّوا	عَمِ يْدِلُّوا	رَحِ/حَ يْدِلُّوا

المضارع التام: كِنْت دِل / كِنَّا نْدِل / كِنت تْدِل / كِنتي تْدِلّي / كِنتُوا تْدِلُّوا / كان يْدِل/ كانِت تْدِل/ كانوا يْدِلُّوا

الأمر:

– إِنْتِه: دِل
– إِنْتِي: دِلِّي
– إِنْتُوا: دِلُّوا

الضمير	اسم الفاعل	اسم المفعول
أنا / إِنْتِه / هُوِّ	دَالل	مَدْلول
أنا/ إِنْتِي / هِيِّ	دَالّة	مَدْلُولِة
إِنْتُوا / نِحْنَا / هِنِّ	دَالِّين	مَدْلُولِين

المصدر: دِل

حَلّ   حَل / يْحِل   To solve

الضمير	الماضي	المضارع	المضارع		المستقبل
			الاعتيادي	المستمر	
أنا	حلّيت	حِل	بحِل	عَمْ حِل	رَحْ/حَ حِل
نِحْنَا	حلّينا	نْحِل	بنْحِل	عَمِ نْحِل	رَح/حَ نْحِل
إنْتِه	حلّيت	تْحِل	بتْحِل	عَمِ تْحِل	رَح/حَ تْحِل
إنْتِي	حلّيتي	تْحِلّي	بتْحِلّي	عَمِ تْحِلّي	رَح/حَ تْحِلّي
إنْتوا	حلّيتُوا	تْحِلّوا	بتْحِلّوا	عَمِ تْحِلّوا	رَح/حَ تْحِلّوا
هُوّ	حل	يْحِل	بيْحِل	عَمِ يْحِل	رَح/حَ يْحِل
هِيّ	حلّت	تْحِل	بتْحِل	عَمِ تْحِل	رَح/حَ تْحِل
هِنّ	حلّوا	يْحِلّوا	بيْحِلّوا	عَمِ يْحِلّوا	رَح/حَ يْحِلّوا

المضارع التام: كِنْت حِل / كنَّا نْحِل / كِنت تْحِل / كِنتي تْحِلّي/ كِنتوا تْحِلُّوا / كان يْحِل / كانِت تْحِل / كانوا يْحِلُّوا

الأمر:

- إنْتِه: حِل
- إنْتِي: حِلّي
- إنْتُوا: حِلّو

الضمير	اسم الفاعل	اسم المفعول
أنا / إنْتِه / هُوّ	حَالِل	مَحْلُول
أنا/ إنْتِي / هِيّ	حَالّة	مَحْلُولِة
إنْتُوا / نِحْنَا / هِنّ	حَالّين	مَحْلُول

المصدر: حَلّ

شَمَّ **شَم / يْشِم** **To smell**

الضمير	الماضي	المضارع	المضارع		المستقبل
			الاعتيادي	المستمر	
أنا	شَمّيت	شِم	بشِم	عَمْ شِم	رَح/حَ شِم
نِحْنَا	شَمّينا	نْشِم	بِنْشِم	عَمِ نْشِم	رَح/حَ نْشِم
إنْتِه	شَمّيت	تْشِم	بِتْشِم	عَمِ تْشِم	رَح/حَ تْشِم
إنْتِي	شَمّيتي	تْشِمّي	بِتْشِمّي	عَمِ تْشِمّي	رَح/حَ تْشِمّي
إنْتُوا	شَمّيتُوا	تْشِمُّوا	بِتْشِمُّوا	عَمِ تْشِمُّوا	رَح/حَ تْشِمُّوا
هُوِّ	شَم	يْشِم	بِيْشِم	عَمِ يْشِم	رَح/حَ يْشِم
هِيِّ	شَمّت	تْشِم	بِتْشِم	عَمِ تْشِم	رَح/حَ تْشِم
هِنِّ	شَمُّوا	يشِمُّوا	بِيشِمُّوا	عَمِ يشِمُّوا	رَح/حَ يشِمُّوا

المضارع التام: كِنْت شِم / كِنَّا نْشِم / كِنت تْشِم / كِنتي تْشِمّي / كِنتُوا تْشِمُّوا/ كان يْشِم / كانِت تْشِم / كانوا يشِمُّوا

الأمر:

- إنْتِه: شِم
- إنْتِي: شِمّي
- إنْتُوا: شِمُّو

الضمير	اسم الفاعل	اسم المفعول
أنا / إنْتِه / هُوِّ	شَامِم	مَشْمُوم
أنا/ إنْتِي / هِيِّ	شَامّة	مَشْمُومة
إنْتُوا / نِحْنَا / هِنِّ	شَامِّين	مَشمُومين

المصدر: شَمّ

رَمَى　　　　كَب / يْكِب　　　　To throw

الضمير	الماضي	المضارع	المضارع		المستقبل
			الاعتيادي	المستمر	
أنا	كَبِّيت	كِب	بْكِب	عَمْ كِب	رح/ح كِب
نِحْنَا	كَبِّينا	نْكِب	بِنْكِب	عَمِ نْكِب	رَحِ/حَ نْكِب
إِنْتِه	كَبِّيت	تْكِب	بِتْكِب	عَمِ تْكِب	رَحِ/حَ تْكِب
إِنْتِي	كَبِّيتي	تْكِبِّي	بِتْكِبِّي	عَمِ تْكِبِّي	رَحِ/حَ تْكِبِّي
إِنْتوا	كَبِّيتوا	تْكِبُّوا	بِتْكِبُّوا	عَمِ تْكِبُّوا	رَحِ/حَ تْكِبُّوا
هُوِّ	كَب	يْكِب	بِيْكِب	عَمِ يْكِب	رَحِ/حَ يْكِب
هِيِّ	كَبِّت	تْكِب	بِتْكِب	عَمِ تْكِب	رَحِ/حَ تْكِب
هِنِّ	كَبُّوا	يْكِبُّوا	بِيْكِبُّوا	عَمِ يْكِبُّوا	رَحِ/حَ يْكِبُّوا

المضارع التام: كِنْت كِب / كِنَّا نْكِب / كِنت تْكِب / كِنتي تْكِبِّي/ كِنتُوا تْكِبُّوا/ كان يْكِب / كانِت تْكِب / كانوا يْكِبُّوا

الأمر:

- إِنْتِه: كِب
- إِنْتِي: كِبِّي
- إِنْتُوا: كِبُّوا

الضمير	اسم الفاعل	اسم المفعول
أنا / إِنْتِه / هُوِّ	كَابِب	مَكْبُوب
أنا/ إِنْتِي / هِيِّ	كَابّة	مَكْبُوبَة
إِنْتوا / نِحْنَا / هِنِّ	كَابِّين	مَكْبُوبِين

المصدر: كَبّ

إشْتاقَ/حَنَّ حَن / يْحِن To long for / To miss

الضمير	الماضي	المضارع	المضارع		المستقبل
			الاعتيادي	المستمر	
أنا	حَنِّيت	حِن	بْحِن	عَمْ حِن	رَح/حَ حِن
نِحْنَا	حَنّينا	نْحِن	بِنْحِن	عَمِ نْحِن	رَح/حَ نْحِن
إِنْتِه	حَنِّيت	تْحِن	بِتْحِن	عَمِ تْحِن	رَح/حَ تْحِن
إِنْتِي	حَنِّيتي	تْحِنِّي	بِتْحِنِّي	عَمِ تْحِنِّي	رَح/حَ تْحِنِّي
إِنْتُوا	حَنِّيتوا	تْحِنُّوا	بِتْحِنُّوا	عَمِ تْحِنُّوا	رَح/حَ تْحِنُّوا
هُوِّ	حَن	يْحِن	بِيْحِن	عَمِ يْحِن	رَح/حَ يْحِن
هِيِّ	حَنِّت	تْحِن	بِتْحِن	عَمِ تْحِن	رَح/حَ تْحِن
هِنِّ	حَنُّوا	يْحِنُّوا	بِيْحِنُّوا	عَمِ يْحِنُّوا	رَح/حَ يْحِنُّوا

المضارع التام: كِنْت حِن/ كِنَّا نْحِن / كِنت تْحِن / كِنتي تْحِنِّي/ كِنتُوا تْحِنُّوا / كان يْحِن/ كانِت تْحِن / كانوا يْحِنُّوا

الأمر:

- إِنْتِه: حِنّ
- إِنْتِي: حِنّي
- إِنْتُوا: حِنُّو

الضمير	اسم الفاعل	اسم المفعول
أنا / إِنْتِه / هُوِّ	حَانِن	Not used
أنا/ إِنْتِي / هِيِّ	حَانِّة	
إِنْتُوا / نِحْنَا / هِنِّ	حَانِّين	

المصدر: حَنَان

Table (H)

To stay   ضَل / يْضَل   بقَى

المستقبل	المضارع المستمر	المضارع الاعتيادي	المضارع	الماضي	الضمير
رَح/حَ ضَل	عَم ضَل	بْضَل	ضَل	ضَلّيت	أنا
رَح/حَ نْضَل	عَم نْضَل	بنْضَل	نْضَل	ضَلّينا	نِحْنَا
رَح/حَ تْضَل	عَم تْضَل	بتْضَل	تْضَل	ضَلّيت	إنْتِه
رَح/حَ تْضَلِّي	عَم تْضَلِّي	بتْضَلِّي	تْضَلِّي	ضَلّيتي	إنْتِي
رَح/حَ تْضَلُّوا	عَم تْضَلُّوا	بتْضَلُّوا	تْضَلُّوا	ضَلّيتوا	إنْتُوا
رَح/حَ يْضَل	عَم يْضَل	بيْضَل	يْضَل	ضَل	هُوٌّ
رَح/حَ تْضَل	عَم تْضَل	بتْضَل	تْضَل	ضَلّت	هِيٍّ
رَح/حَ يْضَلُّوا	عَم يْضَلُّوا	بيْضَلُّوا	يْضَلُّوا	ضَلُّوا	هِنٌّ

المضارع التام: كِنْت ضَل / كِنَّا نْضَل / كِنِت تْضَل / كِنتي تْضَلِّي/ كِنتُوا تْضَلُّوا / كان يْضَل/ كانِت تْضَل / كانوا يْضَلُّوا

الأمر:

– إنْتِه: ضَل
– إنْتِي: ضَلِّي
– إنْتُوا: ضَلُّوا

المصدر: ضَلّ

اسم المفعول	اسم الفاعل	الضمير
Not used	ضَالِل	أنا / إنْتِه / هُوٌّ
	ضَالِّة	أنا/ إنْتِي / هِيٍّ
	ضَالِّين	إنْتُوا / نِحْنَا / هِنٌّ

96

To put　　　　حَط / يْحِط　　　　وَضَعَ

الضمير	الماضي	المضارع	المضارع		المستقبل
			الاعتيادي	المستمر	
أنا	حطّيت	حِط	بْحِط	عمْ حِط	رَحْ/حَ حِط
نِحْنَا	حَطّينا	نْحِط	بِنحِط	عَمِ نْحِط	رَحِ/حَ نْحِط
إنْتِه	حَطّيت	تْحِط	بِتْحِط	عَمِ تْحِط	رَحِ/حَ تْحِط
إنْتِي	حَطّيتي	تْحِطّي	بِتْحِطّي	عَمِ تْحِطّي	رَحِ/حَ تْحِطّي
إنْتُوا	حَطّيتُوا	تْحِطُّوا	بِتْحِطُّوا	عَمِ تْحِطُّوا	رَحِ/حَ تْحِطُّوا
هُوِّ	حَط	يْحِط	بِيْحِط	عَمِ يْحِط	رَحِ/حَ يْحِط
هِيِّ	حَطّت	تْحِط	بِتْحِط	عَمِ تْحِط	رَحِ/حَ تْحِط
هِنِّ	حَطُّوا	يْحِطُّوا	بِيْحِطُّوا	عَمِ يْحِطُّوا	رَحِ/حَ يْحِطُّوا

المضارع التام: كِنْت حِط / كنَّا نْحِط / كِنت تْحِط / كِنتي تْحِطّي/ كِنتُوا تْحِطُّوا / كان يْحِط/ كانِت تْحِط/ كانوا يْحِطُّوا

الأمر:

- إنْتِه: حِط
- إنْتِي: حِطّي
- إنْتُوا: حِطُّوا

الضمير	اسم الفاعل	اسم المفعول
أنا / إنْتِه / هُوِّ	حاطِط	مَحْطُوط
أنا/ إنْتِي / هِيِّ	حاطَّة	مَحْطُوطَة
إنْتُوا / نِحْنَا / هِنِّ	حاطِّين	مَحْطُوطِين

المصدر: حَطّ

مَرَّ مَر / يْمِر (بِـ) (عَ) To pass by

الضمير	الماضي	المضارع	المضارع		المستقبل
			الاعتيادي	المستمر	
أنا	مَرِّيت	مِر	بْمِر	عَمْ مِر	رَح/حَ مِر
نِحْنَا	مَرِّينا	نْمِر	بِنْمِر	عَمِ نْمِر	رَح/حَ نْمِر
إِنْتِه	مَرِّيت	تْمِر	بِتْمِر	عَمِ تْمِر	رَح/حَ تْمِر
إِنْتِي	مَرِّيتي	تْمِرِّي	بِتْمِرِّي	عَمِ تْمِرِّي	رَح/حَ تْمِرِّي
إِنْتُوا	مَرِّيتْوا	تْمِرُّوا	بِتْمِرُّوا	عَمِ تْمِرُّوا	رَح/حَ تْمِرُّوا
هُوِّ	مَر	يْمِر	بِيْمِر	عَمِ يْمِر	رَح/حَ يْمِر
هِيِّ	مَرِّت	تْمِر	بِتْمِر	عَمِ تْمِر	رَح/حَ تْمِر
هِنِّ	مَرُّوا	يْمِرُّوا	بِيْمِرُّوا	عَمْ يْمِرُّوا	رَح/حَ يْمِرُّوا

المضارع التام: كِنْت مِر / كنَّا نْمِر / كِنت تْمِر / كِنتي تْمِرِّي / كِنتُوا تْمِرُّوا/ كان يْمِر / كانِت تْمِر/ كانوا يْمِرُّوا

الأمر:

- إِنْتِه: مِر
- إِنْتِي: مِرِّي
- إِنْتُوا: مِرُّوا

الضمير	اسم الفاعل	اسم المفعول
أنا / إِنْتِه / هُوِّ	مَارِر	Not used
أنا/ إِنْتِي / هِيِّ	مَارَّة	
إِنْتُوا / نِحْنَا / هِنِّ	مَارِّين	

المصدر: Not used

صَبَّ صَب / يْصِب To pour

الضمير	الماضي	المضارع	المضارع		المستقبل
			الاعتيادي	المستمر	
أنا	صَبّيت	صِب	بْصِب	عَمْ صِب	رَح/ح صِب
نِحْنَا	صَبّينا	نْصِب	بِنْصِب	عَمِ نْصِب	رَح/ح نْصِب
إِنْتِه	صَبّيت	تْصِب	بِتْصِب	عَمِ تْصِب	رَح/ح تْصِب
إِنْتِي	صَبّيتي	تْصِبِّي	بِتْصِبِّي	عَمِ تْصِبِّي	رَح/ح تْصِبِّي
إِنْتُوا	صَبّيتوا	تْصِبُّوا	بِتْصِبُّوا	عَمِ تْصِبُّوا	رَح/ح تْصِبُّوا
هُوِّ	صَب	يْصِب	بِيْصِب	عَمِ يْصِب	رَح/ح يْصِب
هِيِّ	صَبّت	تْصِب	بِتْصِب	عَمِ تْصِب	رَح/ح تْصِب
هِنِّ	صَبُّوا	يصِبُّوا	بِيصِبُّوا	عَمِ يصِبُّوا	رَح/ح يصِبُّوا

المضارع التام: كِنْت صِب / كِنَّا نْصِب / كِنت تْصِب / كِنتي تْصِبِّي/ كِنتُوا تْصِبُّوا/ كان يْصِب/ كانِت تْصِب/ كانوا يصِبُّوا

الأمر:

- إِنْتِه: صِب
- إِنْتِي: صِبِّي
- إِنْتُوا: صِبُّوا

الضمير	اسم الفاعل	اسم المفعول
أنا / إِنْتِه / هُوِّ	صَابِب	مَصْبُوب
أنا/ إِنْتِي / هِيِّ	صَابّة	مَصْبُوبِة
إِنْتُوا / نِحْنَا / هِنِّ	صَابِّين	مَصْبُوبين

المصدر: صَبّ

رَدَّ   رَد / يرِد (عَلى) (ع)   To respond / To reply

الضمير	الماضي	المضارع	المضارع		المستقبل
			الاعتيادي	المستمر	
أنا	رَدِّيت	رِد	بْرِد	عَمْ رِد	رَحْ/حَ رِد
نِحْنَا	رَدِّينا	نْرِد	بنْرِد	عَمِ نْرِد	رَحِ/حَ نْرِد
إِنْتِه	رَدِّيت	تْرِد	بتْرِد	عَمِ تْرِد	رَحِ/حَ تْرِد
إِنْتِي	رَدِّيتي	تْرِدِّي	بتْرِدِّي	عَمِ تْرِدِّي	رَحِ/حَ تْرِدِّي
إِنْتُوا	رَدِّيتُوا	تْرِدُّوا	بتْرِدُّوا	عَمِ تْرِدُّوا	رَحِ/حَ تْرِدُّوا
هُوِّ	رَدْ	يْرِد	بيْرِد	عَمِ يْرِد	رَحِ/حَ يْرِد
هِيِّ	ردِّت	تْرِد	بتْرِد	عَمِ تْرِد	رَحِ/حَ تْرِد
هِنِّ	رَدُّوا	يرْدُّوا	بيرْدُّوا	عَمِ يرْدُّوا	رَحِ/حَ يرْدُّوا

المضارع التام: كِنْت رِد / كنَّا نْرِد / كِنت تْرِد / كِنتي تْرِدِّي/ كِنتُوا تْرِدُّوا/ كان يْرِد/ كانِت تْرِد/ كانوا يرْدُّوا

الأمر:

- إِنْتِه: رِد
- إِنْتِي: رِدِّي
- إِنْتُوا: رِدُّوا

الضمير	اسم الفاعل	اسم المفعول
أنا / إِنْتِه / هُوِّ	رَادِد	مَرْدُود
أنا/ إِنْتِي / هِيِّ	رَادّة	مَرْدودِة
إِنْتُوا / نِحْنَا / هِنِّ	رادِّين	مَردوُدِين

المصدر: رَدّ

شَكّ   شَك / يْشِك بِـــ   To doubt

الضمير	الماضي	المضارع	المضارع		المستقبل
			الاعتيادي	المستمر	
أنا	شَكِّيت	شِك	بْشِك	عَمْ شِك	رَحِ/حَ شِك
نِحْنَا	شَكِّينا	نْشِك	بِنْشِك	عَمِ نْشِك	رَحِ/حَ نْشِك
إِنْتِه	شَكِّيت	تْشِك	بِتْشِك	عَمِ تْشِك	رَحِ/حَ تْشِك
إِنْتِي	شَكِّيتي	تْشِكِّي	بِتْشِكِّي	عَمِ تْشِكِّي	رَحِ/حَ تْشِكِّي
إِنْتُوا	شَكِّيتوا	تْشِكُّوا	بِتْشِكُّوا	عَمِ تْشِكُّوا	رَحِ/حَ تْشِكُّوا
هُوِّ	شَك	يْشِك	بِيْشِك	عَمِ يْشِك	رَحِ/حَ يْشِك
هِيِّ	شَكِّت	تْشِك	بِتْشِك	عَمِ تْشِك	رَحِ/حَ تْشِك
هِنِّ	شَكُّوا	يشِكوا	بيشِكُّوا	عَمِ يشِكُّوا	رَحِ/حَ يشِكُّوا

المضارع التام: كِنْت شِك / كِنَّا نْشِك / كِنت تْشِك / كِنتي تْشِكِّي/ كِنتُوا تْشِكُّوا/ كان يْشِك/ كانِت تْشِك/ كانوا يشِكُّوا

الأمر:

- إِنْتِه: شِك
- إِنْتِي: شِكِّي
- إِنْتُوا: شِكُّوا

الضمير	اسم الفاعل	اسم المفعول
أنا / إِنْتِه / هُوِّ	شاكِك	مَشْكُوك
أنا/ إِنْتِي / هِيِّ	شَاكِّة	مَشْكُوكِة
إِنْتُوا / نِحْنَا / هِنِّ	شَاكِّين	مَشْكُوكين

المصدر: شَكّ

To think   ظَن / يْظِن   ظَنّ

المستقبل	المضارع		المضارع	الماضي	الضمير
	المستمر	الاعتيادي			
رح/حَ ظِن	عَمْ ظِن	بْظِن	ظِن	ظَنِّيت	أنا
رَح/حَ نْظِن	عَم نْظِن	بِنْظِن	نْظِن	ظَنِّينا	نِحْنَا
رَح/حَ تْظِن	عَم تْظِن	بِتْظِن	تْظِن	ظَنِّيت	إنْته
رَح/حَ تْظِنِّي	عَم تْظِنِّي	بِتْظِنِّي	تْظِنِّي	ظَنِّيتي	إنْتي
رَح/حَ تْظِنُّوا	عَم تْظِنُّوا	بِتْظِنُّوا	تْظِنُّوا	ظَنِّيتوا	إنتُوا
رَح/حَ يْظِن	عَم يْظِن	بِيْظِن	يْظِن	ظَن	هُوِّ
رَح/حَ تْظِن	عَم تْظِن	بِتْظِن	تْظِن	ظَنِّت	هِيِّ
رَح/حَ يْظِنُّوا	عَم يْظِنُّوا	بِيْظِنُّوا	يْظِنُّوا	ظَنُّوا	هِنِّ

المضارع التام: كِنْت ظِن / كنّا نْظِن / كِنت تَظِن / كِنتي تظنِّي/ كِنتُوا تظِنُّوا/
كان يْظِن/ كانِت تْظِن/ كانوا يْظِنُّوا

اسم المفعول	اسم الفاعل	الضمير
	ظانِن	أنا / إنْتِه / هُوِّ
Not used	ظَانَّة	أنا/ إنْتِي / هِيِّ
	ظَانِّين	إنْتُوا/ نِحْنَا / هنِّ

الأمر:

– إنْته: ظِن
– إنْتي: ظِنِّي
– إنتُوا: ظِنُّوا

المصدر: ظَنّ

102

أَصَرَّ   صَر / يْصِر (عَلى)   To insist

المستقبل	المضارع		المضارع	الماضي	الضمير
	المستمر	الاعتيادي			
رَحْ/حَ صِر	عَمْ صِر	بْصِر	صِر	صَرِّيت	أنا
رَحِ/حَ نْصِر	عَمِ نْصِر	بِنْصِر	نْصِر	صَرِّينا	نِحْنَا
رَحِ/حَ تْصِر	عَمِ تْصِر	بِتْصِر	تْصِر	صَرِّيت	إنْتِه
رَحِ/حَ تْصِرِّي	عَمِ تْصِرِّي	بِتْصِرِّي	تْصِرِّي	صَرِّيتي	إنْتِي
رَحِ/حَ تْصِرُّوا	عَمِ تْصِرُّوا	بِتْصِرُّوا	تْصِرُّوا	صَرِّيتُوا	إنْتُوا
رَحِ/حَ يْصِر	عَمِ يْصِر	بِيْصِر	يْصِر	صَر	هُوِّ
رَحِ/حَ تْصِر	عَمِ تْصِر	بِتْصِر	تْصِر	صَرِّت	هِيِّ
رَحِ/حَ يْصِرُّوا	عَمِ يْصِرُّوا	بِيْصِرُّوا	يْصِرُّوا	صَرُّوا	هِنِّ

المضارع التام: كِنْت صِر / كِنَّا نْصِر / كِنت تْصِر/ كِنتي تْصِرِّي/ كِنتُوا تصرُّوا/ كان يْصِر / كانِت تْصِر/ كانوا يْصِرُّوا

الضمير	اسم الفاعل	اسم المفعول
أنا / إنْتِه / هُوِّ	Not used	Not used
أنا/ إنْتِي / هِيِّ		
إنْتُوا / نِحْنَا / هِنِّ		

الأمر:
- إنْتِه: صِر
- إنْتِي: صِرِّي
- إنْتُوا: صِرُّوا

المصدر: إصْرَار

دَقّ — دَق / يْدِق — To knock

الضمير	الماضي	المضارع	المضارع الاعتيادي	المضارع المستمر	المستقبل
أنا	دَقّيت	دِق	بْدِق	عَمْ دِق	رَحْ/حَ دِق
نِحْنَا	دَقّينا	نْدِق	بِنْدِق	عَمِ نْدِق	رَحِ/حَ نْدِق
إِنْتِه	دقّيت	تْدِق	بِتْدِق	عَمِ تْدِق	رَحِ/حَ تْدِق
إِنْتِي	دقّيتي	تْدِقّي	بِتْدِقّي	عَمِ تْدِقّي	رَحِ/حَ تْدِقّي
إِنْتُوا	دَقّيتُوا	تْدِقّوا	بِتْدِقّوا	عَمِ تْدِقّوا	رَحِ/حَ تْدِقّوا
هُوِّ	دَق	يْدِق	بِيْدِق	عَمْ يْدِق	رَحِ/حَ يْدِق
هِيِّ	دَقّت	تْدِق	بِتْدِق	عَمِ تْدِق	رَحِ/حَ تْدِق
هِنِّ	دَقّوا	يْدِقّوا	بِيْدِقّوا	عَمِ يْدِقّوا	رَحِ/حَ يْدِقّوا

المضارع التام: كِنْت دِق / كنَّا نْدِق / كِنت تْدِق / كِنتي تْدِقّي/ كِنتُوا تْدِقّوا/ كان يْدِق/ كانِت تْدِق/ كانوا يْدِقّوا

الأمر:

- إِنْتِه: دِق
- إِنْتِي: دِقّي
- إِنْتُوا: دِقّوا

الضمير	اسم الفاعل	اسم المفعول
أنا / إِنْتِه / هُوِّ	دِاقِق	مَدْقُوق
أنا/ إِنْتِي / هِيِّ	دَاقّة	مَدْقُوقَة
إِنْتُوا / نِحْنَا / هِنِّ	دَاقّين	مَدْقُوقين

المصدر: دَقّ

To come / إجى / يجي / أتى / جَاءَ

المستقبل	المضارع المستمر	المضارع الاعتيادي	المضارع	الماضي	الضمير
رَح/حَ إجي	عَمْ إجي	بجي	إجي	إجيت	أنا
رَح/حَ نِجي	عَمْ نِجي	بِنجي	نِجي	إجينا	نحْنَا
رَح/حَ تِجي	عَمْ تِجي	بتجي	تِجي	إجيت	إنْته
رَح/حَ تِجي	عَمْ تِجي	بتجي	تِجي	إجيتي	إنْتي
رَح/حَ تِجُوا	عَمْ تِجُوا	بتِجُوا	تِجُوا	إجيتوا	إنْتُوا
رَح/حَ يجي	عَمْ يجي	بيجي	يجي	إجى	هُوِّ
رَح/حَ تِجي	عَمْ تِجي	بتجي	تِجي	إجت	هِيِّ
رَح/حَ يجُوا	عَمْ يجُوا	بيجُوا	يجُوا	إجُوا	هِنِّ

المضارع التام: كِنْت إجي / كنّا نِجي / كِنت تِجي / كِنتي تِجي / كِنتُوا تِجُوا/ كان يجي/ كانِت تِجي/ كانوا يجُوا

الأمر:

– إنْته: تعا

– إنْتي: تَعي

– إنْتُوا:

تَعُوا

المصدر: جِيِّة

اسم المفعول	اسم الفاعل	الضمير
Not used	جاي	أنا / إنْته / هُوِّ
	جاية	أنا/ إنْتي / هِيِّ
	جايين	إنْتُوا / نحْنَا / هِنِّ

105

Table (J)

أَكَل | أَكَل / يَاكُل | To eat

الضمير	الماضي	المضارع	المضارع		المستقبل
			الاعتيادي	المستمر	
أنا	أَكَلْت/أكَلِت	آكُل	بَاكُل	عَمْ آكُل	رَحْ/حَ آكُل
نِحْنَا	أَكَلْنا	نَاكُل	بْنَاكُل	عَمْ نَاكُل	رَحْ/حَ نَاكُل
إِنْتِه	أَكَلِت	تَاكُل	بْتَاكُل	عَمْ تَاكُل	رَحْ/حَ تَاكُل
إِنْتِي	أَكَلْتي	تَاكْلي	بْتَاكْلي	عَمْ تَاكْلي	رَحْ/حَ تَاكْلي
إِنْتُوا	أَكَلْتُوا	تَاكْلُوا	بْتَاكْلُوا	عَمْ تَاكْلُوا	رَحْ/حَ تَاكْلُوا
هُوِّ	أَكَل	يَاكُل	بْيَاكُل	عَمْ يَاكُل	رَحْ/حَ يَاكُل
هِيِّ	أَكْلِت	تَاكُل	بْتَاكُل	عَمْ تَاكُل	رَحْ/حَ تَاكُل
هِنِّ	أَكَلُوا	يَاكْلُوا	بْيَاكْلُوا	عَمْ يَاكْلُوا	رَحْ/حَ يَاكْلُوا

المضارع التام: كِنْت آكُل / كنَّا نَاكُل / كِنت تَاكُل / كِنتي تَاكْلي / كِنتُوا تَاكْلُوا/ كان يَاكُل/ كانِت تَاكُل/ كانوا يَاكْلُوا

الأمر:

- إِنْتِه: كُول
- إِنْتِي: كِلِي
- إِنْتُوا: كِلُوا

الضمير	اسم الفاعل	اسم المفعول
أنا / إِنْتِه / هُوِّ	آكِل	مَأْكُول
أنا/ إِنْتِي / هِيِّ	آكْلِة	مَأْكُولِة
إِنْتُوا / نِحْنَا / هِنِّ	آكْلِين	مَأْكولِين

المصدر: أَكْل

أَخَذَ — أَخَد / يَاخُد — To take

المستقبل	المضارع		المضارع	الماضي	الضمير
	المستمر	الاعتيادي			
رَحْ/حَ آخُد	عَمْ آخُد	بَاخُد	آخُد	أَخَدْت/أَخَدِت	**أنا**
رَحْ/حَ نَاخُد	عَمْ نَاخُد	بْنَاخُد	نَاخُد	أَخَدْنا	**نِحْنَا**
رَحْ/حَ تَاخُد	عَمْ تَاخُد	بْتَاخُد	تَاخُد	أَخَدِت	**إِنْتِه**
رَحْ/حَ تَاخْدِي	عَمْ تَاخْدِي	بْتَاخْدِي	تَاخْدِي	أَخَدْتي	**إِنْتِي**
رَحْ/حَ تَاخْدوا	عَمْ تَاخْدوا	بْتَاخْدوا	تَاخْدوا	أَخَدْتوا	**إِنْتُوا**
رَحْ/حَ يَاخُد	عَمْ يَاخُد	بْيَاخُد	يَاخُد	أَخَد	**هُوِّ**
رَحْ/حَ تَاخُد	عَمْ تَاخُد	بْتَاخُد	تَاخُد	أَخْدِت	**هِيِّ**
رَحْ/حَ يَاخْدوا	عَمْ يَاخْدوا	بْيَاخْدوا	يَاخْدوا	أَخَدُوا	**هِنِّ**

المضارع التام: كِنْت آخُد / كِنَّا نَاخُد / كِنت تَاخُد / كِنتي تَاخْدِي/ كِنتُوا تَاخْدوا/ كان يَاخُد/ كانِت تَاخُد/ كانوا يَاخْدوا

الأمر:

- إِنْتِه: خُود
- إِنْتِي: خِدي
- إِنْتُوا: خِدُوا

اسم المفعول	اسم الفاعل	الضمير
مَأْخُود	آخِد	**أنا / إِنْتِه / هُوِّ**
مَأْخُودِة	آخْدِة	**أنا/ إِنْتِي / هِيِّ**
مَأْخُودين	آخدين	**إِنْتُوا / نِحْنَا / هِنِّ**

المصدر: آخْد

قَرَأَ　　قَرا / يقْرَا　　To read

الضمير	الماضي	المضارع	المضارع		المستقبل
			الاعتيادي	المستمر	
أنا	قَريت	إقْرَا	بقْرَا	عَمْ إقْرَا	رَحْ/حَ إقْرَا
نحنَا	قَرينَا	نِقْرَا	بنَقْرَا	عَمْ نِقْرَا	رَحْ/حَ نِقْرَا
إنْتِه	قَريت	تِقْرَا	بتِقْرَا	عَمْ تِقْرَا	رَحْ/حَ تِقْرَا
إنْتِي	قَريتي	تِقْري	بتِقْري	عَمْ تِقْري	رَحْ/حَ تِقْري
إنْتُوا	قَريتوا	يقْروا	بيقْروا	عَمْ يقْروا	رَحْ/حَ يقْروا
هُوِّ	قرَا	يقْرَا	بيقْرَا	عَمْ يقْرَا	رَحْ/حَ يقْرَا
هِيِّ	قَرت	تِقْرَا	بتِقْرَا	عَمْ تِقْرَا	رَحْ/حَ تِقْرَا
هِنِّ	قَروا	يقرُوا	بيقرُوا	عَمْ يقرُوا	رَحْ/حَ يقرُوا

المضارع التام: كِنْت إقْرا / كنَّا نِقْرا / كِنت تِقْرَا / كِنتي تِقْري/ كِنتُوا تِقْروا/ كان يقْرَا/ كانِت تِقْرَا/ كانوا يقرُوا

الأمر:

- إنْتِه: قِرا
- إنْتي: قِري
- إنْتُوا: قِروا

الضمير	اسم الفاعل	اسم المفعول
أنا / إنْتِه / هُوِّ	قارِي	مَقْرُوء
أنا/ إنْتِي / هِيِّ	قارْية	مَقْرُوءَة
إنْتُوا / نحنَا / هِنِّ	قارْيين	مَقْرُوئين

المصدر: قِراءَة

To arrive   وِصِل / يُوْصَل   وَصَلَ

المستقبل	المضارع		المضارع	الماضي	الضمير
	المستمر	الاعتيادي			
رَحْ/حَ أُوصَل	عَمْ أُوصَل	بُوصَل	أُوصَل	وْصِلت	**أنا**
رَحْ/حَ نُوْصَل	عَمْ نُوْصَل	بَنوْصَل	نُوْصَل	وْصِلْنا	**نِحْنَا**
رَحْ/حَ تُوْصَل	عَمْ تُوْصَل	بَتوْصَل	تُوْصَل	وْصِلِت	**إنْتِه**
رَحْ/حَ تُوْصَلي	عَمْ تُوْصَلي	بَتوْصَلي	تُوْصَلي	وْصِلْتي	**إنْتِي**
رَحْ/حَ تُوْصَلُوا	عَمْ تُوْصَلُوا	بَتوْصَلُوا	تُوْصَلُوا	وْصِلْتوا	**إنْتُوا**
رَحْ/حَ يُوصَل	عَمْ يُوصَل	بيوصَل	يُوصَل	وِصِل	**هُوِّ**
رَحْ/حَ تُوصَل	عَمْ تُوصَل	بتُوصَل	تُوصَل	وِصْلِت	**هِيِّ**
رَحْ/حَ يُوْصَلُوا	عَمْ يُوْصَلُوا	بيوْصَلُوا	يُوْصَلُوا	وِصْلُوا	**هِنِّ**

المضارع التام: كِنْت أُوْصَل / كنَّا نُوْصَل / كِنت تُوْصَل / كِنتي تُوْصَلي / كِنتُوا تُوْصَلُوا/ كان يُوصَل/ كانِت تُوصَل/ كانوا يُوْصَلُوا

اسم المفعول	اسم الفاعل	الضمير
Not used	وَاصِل	**أنا / إنْتِه / هُوِّ**
	وَاصْلِة	**أنا/ إنْتِي / هِيِّ**
	وَاصْلين	**إنْتُوا / نِحْنَا / هِنِّ**

الأمر: Not used

المصدر: وَصْل / وُصُول

وَقَعَ   وِقِع / يُوْقَع   To fall

المستقبل	المضارع		المضارع	الماضي	الضمير
	المستمر	الاعتيادي			
رَحْ/حَ أُوْقع	عَمْ أُوْقع	بوْقع	أُوقع	وْقعِت	**أنا**
رَحْ/حَ نوْقع	عَمْ نُوْقع	بنَوْقَع	نُوْقَع	وْقِعْنا	**نِحْنَا**
رَحْ/حَ توْقع	عَمْ توْقع	بتَوْقَع	تُوْقَع	وْقِعِت	**إِنْتِه**
رَحْ/حَ تُوْقعي	عَمْ توْقعي	بتَوْقعي	تُوْقعي	وْقِعتي	**إِنْتِي**
رَحْ/حَ تُوْقَعُوا	عَمْ تُوْقَعُوا	بتَوْقعُوا	تُوْقَعُوا	وْقِعْتوا	**إِنْتُوا**
رَحْ/حَ يُوْقع	عَمْ يُوْقع	بيَوْقع	يُوْقع	وِقِع	**هُوِّ**
رَحْ/حَ تُوْقَعَ	عَمْ تُوْقَعَ	تُوْقَعَ	تُوْقعَ	وِقْعِت	**هِيِّ**
رَحْ/حَ يُوْقَعُوا	عَمْ يُوْقَعُوا	بتوْقعُوا	يُوْقعُوا	وِقْعُوا	**هِنِّ**

المضارع التام: كِنْت أُوقع / كنَّا نُوْقع / كِنت تُوْقع / كِنتي تُوْقعِي / كِنتُوا تُوْقعوا/ كان يُوْقع / كانِت تُوْقع / كانوا يُوْقعُوا

الأمر:

- إِنْتِه: أُوْقاع
- إِنْتِي: أُوْقعِي
- إِنْتُوا: أُوْقعُوا

الضمير	اسم الفاعل	اسم المفعول
أنا / إِنْتِه / هُوِّ	وَاقِع	Not used
أنا/ إِنْتِي / هِيِّ	وَاقْعة	
إِنْتُوا / نِحْنَا / هِنِّ	وَاقعِين	

المصدر: Not use

To stand / To stop   وِقِف / يُوْقَف   وَقَفَ

المستقبل	المضارع		المضارع	الماضي	الضمير
	المستمر	الاعتيادي			
رَحْ/حَ أُوْقَف	عَمْ أُوْقَف	بُوْقَف	أُوْقَف	وْقِفِت	**أنا**
رَحْ/حَ نُوْقَف	عَمْ نُوْقَف	بنَوْقَف	نُوْقَف	وْقِفْنا	**نِحْنَا**
رَحْ/حَ تُوْقَف	عَمْ تُوْقَف	بتُوْقَف	تُوْقَف	وْقِفِت	**إِنْتِه**
رَحْ/حَ تُوْقِفِي	عَمْ تُوقِفِي	بتُوقِفِي	تُوقِفِي	وْقِفْتي	**إِنْتِي**
رَحْ/حَ تُوْقِفُوا	عَمْ تُوْقِفُوا	بتُوْقِفُوا	تُوْقِفُوا	وْقِفْتُوا	**إِنْتُوا**
رَحْ/حَ يُوْقَف	عَمْ يُوقَف	بيُوقَف	يُوقَف	وِقِف	**هُوِّ**
رَحْ/حَ تُوْقَف	عَمْ تُوقَف	بتُوقَف	تُوقَف	وِقْفِت	**هِيِّ**
رَحْ/حَ يُوْقَفُوا	عَمْ يُوْقَفُوا	بيُوْقَفُوا	يُوْقَفُوا	وِقْفُوا	**هِنِّ**

المضارع التام: كِنْت أُوقف / كنَّا نُوقف / كِنت تُوقف / كِنتي تُوقفي/ كِنتُوا تُوقفوا/ كان يُوْقَف/ كانِت تُوقَف/ كانوا يُوْقَفُوا

الأمر:

- إِنْتِه: أُوقاف
- إِنْتِي: أُوْقفي
- إِنْتُوا: أُوْقَفُوا

الضمير	اسم الفاعل	اسم المفعول
أنا / إِنْتِه / هُوِّ	وَاقِف	مَوْقُوف
أنا/ إِنْتِي / هِيِّ	وَاقْفِة	مَوْقُوفِة
إِنْتُوا / نِحْنَا / هِنِّ	وَاقْفِين	مَوْقُوفين

المصدر: وَقْف / وُقُوف

وَثِقَ   وثِق / يوْثَق (في)   To trust

الضمير	الماضي	المضارع	المضارع		المستقبل
			الاعتيادي	المستمر	
أنا	وثِقت	أوثَق	بُوثَق	عَمْ أوْثَق	رَح/حَ أُوْثَق
نِحْنَا	وثِقْنَا	نُوْثَق	بنُوثَق	عَمْ نُوْثَق	رَحْ/حَ نُوْثَق
إنْتِه	وثِقت	تُوْثَق	بتُوْثَق	عَمْ تُوْثَق	رَحْ/حَ تُوْثَق
إنْتِي	وثِقْتِي	تُوْثَقي	بتُوْثَقي	عَمْ تُوْثَقي	رَحْ/حَ تُوْثَقي
إنْتُوا	وثِقْتُوا	تُوْثَقُوا	بتُوْثَقُوا	عَمْ تُوْثَقُوا	رَحْ/حَ تُوْثَقُوا
هُوِّ	وثِق	يُوْثَق	بيُوْثَق	عَمْ يُوْثَق	رَحْ/حَ يُوْثَق
هِيِّ	وثِقت	تُوْثَق	بتُوْثَق	عَمْ تُوْثَق	رَحْ/حَ تُوْثَق
هِنِّ	وثِقْوا	تُوْثَقوا	بتُوْثَقوا	عَمْ تُوْثَقوا	رَحْ/حَ تُوْثَقوا

المضارع التام: كِنْت أُوثَق / كنَّا نُوثَق / كِنت تُوثَق / كِنتي تُوْثَقي / كِنتُوا تُوْثَقُوا/ كان يُوْثَق/ كانِت تُوْثَق/ كانوا تُوْثَقوا

الأمر:

- إنْتِه: وثَاق
- إنْتِي: وثَقي
- إنْتُوا: وثَقُوا

الضمير	اسم الفاعل	اسم المفعول
أنا / إنْتِه / هُوِّ	وَاثِق	مُوْثُوق
أنا/ إنْتِي / هِيِّ	وَاثْقَة	مَوْثُوقَة
إنْتُوا / نِحْنَا / هِنِّ	وَاثْقِين	مَوْثُوقِين

المصدر: ثِقَة

Form 2	فَعَّلْ

Table (A)

To clean نَضّف / يْنَضّف نَظَّف

الضمير	الماضي	المضارع	المضارع		المستقبل
			الاعتيادي	المستمر	
أنا	نَضَّفِت	نَضِّف	بْنَضِّف	عَمْ نَضِّف	رَحْ/حَ نَضِّف
نِحْنَا	نَضَّفْنا	نَّضِّف	بِنَّضِف	عَمِ نَّضِف	رَحْ/حَ نَّضِف
إِنْتِه	نَضَّفِت	تْنَضِّف	بْتَنَضِّف	عَمِ تْنَضِّف	رَحِ/حَ تْنَضِّف
إِنْتِي	نَضَّفْتِي	تْنَضْفِي	بْتَنَضْفِي	عَمِ تْنَضْفِي	رَحِ/حَ تْنَضْفِي
إِنْتُوا	نَضَّفْتُوا	تْنَضْفُوا	بْتَنَضْفُوا	عَمِ تْنَضْفُوا	رَحِ/حَ تْنَضْفُوا
هُوِّ	نَضَّف	يْنَضِّف	بِيْنَضِّف	عَمِ يْنَضِّف	رَحِ/حَ يْنَضِّف
هِيِّ	نَضَّفِت	تْنَضِّف	بْتَنَضِّف	عَمِ تْنَضِّف	رَحِ/حَ تْنَضِّف
هِنِّ	نَضَّفُوا	يْنَضْفُوا	بِيْنَضْفُوا	عَمِ يْنَضْفُوا	رَحِ/حَ يْنَضْفُوا

المضارع التام: كِنْت نَضِّف / كِنَّا نِّضِف / كِنِت تْنَضِّف / كِنتي تْنَضْفي / كِنتُوا تْنَضْفُوا/ كان يْنَضِّف/ كانِت تْنَضِّف/ كانوا يْنَضْفُوا

الأمر:

- إِنْتِه: نَضِّف
- إِنْتِي: نَضَّفِي
- إِنْتُوا: نَضَّفْوا

الضمير	اسم الفاعل	اسم المفعول
أنا / إِنْتِه / هُوِّ	مْنَضِّف	مْنَضَّف
أنا/ إِنْتِي / هِيِّ	مْنَضِّفِة	مْنَضَّفَة
إِنْتُوا / نِحْنَا / هِنِّ	مْنَضَّفِين	مْنَضَّفِين

المصدر: نَضَافِة

عَلَّمَ　　　عَلَّم / يْعَلِّم　　　To teach

الضمير	الماضي	المضارع	المضارع		المستقبل
			الاعتيادي	المستمر	
أنا	عَلَّمت	عَلِّم	بْعَلِّم	عَمْ عَلِّم	رَحْ/حَ عَلِّم
نِحْنَا	عَلَّمْنا	نْعَلِّم	بِنْعَلِّم	عَمِ نْعَلِّم	رَحِ/حَ نْعَلِّم
إِنْتِه	عَلَّمِت	تْعَلِّم	بِتْعَلِّم	عَمِ تْعَلِّم	رَحِ/حَ تْعَلِّم
إِنْتِي	عَلَّمْتي	تْعَلْمي	بِتْعَلْمي	عَمِ تْعَلْمي	رَحِ/حَ تْعَلْمي
إِنْتُوا	عَلَّمْتوا	تْعَلْمُوا	بِتْعَلْمُوا	عَمِ تْعَلْمُوا	رَحِ/حَ تْعَلْمُوا
هُوِّ	عَلَّم	يْعَلِّم	بِيْعَلِّم	عَمِ يْعَلِّم	رَحِ/حَ يْعَلِّم
هِيِّ	عَلَّمِت	تْعَلِّم	بِتْعَلِّم	عَمِ تْعَلِّم	رَحِ/حَ تْعَلِّم
هِنِّ	عَلَّمُوا	يْعَلْمُوا	بِيْعَلْمُوا	عَمِ يْعَلْمُوا	رَحِ/حَ يْعَلْمُوا

المضارع التام: كِنْت عَلِّم / كنَّا نْعَلِّم / كِنت تْعَلِّم / كِنتي تْعَلْمي/ كِنتوا تْعَلْمُوا/ كان يْعَلِّم / كانِت تْعَلِّم / كانوا يْعَلْمُوا

الأمر:

- إِنْتِه: عَلِّم
- إِنْتِي: عَلْمي
- إِنْتُوا: عَلْمُوا

الضمير	اسم الفاعل	اسم المفعول
أنا / إِنْتِه / هُوِّ	مْعَلِّم	مْعَلَّم
أنا/ إِنْتِي / هِيِّ	مْعَلْمِة	مْعَلَّمِة
إِنْتُوا / نِحْنَا / هِنِّ	مْعَلمين	مْعَلَّمين

المصدر: تَعْلِيم

حَاوَلَ　　　**جَرَّب / يْجَرِّب**　　　**To try**

الضمير	الماضي	المضارع	المضارع		المستقبل
			الاعتيادي	المستمر	
أنا	جَرَّبت	جَرِّب	بْجَرِّب	عَمْ جَرِّب	رَحْ/حَ جَرِّب
نِحْنَا	جرَّبْنا	نْجَرِّب	بِنْجَرِّب	عَمِ نْجَرِّب	رَحِ/حَ نْجَرِّب
إِنْتِه	جَرَّبِت	تْجَرِّب	بِتْجَرِّب	عَمِ تْجَرِّب	رَحِ/حَ تْجَرِّب
إِنْتِي	جَرَّبْتي	تْجَرْبِي	بِتْجَرْبِي	عَمِ تْجَرْبِي	رَحِ/حَ تْجَرْبِي
إِنْتُوا	جَرَّبْتُوا	تْجَرْبُوا	بِتْجَرْبُوا	عَمِ تْجَرْبُوا	رَحِ/حَ تْجَرْبُوا
هُوِّ	جَرَّب	يْجَرِّب	بِيْجَرِّب	عَمِ يْجَرِّب	رَحِ/حَ يْجَرِّب
هِيِّ	جَرَّبِت	تْجَرِّب	بِتْجَرِّب	عَمِ تْجَرِّب	رَحِ/حَ تْجَرِّب
هِنِّ	جَرَّبُوا	يْجَرْبُوا	بِيْجَرْبُوا	عَمِ يْجَرْبُوا	رَحِ/حَ يْجَرْبُوا

المضارع التام: كِنْت جَرِّب / كنَّا نْجَرِّب / كِنت تْجَرِّب / كِنتي تْجَرْبِي / كِنتُوا تْجَرْبُوا / كان يْجَرِّب / كانِت تْجَرِّب / كانوا يْجَرْبُوا

الأمر:

- إِنْتِه: جَرِّب
- إِنْتِي: جَرْبِي
- إِنْتُوا: جَرْبُوا

الضمير	اسم الفاعل	اسم المفعول
أنا / إِنْتِه / هُوِّ	مْجَرِّب	مْجَرَّب
أنا/ إِنْتِي / هِيِّ	مْجَرْبِة	مْجَرَّبِة
إِنْتُوا / نِحْنَا / هِنِّ	مْجَرْبين	مْجَرَّبين

المصدر: تْجْرِيب

To think فَكَّر / يْفَكِّر فَكَّر

المستقبل	المضارع المستمر	المضارع الاعتيادي	المضارع	الماضي	الضمير
رَح/حَ فَكِّر	عَمْ فَكِّر	بْفَكِّر	فَكِّر	فَكَّرت	أَنا
رَح/حَ نْفَكِّر	عَم نْفَكِّر	بِنْفَكِّر	نْفَكِّر	فَكَّرْنا	نِحْنَا
رَح/حَ تْفَكِّر	عَم تْفَكِّر	بِتْفَكِّر	تْفَكِّر	فَكَّرت	إِنْته
رَح/حَ تْفَكْري	عَم تْفَكْري	بِتْفَكْري	تْفَكْري	فَكَّرتي	إِنْتِي
رَح/حَ تْفَكْروا	عَم تْفَكْروا	بِتْفَكْروا	تْفَكْروا	فَكَّرتُوا	إِنْتُوا
رَح/حَ يْفَكِّر	عَم يْفَكِّر	بِيْفَكِّر	يْفَكِّر	فَكَّر	هُوَّ
رَح/حَ تْفَكِّر	عَم تْفَكِّر	بِتْفَكِّر	تْفَكِّر	فَكَّرت	هِيِّ
رَح/حَ يْفَكْروا	عَم يْفَكْروا	بِيْفَكْروا	يْفَكْروا	فَكَّروا	هِنّ

المضارع التام: كِنْت فَكِّر / كِنّا نْفَكِّر / كِنت نْفَكِّر / كِنتي تْفَكْري / كِنتُوا
تْفَكْروا / كان يْفَكِّر / كانِت تْفَكِّر / كانوا يْفَكْروا

الأمر:

اسم المفعول	اسم الفاعل	الضمير
مْفَكِّر	مْفَكِّر	أَنا / إِنْتِه / هُوِّ
مْفَكَّرة	مْفَكِّرة	أَنا/ إِنْتِي / هِيِّ
مْفَكِّرين	مْفَكِّرين	إِنْتُوا / نِحْنَا / هِنّ

− إِنْتِه: فَكِّر

− إِنْتِي: فَكْري

− إِنْتُوا:

فَكْروا

المصدر: تَفْكير

118

قَرَّرَ   قَرَّر / يْقَرِّ   To decide

الضمير	الماضي	المضارع	المضارع		المستقبل
			الاعتيادي	المستمر	
أنا	قَرَّرِت	قَرِّر	بْقَرِّر	عَمْ قَرِّر	رَح/حَ قَرِّر
نِحْنَا	قَرَّرْنا	نْقَرِّر	بِنْقَرِّر	عَمِ نْقَرِّر	رَحِ/حَ نْقَرِّر
إِنْتِه	قَرَّرِت	تْقَرِّر	بِتْقَرِّر	عَمِ تْقَرِّر	رَحِ/حَ تْقَرِّر
إِنْتِي	قَرَّرْتي	تْقَرِّري	بِتْقَرِّري	عَمِ تْقَرِّري	رَحِ/حَ تْقَرِّري
إِنْتُوا	قَرَّرْتُوا	تْقَرِّروا	بِتْقَرِّروا	عَمِ تْقَرِّروا	رَحِ/حَ تْقَرِّروا
هُوِّ	قَرَّر	يْقَرِّر	بِيْقَرِّر	عَمِ يْقَرِّر	رَحِ/حَ يْقَرِّر
هِيِّ	قَرَّرِت	تْقَرِّر	بِتْقَرِّر	عَمِ تْقَرِّر	رَحِ/حَ تْقَرِّر
هِنِّ	قَرَّرُوا	يْقَرِّروا	بِيْقَرِّروا	عَمِ يْقَرِّروا	رَحِ/حَ يْقَرِّروا

المضارع التام: كِنْت قَرِّر / كنَّا نْقَرِّر/ كِنت تْقَرِّر / كِنتي تْقَرِّري/ كِنتُوا تْقَرِّروا / كان يْقَرِّر/ كانِت تْقَرِّر/ كانوا يْقَرِّروا

الأمر:

- إِنْتِه: قَرِّر
- إِنْتِي: قَرِّري
- إِنْتُوا: قَرِّرْوا

الضمير	اسم الفاعل	اسم المفعول
أنا / إِنْتِه / هُوِّ	مْقَرِّر	مْقَرَّر
أنا/ إِنْتِي / هِيِّ	مْقَرِّرَة	مْقَرَّرَة
إِنْتُوا / نِحْنَا / هِنِّ	مْقَرِّرين	مْقَرَّين

المصدر: قَرَار

To plan   خَطَّطَ / يْخَطِّط   خَطَّطَ

المستقبل	المضارع		المضارع	الماضي	الضمير
	المستمر	الاعتيادي			
رَحْ/حَ خَطِّط	عَمْ خَطِّط	بْخَطِّط	خَطِّط	خَطَّطِت	أنا
رَحْ/حَ نْخَطِّط	عَمِ نْخَطِّط	بِنْخَطِّط	نْخَطِّط	خَطَّطْنا	نِحْنَا
رَحْ/حَ تْخَطِّط	عَمِ تْخَطِّط	بِتْخَطِّط	تْخَطِّط	خَطَّطِت	إنْته
رَحْ/حَ تْخَطِّطِي	عَمِ تْخَطِّطِي	بِتْخَطِّطِي	تْخَطِّطِي	خَطَّطْتي	إنْتِي
رَحْ/حَ تْخَطِّطوا	عَمِ تْخَطِّطوا	بِتْخَطِّطوا	تْخَطِّطوا	خَطَّطْتوا	إنْتُوا
رَحْ/حَ يْخَطِّط	عَمْ يْخَطِّط	بِيْخَطِّط	يْخَطِّط	خَطَّط	هُوِّ
رَحْ/حَ تْخَطِّط	عَمْ تْخَطِّط	بِتْخَطِّط	تْخَطِّط	خَطَّطِت	هِيِّ
رَحْ/حَ يْخَطِّطوا	عَمِ يْخَطِّطوا	بِيْخَطِّطوا	يْخَطِّطوا	خَطَّطوا	هِنّ

المضارع التام: كِنِت خَطِّط / كِنَّا نْخَطِّط / كِنِت تْخَطِّط / كِنتي تْخَطِّطِي / كِنتُوا
تْخَطِّطِي / كان يْخَطِّطْ / كانِت تْخَطِّطْ / كانوا يْخَطِّطوا

الأمر:

- إنْته: خَطِّط
- إنْتِي: خَطِّطي
- إنْتُوا:
  خَطِّطوا

المصدر: تَخْطِيط

اسم المفعول	اسم الفاعل	الضمير
مْخَطَّط	مْخَطِّط	أنا / إنْته / هُوِّ
مْخَطَّطة	مْخَطِّطة	أنا/ إنْتِي / هِيِّ
مْخَطَّطين	مْخَطِّطين	إنْتُوا / نِحْنَا / هِنّ

120

To concentrate on / to focus on   رَكَّز / يْرَكِّز   رَكَّز

المستقبل	المضارع		المضارع	الماضي	الضمير
	المستمر	الاعتيادي			
رُحْ/حَ رَكِّز	عَمْ رَكِّز	بْرَكِّز	رَكِّز	رَكَّزِت	أنا
رحِ/حَ نْرَكِّز	عَم نْرَكِّز	بِنْرَكِّز	نْرَكِّز	رَكَّزْنا	نِحْنَا
رُحْ/حَ تْرَكِّز	عَمِ تْرَكِّز	بِتْرَكِّز	تْرَكِّز	رَكَّزِت	إِنْتِه
رُحْ/حَ تْرَكْزِي	عَمِ تْرَكْزِي	بِتْرَكْزِي	تْرَكْزِي	رَكَّزْتي	إِنْتِي
رُحْ/حَ تْرَكْزوا	عَمِ تْرَكْزوا	بِتْرَكْزوا	تْرَكْزوا	رَكَّزْتُوا	إِنْتُوا
رُحْ/حَ يْرَكِّز	عَمِ يْرَكِّز	بِيْرَكِّز	يْرَكِّز	رَكَّز	هُوِّ
رُحْ/حَ تْرَكِّز	عَمِ تْرَكِّز	بِتْرَكِّز	تْرَكِّز	رَكَّزِت	هِيِّ
رُحْ/حَ يْرَكْزوا	عَمِ يْرَكْزوا	بِيْرَكْزوا	يْرَكْزوا	رَكَّزوا	هِنّ

المضارع التام: كِنْت رَكِّز / كِنَّا نْرَكِّز / كِنت تْرَكِّز / كِنتي تْرَكْزِي / كِنتُوا تْرَكْزوا / كان يْرَكِّز / كانِت تْرَكِّز / كانوا يْرَكْزوا

الأمر:

- إِنْتِه: رَكِّز
- إِنْتِي: رَكْزِي
- إِنْتُوا:
  رَكْزوا

اسم المفعول	اسم الفاعل	الضمير
مْرَكَّز	مْرَكِّز	أنا / إِنْتِه / هُوِّ
مْرَكَّزة	مْرَكْزة	أنا/ إِنْتِي / هِيِّ
مْرَكَّزين	مْرَكْزين	إِنْتُوا / نِحْنَا / هِنّ

المصدر: تَرْكِيز

To start / To begin بَلَّش / يْبَلِّش بَدَأَ

الضمير	الماضي	المضارع	المضارع		المستقبل
			الاعتيادي	المستمر	
أنا	بَلَّشِت	بَلِّش	بَّلِش	عَمْ بَلِّش	رَحْ/حَ بَلِّش
نِحْنَا	بَلَّشْنا	نبَلِّش	بِنبَلِّش	عَمِ نبَلِّش	رَحِ/حَ نبَلِّش
إِنْتِه	بَلَّشِت	تبَلِّش	بِتبَلِّش	عَمِ تبَلِّش	رَحِ/حَ تبَلِّش
إِنْتِي	بَلَّشْتي	تبَلْشي	بِتبَلْشي	عَمِ تبَلْشي	رَحِ/حَ تبَلْشي
إِنْتُوا	بَلَّشْتُوا	تبَلْشُوا	بِتبَلْشُوا	عَمِ تبَلْشُوا	رَحْ/حَ تبَلْشُوا
هُوِّ	بَلَّش	يبَلِّش	بيبَلِّش	عَمِ يبَلِّش	رَحْ/حَ يبَلِّش
هِيِّ	بَلَّشِت	تبَلِّش	بِتبَلِّش	عَمِ تبَلِّش	رَحِ/حَ تبَلِّش
هِنِّ	بَلَّشُوا	يبَلْشُوا	بيبَلْشُوا	عَمِ يْبَلْشُوا	رَحِ/حَ يْبَلْشُوا

المضارع التام: كِنْت بَلِّش / كنَّا نْبَلِّش / كِنت تْبَلِّش / كِنتي بَلْشي / كِنتُوا تْبَلْشُوا / كان يْبَلِّش / كانِت تبَلِّش / كانوا يْبَلْشُوا

الأمر:

- إِنْتِه: بَلِّش
- إِنْتِي: بَلْشي
- إِنْتُوا: بَلْشُوا

الضمير	اسم الفاعل	اسم المفعول
أنا / إِنْتِه / هُوِّ	مْبَلِّش	مْبَلَّش
أنا/ إِنْتِي / هِيِّ	مْبَلْشِة	مْبَلَّشِة
إِنْتُوا / نِحْنَا / هِنِّ	مْبَلْشِين	مْبَلَّشِين

المصدر: Not used

To sort out / to organise / to fix

نظَّمَ / أَصلَحَ   ظَبِّط / يْظَبِّط

الضمير	الماضي	المضارع	المضارع		المستقبل
			الاعتيادي	المستمر	
أنا	ظَبَّطِت	ظَبِّط	بْظَبِّط	عَم ظَبِّط	رَح/ح ظَبِّط
نِحْنَا	ظَبَّطْنا	نْظَبِّط	بِنْظَبِّط	عَمِ نْظَبِّط	رَحِ/حَ نْظَبِّط
إِنْتِه	ظَبَّطِت	تْظَبِّط	بِتْظَبِّط	عَمِ تْظَبِّط	رَحِ/حَ تْظَبِّط
إِنْتِي	ظَبَّطْتِي	تْظَبْطي	بِتْظَبْطي	عَمِ تْظَبْطي	رَحِ/حَ تْظَبْطي
إِنْتُوا	ظَبَّطْتُوا	تْظَبْطوا	بِتْظَبْطُوا	عَمِ تْظَبْطوا	رَحِ/حَ تْظَبْطوا
هُوِّ	ظَبَّط	يْظَبِّط	بِيْظَبِّط	عَمِ يْظَبِّط	رَحِ/حَ يْظَبِّط
هِيِّ	ظَبَّطِت	تْظَبِّط	بِتْظَبِّط	عَمِ تْظَبِّط	رَحِ/حَ تْظَبِّط
هِنِّ	ظَبَّطُوا	يْظَبْطُوا	بِيْظَبْطُوا	عَمِ يْظَبْطُوا	رَحِ/حَ يْظَبْطُوا

المضارع التام: كِنْت ظَبِّط / كنّا نَظبِّط / كِنت تْظَبِّط / كِنتي تْظَبْطي / كِنتُوا تْظَبْطُوا / كان يْظَبِّط / كانِت تْظَبِّط / كانوا يْظَبْطُوا

الأمر:

- إِنْتِه: ظَبِّط
- إِنْتِي: ظَبْطي
- إِنْتُوا: ظَبْطُوا

الضمير	اسم الفاعل	اسم المفعول
أنا / إِنْتِه / هُوِّ	مْظَبِّط	مْظَبَّط
أنا/ إِنْتِي / هِيِّ	مْظَبْطَة	مْظَبَّطة
إِنْتُوا / نِحْنَا / هِنِّ	مْظَبْطِين	مْظَبَّطين

المصدر: تَظْبِيط

تَقَدَّم | **قدَّم / يْقَدِّم** | **To apply**

المستقبل	المضارع		المضارع	الماضي	الضمير
	المستمر	الاعتيادي			
رَح/ح قدِّم	عَمْ قَدِّم	بْقَدِّم	قَدِّم	قَدَّمِت	**أنا**
رَح/ح نقَدِّم	عَمِ نْقَدِّم	بِنْقَدِّم	نْقَدِّم	قَدَّمْنا	**نِحْنَا**
رَح/ح تْقَدِّم	عَمِ تْقَدِّم	بِتْقَدِّم	تْقَدِّم	قَدَّمِت	**إنْتِه**
رَح/ح تْقَدْمي	عَمِ تْقَدْمي	بِتْقَدْمي	تْقَدْمي	قَدَّمْتي	**إنْتِي**
رَح/ح تْقَدْمُوا	عَمِ تْقَدْمُوا	بِتْقَدْمُوا	تْقَدْمُوا	قَدَّمْتُوا	**إنْتُوا**
رَح/ح يْقَدِّم	عَمِ يْقَدِّم	بِيْقَدِّم	يْقَدِّم	قَدَّم	**هُوِّ**
رَح/ح تْقَدِّم	عَمِ تْقَدِّم	بِتْقَدِّم	تْقَدِّم	قَدَّمِت	**هِيِّ**
رَح/ح يْقَدْمُوا	عَمِ يْقَدْمُوا	بِيْقَدْمُوا	يْقَدْمُوا	قَدَّمُوا	**هِنِّ**

المضارع التام: كِنْت قَدِّم / كنّا نْقَدِّم / كِنت بِتْقَدِّم / كِنتي تْقَدْمي / كِنتُوا تْقَدْمُوا / كان يْقَدِّم / كانِت تْقَدِّم / كانوا يْقَدْمُوا

الأمر:

- إنْتِه: قَدِّم
- إنْتِي: قَدْمي
- إنْتُوا: قَدِّموا

اسم المفعول	اسم الفاعل	الضمير
مْقَدَّم	مْقَدِّم	**أنا / إنْتِه / هُوِّ**
مْقَدَّمِة	مْقَدْمِة	**أنا/ إنْتِي / هِيِّ**
مْقَدَّمِين	مْقَدْمِين	**إنْتُوا / نِحْنَا / هِنِّ**

المصدر: تَقْدِيم

صوَّر   صوَّر/يْصَوِّر   To photograph

الضمير	الماضي	المضارع	المضارع		المستقبل
			الاعتيادي	المستمر	
أنا	صوَّرت	صوِّر	بْصوِّر	عَمْ صوِّر	رَحْ/حَ صوِّر
نِحْنَا	صوَّرْنا	نْصوِّر	بِنْصوِّر	عَمِ نْصوِّر	رَحِ/حَ نْصوِّر
إنْتِه	صوَّرِت	تْصوِّر	بِتْصوِّر	عَمِ تْصوِّر	رَحِ/حَ تْصوِّر
إنْتِي	صوَّرْتي	تْصوْري	بِتْصوْري	عَمِ تْصوْري	رَحِ/حَ تْصَوْري
إنْتُوا	صوَّرْتوا	تْصَوْروا	بِتْصَوْروا	عَمِ تْصَوْروا	رَحِ/حَ تْصَوْروا
هُوِّ	صوَّر	يْصَوِّر	بِيْصَوِّر	عَمِ يْصَوِّر	رَحِ/حَ يْصَوِّر
هِيِّ	صوَّرِت	تْصوِّر	بِتْصوِّر	عَمِ تْصوِّر	رَحِ/حَ تْصوِّر
هِنِّ	صوَّروا	يْصَوْروا	بِيْصَوْروا	عَمِ يْصَوْروا	رَحِ/حَ يْصَوْروا

المضارع التام: كِنْت صوِّر / كنَّا نْصوِّر / كِنت تَصوِّر / كِنتي تْصَوْري/ كِنتُوا تْصَوروا / كان يْصَوِّر / كانِت تْصوِّر / كانوا يْصوروا

الأمر:

- إنْتِه: صوِّر
- إنْتِي: صوْري
- إنْتُوا: صوْروا

الضمير	اسم الفاعل	اسم المفعول
أنا / إنْتِه / هُوِّ	مْصوِّر	مْصوَّر
أنا/ إنْتِي / هِيِّ	مْصورَة	مْصَورَّة
إنْتُوا / نِحْنَا / هِنِّ	مْصوْرِيين	مْصَوَّرين

المصدر: تَصْوير

بَدَّل — بَدّل / يْبَدِّل — To replace

الضمير	الماضي	المضارع	المضارع		المستقبل
			الاعتيادي	المستمر	
أنا	بَدَّلت	بَدّل	بَدّل	عَمْ بَدّل	رَح/ح بَدّل
نِحْنَا	بَدَّلنا	نْبَدّل	بِنْبَدّل	عَمِ نْبَدّل	رَح/ح نْبَدّل
إنْتِه	بَدَّلت	تْبَدّل	بِتْبَدّل	عَمِ تْبَدّل	رَح/ح تْبَدّل
إنْتِي	بَدَّلْتي	تْبَدْلِي	بِتْبَدْلِي	عَمِ تْبَدْلِي	رَح/ح تْبَدْلِي
إنْتُوا	بَدَّلتوا	تْبَدْلوا	بِتْبَدْلوا	عَمِ تْبَدْلوا	رَح/ح تْبَدْلوا
هُوِّ	بَدّل	يْبَدِّل	بيبَدّل	عَمِ يبَدّل	رَح/ح يبَدّل
هِيِّ	بَدَّلت	تْبَدّل	بِتْبَدّل	عَمِ تْبَدّل	رَح/ح تْبَدّل
هِنِّ	بَدْلوا	يْبَدْلوا	بِيْبَدْلوا	عَمِ يْبَدْلوا	رَح/ح يْبَدْلوا

المضارع التام: كِنْت بَدّل / كنّا نْبَدّل / كِنت تْبَدّل / كِنتي تْبَدْلِي / كِنتُوا تْبَدْلوا / كان يْبَدّل / كانِت تْبَدّل / كانوا يْبَدْلوا

الأمر:

- إنْتِه: بَدّل
- إنْتِي: بَدْلي
- إنْتُوا: بَدْلوا

الضمير	اسم الفاعل	اسم المفعول
أنا / إنْتِه / هُوِّ	مْبَدِّل	مْبَدَّل
أنا/ إنْتِي / هِيِّ	مْبَدْلِة	مْبَدَّلِة
إنْتُوا / نِحْنَا / هِنِّ	مْبَدْلين	مْبَدَّلين

المصدر: تَبْدِيل

أَوْصَلَ　　　　وَصَّل / يْوَصِّل　　　　To deliver

المستقبل	المضارع		المضارع	الماضي	الضمير
	المستمر	الاعتيادي			
رَحْ/حَ وَصَّل	عَمْ وَصِّل	بْوَصِّل	وَصِّل	وَصَّلِت	أنا
رَحِ/حَ نْوَصِّل	عَمِ نْوَصِّل	بِنْوَصِّل	نْوَصِّل	وَصَّلنا	نِحْنَا
رَحِ/حَ تْوَصِّل	عَمِ تْوَصِّل	بِتْوَصِّل	تْوَصِّل	وَصَّلِت	إِنْتِه
رَحِ/حَ تْوَصْلي	عَمِ تْوَصْلي	بِتْوَصْلي	تْوَصْلي	وَصَّلْتي	إِنْتِي
رَحِ/حَ تْوَصْلُوا	عَمِ تْوَصْلُوا	بِتْوَصْلُوا	تْوَصْلُوا	وَصَّلْتُوا	إِنْتُوا
رَحِ/حَ يْوَصِّل	عَمِ يْوَصِّل	بِيْوَصِّل	يْوَصِّل	وَصَّلْ	هُوِّ
رَحِ/حَ تْوَصِّل	عَمِ تْوَصِّل	بِتْوَصِّل	تْوَصِّل	وَصَّلِت	هِيِّ
رَحِ/حَ يْوَصْلوا	عَمِ يْوَصْلوا	بِيْوَصْلوا	يْوَصْلوا	وَصَّلُوا	هِنِّ

المضارع التام: كِنْت وَصِّل / كِنَّا نوَصِّل / كِنت تْوَصِّل / كِنتي تْوَصْلي / كِنتُوا تْوَصْلُوا / كان يْوَصِّل / كانِت تْوَصِّل / كانوا يْوَصْلوا

الأمر:

- إِنْتِه: وَصِّل
- إِنْتِي: وَصْلي
- إِنْتُوا: وَصْلوا

الضمير	اسم الفاعل	اسم المفعول
أنا / إِنْتِه / هُوِّ	مْوَصِّل	مْوَصَّل
أنا/ إِنْتِي / هِيِّ	مْوَصِّلِة	مْوَصَّلِة
إِنْتُوا / نِحْنَا / هِنِّ	مْوَصْلين	مْوَصَّلين

المصدر: تَوْصِيل

مَيَّزَ مَيَّز / يْمَيِّز **To distinguish**

الضمير	الماضي	المضارع	المضارع		المستقبل
			الاعتيادي	المستمر	
أنا	مَيَّزت	مَيِّز	بْمَيِّز	عَمْ مَيِّز	رَحْ/ح مَيِّز
نِحْنَا	مَيَّزْنا	نْمَيِّز	بِنْمَيِّز	عَمِ نْمَيِّز	رَحِ/حَ نْمَيِّز
إِنْتِه	مَيَّزت	تْمَيِّز	بِتْمَيِّز	عَمِ تْمَيِّز	رَحِ/حَ تْمَيِّز
إِنْتِي	مَيَّزتي	تْمَيْزي	بِتْمَيْزي	عَمِ تْمَيْزي	رَحِ/حَ تْمَيْزي
إِنْتُوا	مَيَّزتُوا	تْمَيْزوا	بِتْمَيْزوا	عَمِ تْمَيْزوا	رَحِ/حَ تْمَيْزوا
هُوِّ	مَيَّز	يْمَيِّز	بِيْمَيِّز	عَمْ يْمَيِّز	رَحِ/حَ يْمَيِّز
هِيِّ	مَيَّزِت	تْمَيِّز	بِتْمَيِّز	عَمِ تْمَيِّز	رَحِ/حَ تْمَيِّز
هِنِّ	مَيَّزُوا	يْمَيزوْا	بِيْمَيزوْا	عَمِ يْمَيزوْا	رَحِ/حَ يْمَيزوْا

المضارع التام: كِنْت مَيِّز / كِنَّا نْمَيِّز / كِنت تْمَيِّز / كِنتي تْميزِي / كِنتُوا تْمَيُزوا / كان يْمَيِّز / كانِت تْمَيَّز/ كانوا يْمَيْزُوا

الأمر:

- إِنْتِه: مَيِّز
- إِنْتِي: مَيْزي
- إِنْتُوا: مَيْزُوا

الضمير	اسم الفاعل	اسم المفعول
أنا / إِنْتِه / هُوِّ	مْمَيِّز	مْمَيَّز
أنا/ إِنْتِي / هِيِّ	مْمَيِّزِة	مْمَيَّزِة
إِنْتُوا / نِحْنَا / هِنِّ	مْمَيَّزِين	مْمَيَّزِين

المصدر: تَمْيُّز

Table (B)

To allow / to keep / to stay **خلَّى / يْخَلِّي** سَمَح

المستقبل	المضارع		المضارع	الماضي	الضمير
	المستمر	الاعتيادي			
رَح/حَ خلِّي	عَمْ خَلِّي	بْخلِّي	خلِّي	خَلِّيت	**أنا**
رَحِ/حَ نْخَلِّي	عَمِ نْخَلِّي	بِنْخَلِّي	نْخَلِّي	خَلِّينا	**نِحْنَا**
رَحِ/حَ تْخَلِّي	عَمِ تْخَلِّي	بِتْخَلِّي	تْخَلِّي	خَلِّيت	**إنْتِه**
رَحِ/حَ تْخَلِّي	عَمِ تْخَلِّي	بِتْخَلِّي	تْخَلِّي	خَلِّيتي	**إنْتِي**
رَحِ/حَ تْخَلُّوا	عَمِ تْخَلُّوا	بِتْخَلُّوا	تْخَلُّوا	خَلِّيتُوا	**إنْتُوا**
رَحِ/حَ يْخَلِّي	عَمِ يْخَلِّي	بِيْخَلِّي	يْخَلِّي	خَلَّى	**هُوِّ**
رَحِ/حَ تْخَلِّي	عَمِ تْخَلِّي	بِتْخَلِّي	تْخَلِّي	خَلِّت	**هِيِّ**
رَحِ/حَ يْخَلُّوا	عَمِ يْخَلُّوا	بِيْخَلُّوا	يْخَلُّوا	خَلُّوا	**هِنِّ**

المضارع التام: كِنْت خَلِّي / كنَّا نْخَلِّي / كِنت تْخَلِّي / كِنتي تْخَلِّي / كِنتوا تْخَلُّوا / كان يْخَلِّي / كانِت تْخَلِّي / كانوا يْخَلُّوا

الأمر:

- إنْتِه: خلِّي
- إنْتِي: خلِّي
- إنْتُوا: خلُّوا

اسم المفعول	اسم الفاعل	الضمير
مْخَلَّى	مْخَلِّي	**أنا / إنْتِه / هُوِّ**
	مْخَلْيِة	**أنا/ إنْتِي / هِيِّ**
	مْخَلْين	**إنْتُوا / نِحنَا / هِنِّ**

المصدر: Not used

أَوْصَلَ — وَدَّى / يْوَدِّي — To deliver

الضمير	الماضي	المضارع	المضارع		المستقبل
			الاعتيادي	المستمر	
أنا	وَدِّيت	وَدِّي	بْوَدِّي	عَمْ وَدِّي	رَحْ/حَ وَدِّي
نِحْنَا	وَدِّينا	نوَدِّي	بنِودِّي	عَمِ نْوَدِّي	رَحِ/حَ نِودِّي
إنْتِه	وَدِّيت	تْوَدِّي	بتْوَدِّي	عَمِ توْدِّي	رَحِ/حَ تْوَدِّي
إنْتِي	وَدِّيتي	تْوَدِّي	بتْوَدِّي	عَمِ تْوَدِّي	رَحِ/حَ تْوَدِّي
إنْتُوا	وَدِّيتُوا	تْوَدُّوا	بتْوَدُّوا	عَمِ تْوَدُّوا	رَحِ/حَ تْوَدُّوا
هُوِّ	وَدَّى	يْوَدِّي	بيْوَدِّي	عَمِ يْوَدِّي	رَحِ/حَ يْوَدِّي
هِيِّ	وَدِّت	تْوَدِّي	بتْوَدِّي	عَمِ تْوَدِّي	رَحِ/حَ تْوَدِّي
هِنِّ	وَدُّوا	يْوَدُّوا	بيْوَدُّوا	عَمِ يْوَدُّوا	رَحِ/حَ يْوَدُّوا

المضارع التام: كِنْت وَدِّي / كنَّا نْوَدِّي / كِنت تْوَدِّي / كِنتي تْوَدِّي / كِنتُوا تْوَدُّوا / كان يْوَدِّي / كانِت تْوَدِّي / كانوا يودُّوا

الأمر:

– إنْتِه: مْوَدِّي
– إنْتِي: مْوَدية
– إنْتُوا: مْوَديين

الضمير	اسم الفاعل	اسم المفعول
أنا / إنْتِه / هُوِّ	مْوَدِّي	مْوَدَّى
أنا/ إنْتِي / هِيِّ	مْوَدْية	مْوَدَّاية
إنْتُوا / نِحْنَا / هِنِّ	مْوَدْيين	مْوَدَّايين

المصدر: تِودَاية

مَلَىء **عبَّى / يْعَبِّي** **To fill**

الضمير	الماضي	المضارع	المضارع		المستقبل
			الاعتيادي	المستمر	
أنا	عبَّيت	عبِّي	بْعَبِّي	عَمْ عبِّي	رَحْ/حَ عبِّي
نِحْنَا	عبِّينا	نْعَبِّي	بِنْعَبِّي	عَمِ نْعَبِّي	رَحِ/حَ نْعَبِّي
إِنْتِه	عبِّيت	تْعَبِّي	بِتْعَبِّي	عَمِ تْعَبِّي	رَحِ/حَ تْعَبِّي
إِنْتِي	عبِّيتي	تْعَبِّي	بِتْعَبِّي	عَمِ تْعَبِّي	رَحِ/حَ تْعَبِّي
إِنْتُوا	عبِّيتُوا	تْعَبُّوا	بِتْعَبُّوا	عَمِ تْعَبُّوا	رَحِ/حَ تْعَبُّوا
هُوِّ	عَبَّى	يْعَبَّى	بِيْعَبِّى	عَمِ يْعَبِّى	رَحِ/حَ يْعَبِّى
هِيِّ	عبِّت	تْعَبِّي	بِتْعَبِّي	عَمِ تْعَبِّي	رَحِ/حَ تْعَبِّي
هِنِّ	عبُّوا	يْعَبُّوا	بِيْعَبُّوا	عَمِ يْعَبُّوا	رَحِ/حَ يْعَبُّوا

المضارع التام: كِنْت عَبِّي / كنَّا نْعَبِّي / كِنت تْعَبِّي / كِنتي تْعَبِّي / كِنتُوا تْعَبُّوا / كان يْعَبِّي / كانِت تْعَبِّي / كانوا يْعَبُّوا

الأمر:

- إِنْتِه: عَبِّي
- إِنْتِي: عَبِّي
- إِنْتُوا: عَبُّوا

الضمير	اسم الفاعل	اسم المفعول
أنا / إِنْتِه / هُوِّ	مْعَبِّي	مْعَبَّى
أنا/ إِنْتِي / هِيِّ	مْعَبِّية	معبَّاية
إِنْتُوا / نِحْنَا / هِنِّ	مْعَبِّين	مْعَبَّايين

المصدر: تِعْبَاية / تَعْبية

خَبّىء   خَبّى / يْخَبِّي   To hide

الضمير	الماضي	المضارع	المضارع		المستقبل
			الاعتيادي	المستمر	
أنا	خَبّيت	خَبّي	بْخَبّي	عَمْ خَبّي	رَحْ/حَ خَبّي
نِحْنَا	خَبّينا	نْخَبّي	بِنْخَبّي	عَمِ نْخَبّي	رَحِ/حَ نْخَبّي
إِنْتِه	خَبيت	تْخَبّي	بِتْخَبّي	عَمِ تْخَبّي	رَحِ/حَ تْخَبّي
إِنْتِي	خَبّيتي	تْخَبّي	بِتْخَبّي	عَمِ تْخَبّي	رَحِ/حَ تْخَبّي
إِنْتُوا	خَبّيتوا	تْخَبّوا	بِتْخَبّوا	عَمِ تْخَبّوا	رَحِ/حَ تْخَبّوا
هُوِّ	خَبّى	يْخَبّي	بِيْخَبّي	عَمِ يْخَبّي	رَحِ/حَ يْخَبّي
هِيِّ	خَبّت	تْخَبّي	بِتْخَبّي	عَمِ تْخَبّي	رَحِ/حَ تْخَبّي
هِنِّ	خَبّوا	يْخَبّوا	بِيْخَبّوا	عَمِ يْخَبّوا	رَحِ/حَ يْخَبّوا

المضارع التام: كِنْت خَبّي / كنّا نْخَبّي / كِنت تْخَبّي / كِنتي تْخَبّي / كِنتُوا تْخَبّوا / كان يْخَبّي / كانِت تْخَبّي / كانوا يْخَبّوا

الأمر:

- إِنْتِه: خَبّي
- إِنْتِي: خَبّي
- إِنْتُوا: خَبّوا

الضمير	اسم الفاعل	اسم المفعول
أنا / إِنْتِه / هُوِّ	مْخَبّي	مْخَبَّى
أنا/ إِنْتِي / هِيِّ	مْخَبْيِة	مْخَبَّاية
إِنْتُوا / نِحْنَا / هِنِّ	مْخَبيين	مْخَبَّايين

المصدر: تِخْبَاية

To cover غَطَّى / يْغَطِّي غَطَّى

المستقبل	المضارع المستمر	المضارع الاعتيادي	المضارع	الماضي	الضمير
رَحْ/حَ غطِّي	عَمْ غطِّي	بْغطِّي	غطِّي	غطَّيت	أنا
رَحْ/حَ نْغطِّي	عَم نْغطِّي	بنْغطِّي	نْغطِّي	غطَّينا	نِحْنَا
رَحْ/حَ تْغطِّي	عَم تْغطِّي	بتْغطِّي	تْغطِّي	غطَّيت	إنْته
رَحْ/حَ تْغطِّي	عَم تْغطِّي	بتْغطِّي	تْغطِّي	غطَّيتي	إنْتِي
رَحْ/حَ تْغطُّوا	عَم تْغطُّوا	بتْغطُّوا	تْغطُّوا	غطَّيتوا	إنْتوا
رَحْ/حَ يْغطِّي	عَم يْغطِّي	بيْغطِّي	يْغطِّي	غطَّى	هُوِّ
رَحْ/حَ تْغطِّي	عَم تْغطِّي	بتْغطِّي	تْغطِّي	غطَّت	هِيِّ
رَحْ/حَ يْغطُّوا	عَم يْغطُّوا	بيْغطُّوا	يْغطُّوا	غطُّوا	هِنّ

المضارع التام: كِنْت غطِّي / كنَّا نْغطِّي / كِنت تْغطِّي / كِنتي تْغطِّي / كِنتوا تْغطُّوا / كان يْغطِّي / كانِت تْغطِّي / كانوا يْغطُّوا

الأمر:
- إنْته: غطِّي
- إنْتي: غطِّي
- إنْتوا: غطُّوا

اسم المفعول	اسم الفاعل	الضمير
مْغطَّى	مْغطِّي	أنا / إنْته / هُوِّ
مْغطَّاية	مْغطِّية	أنا/ إنْتي / هِيِّ
مْغطَّايين	مْغطِّيين	إنْتوا / نِحْنَا / هِنّ

المصدر: تَغْطِية / تِغْطَاية

Table (C)

To rent   أَجَّر / يْأَجِّر   أَجَّرَ

المستقبل	المضارع		المضارع	الماضي	الضمير
	المستمر	الاعتيادي			
رَحْ/حَ أَجِّر	عَمْ أَجِّر	بْأَجِّر	أَجِّر	أَجَّرِت	أنا
رَحِ/حَ نْأَجِّر	عَم نْأَجِّر	بِنْأَجِّر	نْأَجِّر	أَجَّرْنا	نِحْنَا
رَحِ/حَ تْأَجِّر	عَم تْأَجِّر	بِتْأَجِّر	تْأَجِّر	أَجَّرِت	إنْتِه
رَحِ/حَ تْأَجْري	عَم تْأَجْري	بِتْأَجْري	تْأَجْري	أَجَّرْتي	إنْتِي
رَحِ/حَ تْأَجْروا	عَم تْأَجْروا	بِتْأَجْروا	تْأَجْروا	أَجَّرْتوا	إنْتُوا
رَحِ/حَ يْأَجِّر	عَم يْأَجِّر	بِيْأَجِّر	يْأَجِّر	أَجَّر	هُوِّ
رَحِ/حَ تْأَجِّر	عَم تْأَجِّر	بِتْأَجِّر	تْأَجِّر	أَجَّرِت	هِيِّ
رَحِ/حَ يْأَجْروا	عَم يْأَجْروا	بِيْأَجْروا	يْأَجْروا	أَجَّروا	هِنّ

المضارع التام: كِنْت أَجِّر / كنّا نْأَجِّر / كِنت تْأَجِّر / كِنتي تْأَجْري / كِنتُوا تْأَجْروا / كان يْأَجِّر / كانِت تْأَجِّر / كانوا يْأَجْروا

الأمر:

– إنْتِه: أَجِّر

– إنْتِي: أَجْري

– إنْتُوا: أَجْروا

المصدر: تَأْجِير

اسم المفعول	اسم الفاعل	الضمير
مْأَجَّر	مْأَجِّر	**أنا / إنْتِه / هُوِّ**
مْأَجَّرَة	مْأَجِّرَة	**أنا/ إنْتِي / هِيِّ**
مْأَجَّرين	مْأَجِّرين	**إنْتُوا / نِحْنَا / هِنّ**

أَجَّلَ   أَجَّل / يْأَجِّل   To postpone

الضمير	الماضي	المضارع	المضارع		المستقبل
			الاعتيادي	المستمر	
أنا	أَجَّلِت	أَجِّل	بأجِّل	عَمْ أَجِّل	رَحْ/حَ أَجِّل
نِحْنَا	أَجَّلْنا	نْأَجِّل	بِنأَجِّل	عَمِ نأَجِّل	رَحِ/حَ نْأَجِّل
إِنْتِه	أَجَّلِت	تْأَجِّل	بِتْأَجِّل	عَمِ تْأَجِّل	رَحِ/حَ تْأَجِّل
إِنْتِي	أَجَّلْتي	تْأَجْلي	بِتْأَجْلي	عَمِ تْأَجْلي	رَحِ/حَ تْأَجْلي
إِنْتُوا	أَجَّلْتُوا	تْأَجْلوا	بِتْأَجْلوا	عَمِ تْأَجْلوا	رَحِ/حَ تْأَجْلوا
هُوِّ	أَجَّل	يْأَجِّل	بِيْأَجِّل	عَمِ يْأَجِّل	رَحِ/حَ يْأَجِّل
هِيِّ	أَجَّلِت	تْأَجِّل	بِتْأَجِّل	عَمِ تْأَجِّل	رَحِ/حَ تْأَجِّل
هِنِّ	أَجَّلوا	يْأَجْلُوا	بِيْأَجْلُوا	عَمِ يْأَجْلُوا	رَحِ/حَ يْأَجْلُوا

المضارع التام: كِنْت أَجِّل / كنَّا نْأَجِّل / كِنت تْأَجِّل / كِنتي تْأَجْلِي / كِنتُوا تْأَجْلُوا / كان يْأَجِّل / كانِت تْأَجِّل / كانوا يْأَجْلُوا

الأمر:

- إِنْتِه: أَجِّل
- إِنْتِي: أَجْلي
- إِنْتُوا: أَجْلوا

المصدر: تَأْجِيل

الضمير	اسم الفاعل	اسم المفعول
أنا / إِنْتِه / هُوِّ	مْأَجِّل	مْأَجَّل
أنا/ إِنْتِي / هِيِّ	مْأَجْلين	مْأَجَّلِة
إِنْتُوا / نِحْنَا / هِنِّ	مْأَجْلِة	مْأَجْلين

أَجّلَ　　أَخَّر/ يْأَخِّر　　To postpone

الضمير	الماضي	المضارع	المضارع الاعتيادي	المضارع المستمر	المستقبل
أنا	أَخَّرت	أَخِّر	بْأخِّر	عَمْ أَخِّر	رَحْ/حَ أَخِّر
نِحْنَا	أَخَّرنا	نْأخِّر	بنأَخِّر	عَمِ نأخِّر	رَحِ/حَ نأخِّر
إِنْتِه	أَخَّرت	تْأخِّر	بتْأخِّر	عَمِ تْأخِّر	رَحِ/حَ تْأخِّر
إِنْتِي	أَخَّرتي	تْأخْري	بتْأَخْري	عَمِ تْأخْري	رَحِ/حَ تْأَخْري
إِنْتُوا	أَخَّرْتوا	تْأخْرُوا	بتْأَخْرُوا	عَمِ تْأخْرُوا	رَحِ/حَ تْأَخْرُوا
هُوِّ	أَخَّر	يْأخِّر	بيْأَخِّر	عَمِ يْأخِّر	رَحِ/حَ يْأَخِّر
هِيِّ	أَخَّرِت	تْأَخِّر	بتْأَخِّر	عَمِ تْأخِّر	رَحِ/حَ تْأَخِّر
هِنِّ	أَخَّروا	يْأخْرُوا	بيْأخْرُوا	عَمِ يْأخْرُوا	رَحِ/حَ يْأَخْرُوا

المضارع التام: كِنْت أَخِّر / كنَّا نْأخِّر / كِنت تْأَخِّر / كِنتي تْأَخْري / كِنتُوا تْأخْروا / كان يْأَخِّر / كانِت تْأَخِّر / كانوا يْأَخْرُوا

الأمر:

- إِنْتِه: أَخِّر
- إِنْتِي: أَخْرِي
- إِنْتُوا: أَخْروا

الضمير	اسم الفاعل	اسم المفعول
أنا / إِنْتِه / هُوِّ	مْأَخِّر	Not used
أنا/ إِنْتِي / هِيِّ	مْأَخْرَة	
إِنْتُوا / نِحْنَا / هِنِّ	مْأَخْرين	

المصدر: تَأْخِير

أَكَّدَ أَكَّد / يْأَكِّد **To confirm**

المستقبل	المضارع		المضارع	الماضي	الضمير
	المستمر	الاعتيادي			
رَح/حَ أكِّد	عَمْ أكِّد	بأكِّد	أكِّد	أَكَّدِت	**أنا**
رَحِ/حَ نأْكِّد	عَمِ نأْكِّد	بنْأكِّد	نأكِّد	أَكَّدنا	**نِحْنَا**
رَحِ/حَ تأْكِّد	عَمِ تأْكِّد	بتْأكِّد	تأكِّد	أَكَّدِت	**إِنْتِه**
رَحِ/حَ تأكْدي	عَمِ تأْكْدي	بتأكْدي	تأكْدي	أَكَّدْتي	**إِنْتِي**
رَحِ/حَ تأَكْدوا	عَمِ تأَكْدوا	بتْأكْدوا	تأَكْدوا	أَكَّدْتوا	**إِنْتُوا**
رَحِ/حَ يْأكِّد	عَمِ يْأكِّد	بيْأكِّد	يْأكِّد	أَكَّد	**هُوِّ**
رَحِ/حَ تأْكِّد	عَمِ تأْكِّد	بتأكِّد	تأكِّد	أَكَّدِت	**هِيِّ**
رَحِ/حَ يْأَكْدوا	عَمِ يْأكْدوا	بيْأكْدوا	يْأكْدوا	أَكَّدوا	**هِنِّ**

المضارع التام: كِنْت أكِّد / كِنَّا نأْكِّد / كِنت تأْكِّد / كِنتي تأكْدي / كِنتُوا تأْكْدوا / كان يْأكِّد / كانِت تأْكِّد / كانوا يْأَكْدوا

اسم المفعول	اسم الفاعل	الضمير
مْأكَّد	مْأكِّد	**أنا / إِنْتِه / هُوِّ**
مْأكَّدِة	مْأكْدِة	**أنا/ إِنْتِي / هِيِّ**
مْأكْدين	مْأَكْدين	**إِنْتُوا / نِحْنَا / هِنِّ**

الأمر:

- إِنْتِه: أَكِّد
- إِنْتِي: أَكْدِي
- إِنْتوا: أَكْدُوا

المصدر: تأْكِيد

To write creatively
(a book, a play, a poem)

أَلَّف/يْأَلِّف **أَلَّفَ**

الضمير	الماضي	المضارع	المضارع		المستقبل
			الاعتيادي	المستمر	
أنا	أَلَّفِت	أَلِّف	بْأَلِّف	عَمْ أَلِّف	رَح/حَ أَلِّف
نِحنَا	أَلَّفنا	نْأَلِّف	بِنأَلِّف	عَمِ نْأَلِّف	رَحِ/حَ نْأَلِّف
إِنْتِه	أَلَّفِت	تْأَلِّف	بِتأَلِّف	عَمِ تْأَلِّف	رَحِ/حَ تْأَلِّف
إِنْتِي	أَلَّفْتي	تْأَلْفي	بِتأَلْفي	عَمِ تْأَلْفي	رَحِ/حَ تْأَلْفي
إِنْتُوا	أَلَّفْتوا	تْأَلْفُوا	بِتأَلْفُوا	عَمِ تْأَلْفُوا	رَحِ/حَ تْأَلْفُوا
هُوِّ	أَلَّف	يْأَلِّف	بِيأَلِّف	عَمِ يْأَلِّف	رَحِ/حَ يْأَلِّف
هِيِّ	أَلَّفِت	تْأَلِّف	بِتأَلِّف	عَمِ تْأَلِّف	رَحِ/حَ تْأَلِّف
هِنِّ	أَلَّفوا	يْأَلْفوا	بِيأَلْفُوا	عَمِ يْأَلْفُوا	رَحِ/حَ يْأَلْفُوا

المضارع التام: كِنْت أَلِّف / كنّا نْأَلِّف / كِنت تْأَلِّف / كِنتي تْألفي / كِنتُوا تْأَلفوا / كان يأَلِّف / كانِت تْأَلِّف / كانوا يْألفَوا

الأمر:

- إِنْتِه: أَلِّف
- إِنْتِي: أَلْفي
- إِنْتوا: أَلْفُوا

الضمير	اسم الفاعل	اسم المفعول
أنا / إِنْتِه / هُوِّ	مْألِّف	مْأَلَّف
أنا/ إِنْتِي / هِيِّ	مْألْفِة	مْأَلَّفِة
إِنْتُوا / نِحنَا / هِنِّ	مْألفين	مْأَلْفِين

المصدر: تَأْلِيف

Table (D)

To confuse **خَرْبط / يْخَرْبِط** **إِحْتَارَ**

المستقبل	المضارع		المضارع	الماضي	الضمير
	المستمر	الاعتيادي			
رَح/حَ خرْبط	عَمْ خرْبِط	بْخَربِط	خرْبِط	خَرْبَطت	**أنا**
رَح/حَ نْخَربِط	عَمِ نْخَربط	بِنْخَربِط	نْخَربِط	خَرْبَطْنا	**نِحْنَا**
رَح/حَ تْخَربْط	عَمِ تْخَرَبْط	بِتْخَربْط	تْخَربْط	خَرْبَطِت	**إِنْتِه**
رَح/حَ تْخَربْطي	عَمِ تْخَربْطي	بِتْخَربْطي	تْخَربْطي	خَرْبَطْتي	**إِنْتِي**
رَح/حَ تْخَربْطُوا	عَمِ تْخَربْطُوا	بِتْخَرِبْطُوا	تْخَرِبْطُوا	خَرْبَطْتوا	**إِنْتُوا**
رَح/حَ يْخَربِط	عَمِ يْخَرْبْط	بِيْخَرْبِط	يْخَرِبْط	خَرْبَط	**هُوِّ**
رَح/حَ تْخَرْبط	عَمِ تْخَرَبط	بِتْخَرَبط	تْخَرَبط	خَرْبَطِت	**هِيِّ**
رَح/حَ يْخَرِبْطوا	عَمِ يْخَرِبْطوا	بِيْخَرَبْطوا	يْخَرِبْطوا	خَرْبَطُوا	**هِنِّ**

المضارع التام: كِنْت خَربْط / كِنَّا نْخَرْبط / كِنت تْخَرْبَطِ / كِنتي تْخَرْبْطِي / كِنتُوا تْخَرِبْطوا / كان يْخَرْبط / كانِت تْخَرْبط / كانوا يْخَرِبْطُوا

اسم المفعول	اسم الفاعل	الضمير
Not used	مْخَربِط	**أنا / إِنْتِه / هُوِّ**
	مْخَربْطَة	**أنا/ إِنْتِي / هِيِّ**
	مْخَرَبْطين	**إِنْتُوا / نِحْنَا / هِنِّ**

الأمر: Not used

المصدر: خَرْبَطَة

To control   سَيْطَرَ / يْسَيْطِر   سَيْطَرَ

المستقبل	المضارع المستمر	المضارع الاعتيادي	المضارع	الماضي	الضمير
رَح/حِ سَيْطِر	عَمْ سَيْطِر	بْسَيْطِر	سَيْطِر	سَيْطَرت	أنا
رَح/حِ نْسَيْطِر	عَم نْسَيْطِر	بْنسَيْطِر	نْسَيْطِر	سَيْطَرنا	نِحْنَا
رَح/حِ تْسَيْطِر	عَم تْسَيْطِر	بْتسَيْطِر	تْسَيْطِر	سَيْطَرِت	إنْته
رَح/حِ تْسَيْطِري	عَم تْسَيْطِري	بْتسَيْطِري	تْسَيْطِري	سَيْطرتي	إنْتِي
رَح/حِ تْسَيْطِروا	عَم تْسَيْطِروا	بْتسَيْطِروا	تْسَيْطِروا	سَيْطَرتوا	إنْتُوا
رَح/حِ يْسَيْطِر	عَم يْسَيْطِر	بيْسَيْطِر	يْسَيْطِر	سَيْطَر	هُوِّ
رَح/حِ تْسَيْطِر	عَم تْسَيْطِر	بْتسَيْطِر	تْسَيْطِر	سَيْطرت	هِيِّ
رَح/حِ يْسَيْطِروا	عَم يْسَيْطِروا	بيْسَيْطِروا	يْسَيْطِروا	سَيْطَروا	هِنِّ

المضارع التام: كِنْت تْسيْطِر / كنَّا نْسَيْطِر / كِنت تْسَيْطِر / كِنتي تْسَيْطِري / كِنتُوا تْسَيْطِروا / كان يْسَيْطِر / كانِت تْسَيْطِر / كانوا يْسَيْطِروا

الأمر:

– إنْته: سَيْطِر
– إنْتِي: سَيْطِري
– إنْتُوا: سَيْطرُوا

المصدر: سَيْطَرَة

اسم المفعول	اسم الفاعل	الضمير
	مْسَيْطِر	أنا / إنْته / هُوِّ
Not used	مْسَيْطرَة	أنا / إنْتِي / هِيِّ
	مْسَيْطرين	إنْتُوا / نِحْنَا / هِنِّ

Table (E)

To show فَرْجى / يْفَرْجي عَرَضَ

المستقبل	المضارع		المضارع	الماضي	الضمير
	المستمر	الاعتيادي			
رَح/حِ فَرْجي	عَمْ فَرْجي	بْفَرْجي	فَرْجي	فَرْجيت	أنا
رَحِ/حَ نفَرْجي	عَمِ نْفَرْجي	بِنْفَرْجي	نْفَرْجي	فَرْجينا	نِحْنَا
رَحِ/حَ تْفَرْجي	عَمِ تْفَرْجي	بِتْفَرْجي	تْفَرْجي	فَرْجيت	إنْتِه
رَحِ/حَ تْفَرْجي	عَمِ تْفَرْجي	بِتْفَرْجي	تْفَرْجي	فَرْجيتي	إنْتِي
رَحِ/حَ تْفَرْجُوا	عَمِ تْفَرْجُوا	بِتْفَرْجُوا	تْفَرْجُوا	فَرْجيتُوا	إنْتُوا
رَحِ/حَ يْفَرْجي	عَمِ يْفَرْجي	بِيْفَرْجي	يْفَرْجي	فَرْجَى	هُوِّ
رَحِ/حَ تْفَرْجي	عَمِ تْفَرْجي	بِتْفَرْجي	تْفَرْجي	فَرْجِت	هِيِّ
رَحِ/حَ يْفَرْجُوا	عَمِ يْفَرْجُوا	بِيْفَرْجُوا	يْفَرْجُوا	فَرْجُوا	هِنِّ

المضارع التام: كِنْت كِنت فَرْجي / كنَّا نْفَرْجي / كِنت تْفَرْجي / كِنتي تْفَرْجي / كِنتوا تْفَرْجُوا / كان يْفَرْجي / كانِت تْفَرْجي / كانوا يْفَرْجُوا

الأمر:

- إنْتِه: فَرْجي
- إنْتِي: فَرْجي
- إنْتُوا: فَرْجُوا

اسم المفعول	اسم الفاعل	الضمير
Not used	مْفَرْجي	أنا / إنْتِه / هُوِّ
	مْفَرْجية	أنا/ إنْتِي / هِيِّ
	مْفَرْجِين	إنْتُوا / نِحْنَا / هِنِّ

المصدر: Not used

عَرَض — وَرْجَى / يْوَرجي — To show

الضمير	الماضي	المضارع	المضارع		المستقبل
			الاعتيادي	المستمر	
أنا	وَرْجيت	وَرْجي	بْوَرجي	عَمْ وَرجي	رَحْ/حَ وَرجي
نِحْنَا	وَرْجينا	نْوَرْجي	بِنْوَرجي	عَمِ نْوَرجي	رَحِ/حَ نْوَرجي
إِنْتِه	وَرْجيت	تْوَرْجي	بِتْوَرْجي	عَمِ تْوَرْجي	رَحِ/حَ تْوَرْجي
إِنْتِي	وَرْجيتي	تْوَرْجي	بِتْوَرْجي	عَمِ تْوَرْجي	رَحِ/حَ تْوَرْجي
إِنْتُوا	وَرْجيتُوا	تْوَرْجُوا	بِتْوَرْجُوا	عَمِ تْوَرْجُوا	رَحِ/حَ تْوَرْجُوا
هُوِّ	وَرْجَى	يْوَرْجي	بِيْوَرْجي	عَمِ يْوَرْجي	رَحِ/حَ يْوَرْجي
هِيِّ	وَرْجت	تْوَرْجي	بِتْوَرْجي	عَمِ تْوَرْجي	رَحِ/حَ تْوَرْجي
هِنِّ	وَرْجُوا	يْوَرْجُوا	بِيْوَرْجُوا	عَمِ يْوَرْجُوا	رَحِ/حَ يْوَرْجُوا

المضارع التام: كِنْت وَرْجي / كنَّا نْوَرْجي / كِنت تْوَرْجي / كِنتي تْوَرْجي / كِنتُوا تْوَرْجُوا / كان يْوَرْجي / كانِت تْوَرْجي / كانوا يْوَرْجُوا

الأمر:

- إِنْتِه: وَرْجي
- إِنْتِي: وَرْجي
- إِنْتُوا: وَرْجُوا

الضمير	اسم الفاعل	اسم المفعول
أنا / إِنْتِه / هُوِّ	مْوَرجي	Not used
أنا/ إِنْتِي / هِيِّ	مْوَرِجْية	
إِنْتُوا / نِحْنَا / هِنِّ	مْوَرِجْين	

المصدر: Not used

Form 3	فَاعَلْ

Table (A)

To help **سَاعَدْ / يْسَاعِد** **سَاعَدَ**

المستقبل	المضارع		المضارع	الماضي	الضمير
	المستمر	الاعتيادي			
رَح/حَ سَاعِد	عَمْ سَاعِد	بْسَاعِد	سَاعِد	سَاعَدِت	**أنا**
رَح/حَ نْسَاعِد	عَمِ نْسَاعِد	بنْسَاعِد	نْسَاعِد	سَاعَدْنا	**نِحْنَا**
رَح/حَ تْسَاعِد	عَمِ تْسَاعِد	بِتْسَاعِد	تْسَاعِد	سَاعَدِت	**إِنْتِه**
رَح/حَ تْسَاعْدي	عَمِ تْسَاعْدي	بْسَاعْدي	تْسَاعْدي	سَاعَدْتي	**إِنْتِي**
رَح/حَ تْسَاعْدوا	عَمِ تْسَاعْدوا	بِتْسَاعْدوا	تْسَاعْدوا	سَاعَدْتوا	**إِنْتُوا**
رَح/حَ يْسَاعِد	عَمِ يْسَاعِد	بِيْسَاعِد	يْسَاعِد	سَاعَد	**هُوِّ**
رَح/حَ تْسَاعِد	عَمِ تْسَاعِد	بِتْسَاعِد	تْسَاعِد	سَاعَدِت	**هِيِّ**
رَح/حَ يْسَاعْدوا	عَمِ يْسَاعْدوا	بِيْسَاعْدوا	يْسَاعْدوا	سَاعَدُوا	**هِنِّ**

المضارع التام: كِنْت سَاعِد/ كنَّا نْسَاعِد / كِنت تْسَاعِد / كِنتي تْسَاعْدي / كِنتُوا تْسَاعْدوا / كان يْسَاعِد / كانِت تْسَاعِد / كانوا يْسَاعْدوا

الأمر:

- إِنْتِه: سَاعِد
- إِنْتِي: سَاعْدي
- إِنْتوا: سَاعْدوا

اسم المفعول	اسم الفاعل	الضمير
مْسَاعَد	مْساعِد	**أنا / إِنْتِه / هُوِّ**
مْسَاعَدِة	مْسَاعْدِة	**أنا/ إِنْتِي / هِيِّ**
مْسَاعَدِين	مْسَاعْدِين	**إِنْتُوا / نِحْنَا / هِنِّ**

المصدر: مُسَاعَدِة

To travel — سَافَرَ / يْسَافِر — سَافَرَ

المستقبل	المضارع		المضارع	الماضي	الضمير
	المستمر	الاعتيادي			
رَح/حَ سَافِر	عَمْ سَافِر	بْسَافِر	سَافِر	سَافَرِت	أنا
رَح/حَ نْسَافِر	عَمِ نْسَافِر	بِنْسَافِر	نْسَافِر	سَافَرْنا	نِحْنَا
رَح/حَ تْسَافِر	عَمِ تْسَافِر	بِتْسَافِر	تْسَافِر	سَافَرِت	إنْتِه
رَح/حَ تْسَافْري	عَمِ تْسَافْري	بِتْسَافْري	تْسَافْري	سَافَرْتي	إنْتِي
رَح/حَ تْسَافْرُوا	عَمِ تْسَافْرُوا	بِتْسَافْرُوا	تْسَافْرُوا	سَافَرْتُوا	إنْتُوا
رَح/حَ يْسَافِر	عَمْ يْسَافِر	بِيْسَافِر	يْسَافِر	سَافَر	هُوِّ
رَح/حَ تْسَافِر	عَمِ تْسَافِر	بِتْسَافِر	تْسَافِر	سَافَرِت	هِيِّ
رَح/حَ يْسَافْرُوا	عَمِ يْسَافْرُوا	بِيْسَافْرُوا	يْسَافْرُوا	سَافَرُوا	هِنّ

المضارع التام: كِنْت سَافِر / كِنَّا نْسَافِر / كِنت تْسَافِر / كِنتي تْسَافْري / كِنتُوا تْسَافْرُوا / كان يْسَافِر / كانِت تْسَافِر / كانوا يْسَافْرُوا

الأمر:

- إنْتِه: سَافِر
- إنْتِي: سَافْري
- إنْتُوا: سَافْرُوا

المصدر: سَفَر

اسم المفعول	اسم الفاعل	الضمير
	مْسَافِر	**أنا / إنْتِه / هُوِّ**
Not used	مْسَافْرَة	**أنا/ إنْتِي / هِيِّ**
	مْسَافْرين	**إنْتُوا / نِحْنَا / هِنّ**

To compare قَارَن / يْقَارِن قَارَنَ

المستقبل	المضارع (المستمر)	المضارع (الاعتيادي)	المضارع	الماضي	الضمير
رَح/حَ قَارِن	عَمْ قَارِن	بْقَارِن	قَارِن	قَارَنِت	**أنا**
رَحِ/حَ نْقَارِن	عَم نْقَارِن	بِنْقَارِن	نْقَارِن	قَارَنَّا	**نِحْنَا**
رَحِ/حَ تْقَارِن	عَم تْقَارِن	بِتْقَارِن	تْقَارِن	قَارَنِت	**إنْتِه**
رَحِ/حَ تْقَارْني	عَم تْقَارْني	بِتْقَارْني	تْقَارْني	قَارَنتي	**إنْتِي**
رَحِ/حَ تْقَارْنُوا	عَم تْقَارْنُوا	بِتْقَارْنُوا	تْقَارْنُوا	قَارَنتُوا	**إنْتُوا**
رَحِ/حَ يْقَارِن	عَم يْقَارِن	بِيْقَارِن	يْقَارِن	قَارَن	**هُوِّ**
رَحِ/حَ تْقَارِن	عَم تْقَارِن	بِتْقَارِن	تْقَارِن	قَارَنِت	**هِيِّ**
رَحِ/حَ يْقَارْنُوا	عَم يْقَارْنُوا	بِيْقَارْنُوا	يْقَارْنُوا	قَارَنُوا	**هِنّ**

المضارع التام: كِنْت قَارِن / كنَّا نْقَارِن / كِنت تْقَارِن / كِنتي تْقَارْني / كِنتُوا تْقَارْنُوا / كان يْقَارِن / كانِت تْقَارِن / كانوا يْقَارْنُوا

اسم المفعول	اسم الفاعل	الضمير
Not used	مْقَارِن	**أنا / إنْتِه / هُوِّ**
	مْقَارِنة	**أنا/ إنْتِي / هِيِّ**
	مْقَارْنين	**إنْتُوا / نِحْنَا / هِنّ**

الأمر:

- إنْتِه: قَارِن
- إنْتِي: قَارْني
- إنْتُوا: قَارْنُوا

المصدر: مُقَارَنة

خَالَف   خَالَف / يْخَالِف   To disagree

الضمير	الماضي	المضارع	المضارع		المستقبل
			الاعتيادي	المستمر	
أنا	خَالَفِت	خَالِف	بْخَالِف	عَمْ خَالِف	رَح/ح خَالِف
نِحْنَا	خَالَفْنَا	نْخَالِف	بِنْخَالِف	عَمِ نْخَالِف	رَحِ/ح نْخَالِف
إِنْتِه	خَالَفِت	تْخَالْفِ	بِتْخَالْفِ	عَمِ تْخَالْفِ	رَحِ/ح تْخَالْفِ
إِنْتِي	خَالَفْتِي	تْخَالْفِي	بِتْخَالْفِي	عَمِ تْخَالْفِي	رَحِ/ح تْخَالْفِي
إِنْتُوا	خَالَفْتُوا	تْخَالْفُوا	بِتْخَالْفُوا	عَمِ تْخَالْفُوا	رَحِ/ح تْخَالْفُوا
هُوِّ	خَالَف	يْخَالِف	بِيْخَالِف	عَمِ يْخَالِف	رَحِ/ح يْخَالِف
هِيِّ	خَالَفِت	تْخَالِف	بِتْخَالِف	عَمِ تْخَالِف	رَحِ/ح تْخَالِف
هِنِّ	خَالَفُوا	يْخَالْفُوا	بِيْخَالْفُوا	عَمِ يْخَالْفُوا	رَحِ/ح يْخَالْفُوا

المضارع التام: كِنْت خَالِف/ كنَّا نْخَالِف / كِنت تْخَالِف / كِنتي تْخَالْفِي / كِنتُوا تْخَالْفُوا / كان يْخَالِف / كانِت تْخَالِف / كانوا يْخَالْفُوا

الأمر:

- إِنْتِه: خَالِف
- إِنْتِي: خَالْفِي
- إِنْتُوا: خَالْفُوا

الضمير	اسم الفاعل	اسم المفعول
أنا / إِنْتِه / هُوِّ	مْخَالِف	مْخَالَف
أنا/ إِنْتِي / هِيِّ	مْخَالْفِة	
إِنْتُوا / نِحْنَا / هِنِّ	مْخَالْفِين	

المصدر: مُخَالَفِة

أَجَابَ   جَاوَب / يْجَاوِب (عَلى)   To respond / to answer

الضمير	الماضي	المضارع	المضارع		المستقبل
			الاعتيادي	المستمر	
أنا	جَاوَبت	جَاوِب	بجَاوِب	عم جَاوِب	رَح/حَ جَاوِب
نِحْنَا	جَاوَبْنا	نْجاوِب	بِنْجاوِب	عَمِ نْجاوِب	رَح/حَ نْجاوِب
إِنْتِه	جَاوَبت	تْجَاوِب	بِتْجَاوِب	عَمِ تْجَاوِب	رَح/حَ تْجَاوِب
إِنْتِي	جَاوَبْتي	تْجَاوْبِي	بِتْجَاوْبِي	عَمِ تْجَاوْبِي	رَح/حَ تْجَاوْبِي
إِنْتُوا	جَاوَبْتُوا	تْجَاوْبوا	بِتْجَاوْبوا	عَمِ تْجَاوْبوا	رَح/حَ تْجَاوْبوا
هُوِّ	جَاوَب	يْجَاوِب	بِيْجَاوِب	عَمِ يْجَاوِب	رَح/حَ يْجَاوِب
هِيِّ	جَاوَبت	تْجَاوِب	بِتْجَاوِب	عَمِ تْجَاوِب	رَح/حَ تْجَاوِب
هِنِّ	جَاوَبُوا	يْجَاوْبوا	بِيْجَاوْبوا	عَمِ يْجَاوْبوا	رَح/حَ يْجَاوْبوا

المضارع التام: كِنْت جَاوِب / كِنَّا نْجَاوِب / كِنت تْجَاوِب / كِنتي تْجَاوِبي / كِنتُوا تْجَاوْبوا / كان يْجاوِب / كانِت تْجاوب / كانوا يْجاوبوا

الأمر:

- إِنْتِه: جَاوِب
- إِنْتِي: جَاوْبي
- إِنْتُوا: جَاوْبُوا

الضمير	اسم الفاعل	اسم المفعول
أنا / إِنْتِه / هُوِّ	مْجاوِب	مْجَاوَب
أنا/ إِنْتِي / هِيِّ	مْجاوْبِة	مْجَاوَبِة
إِنْتُوا / نِحْنَا / هِنِّ	مْجَاوْبِين	مْجَاوَبِين

المصدر: إِجَابِة

Table (B)

To find **لاقَى / يْلاقِي** **وَجَدَ**

الضمير	الماضي	المضارع	المضارع: الاعتيادي	المضارع: المستمر	المستقبل
أنا	لاَقيت	لاقِي	بْلاقِي	عَمْ لاقِي	رَحْ/حَ لاقِي
نِحْنَا	لاَقينا	نلاقِي	مِنْلاقِي	عَمِ نلاقِي	رَحِ/حَ نلاقِي
إِنْتِه	لاقيت	تْلاقِي	بِتْلاقِي	عَمِ تْلاقِي	رَحِ/حَ تْلاقِي
إِنْتِي	لاقِيتي	تْلاقِي	بِتْلاقِي	عَمِ تْلاقِي	رَحِ/حَ تْلاقِي
إِنْتُوا	لاقِيتُوا	تْلاقُوا	بِتْلاقُوا	عَمِ تْلاقُوا	رَحِ/حَ تْلاقُوا
هُوِّ	لاقَى	يْلاقِي	بِيْلاقِي	عَمِ يْلاقِي	رَحِ/حَ يْلاقِي
هِيِّ	لاقِت	تْلاقِي	بِتْلاقِي	عَمِ تْلاقِي	رَحِ/حَ تْلاقِي
هِنِّ	لاقُوا	يْلاقُوا	بِيْلاقُوا	عَمِ يْلاقُوا	رَحِ/حَ يْلاقُوا

المضارع التام: كِنْت لاقِي/ كنَّا نْلاقِي / كِنت تْلاقِي / كِنتي تْلاقِي / كِنتُوا تْلاقُوا / كان يْلاقِي / كانِت تْلاقِي / كانوا يْلاقُوا

الأمر:

- إِنْتِه: لاَقِي
- إِنْتِي: لاَقِي
- إِنْتُوا: لاَقُوا

الضمير	اسم الفاعل	اسم المفعول
أنا / إِنْتِه / هُوِّ	مْلاقِي	مْلاقَى
أنا/ إِنْتِي / هِيِّ	مْلاَقْيِة	
إِنْتُوا / نِحْنَا / هِنِّ	مْلاقْين	

المصدر: مْلاقَاة

فَعَلَ ساوَى / يْسَاوي To do / to make

الضمير	الماضي	المضارع	المضارع		المستقبل
			الاعتيادي	المستمر	
أنا	ساويت	ساوِي	بْساوِي	عَمْ ساوِي	رَح/ح ساوِي
نِحْنَا	ساوِينا	نْساوي	بِنْساوي	عَمِ نْساوي	رَحِ/ح نْساوي
إِنْتِه	ساوِيت	تْساوِي	بِتْساوِي	عَمِ تْساوِي	رَحِ/ح تْساوِي
إِنْتِي	ساوِيتي	تْساوي	بِتْساوي	عَمِ تْساوي	رَح/حَ تْسَاوي
إِنْتُوا	ساوِيتُوا	تْساوُوا	بِتْساوُوا	عَمِ تْساوُوا	رَحِ/ح تْساوُوا
هُوِّ	ساوَى	يْساوي	بِيْساوي	عَمِ يْساوي	رَحِ/ح يْساوي
هِيِّ	ساوِت	تْساوي	بِتْساوي	عَمِ تْساوي	رَحِ/ح تْساوي
هِنِّ	ساوُوا	يْساوُوا	بِيْساوُوا	عَمِ يْساوُوا	رَحِ/ح يْساوُوا

المضارع التام: كِنْت ساوي/ كنَّا نْساوي / كِنت تْساوي / كِنتي تْساوي / كِنتُوا تْساوُوا / كان يْساوي / كانِت تْساوي / كانوا يْساوُوا

الأمر:

- إِنْتِه: ساوِي
- إِنْتِي: ساوِي
- إِنْتُوا: ساوُوا

الضمير	اسم الفاعل	اسم المفعول
أنا / إِنْتِه / هُوِّ	مْسَاوِي	مْساوَى
أنا/ إِنْتِي / هِيِّ	مْسَاوْيِة	
إِنْتُوا / نِحْنَا / هِنِّ	مْساوْيين	

المصدر: مْساواة

عَانَى   عَانَى / يْعَانِي (مِن)   To suffer

المستقبل	المضارع		المضارع	الماضي	الضمير
	المستمر	الاعتيادي			
رَح/ح عَانِي	عَمْ عَانِي	بْعَانِي	عَانِي	عَانيت	**أنا**
رَح/ح نْعَانِي	عَمِ نْعَانِي	بِنْعَانِي	نْعَانِي	عَانينا	**نِحْنَا**
رَح/ح تْعَانِي	عَمِ تْعَانِي	بِتْعَانِي	تْعَانِي	عَانيت	**إِنْتِه**
رَح/ح تْعَانِي	عَمِ تْعَانِي	بِتْعَانِي	تْعَانِي	عَانِيتي	**إِنْتِي**
رَح/ح تْعَانوا	عَمِ تْعَانوا	بِتْعَانوا	تْعَانوا	عَانِيتُوا	**إِنْتُوا**
رَح/ح يْعَانِي	عَمِ يْعَانِي	بِيْعَانِي	يْعَانِي	عَانَى	**هُوِّ**
رَح/ح تْعَانِي	عَمِ تْعَانِي	بِتْعَانِي	تْعَانِي	عَانِت	**هِيِّ**
رَح/ح يْعَانُوا	عَمِ يْعَانُوا	بِيْعَانُوا	يْعَانُوا	عَانُوا	**هِنِّ**

المضارع التام: كِنْت عَانِي/ كنّا نْعَانِي / كِنت تْعَانِي / كِنتي تْعَانِي / كِنتُوا تْعَانوا / كان يْعَانِي / كانِت تْعَانِي / كانوا يْعَانُوا

الأمر:

- إِنْتِه: عَانِي
- إِنْتِي: عَانِي
- إِنْتُوا: عَانُوا

الضمير	اسم الفاعل	اسم المفعول
أنا / إِنْتِه / هُوِّ	مْعَانِي	مْعَانَى
أنا/ إِنْتِي / هِيِّ	مْعَانِية	
إِنْتُوا / نِحْنَا / هِنِّ	مْعَانْيين	

المصدر: مُعَانَاة

قابَلَ　　　قابَل / يْقابِل　　　To meet

المستقبل	المضارع		المضارع	الماضي	الضمير
	المستمر	الاعتيادي			
رَح/ح قابِل	عَمْ قابِل	بقابِل	قابِل	قابَلِت	**أنا**
رَح/حِ نقابِل	عَمِ نقابِل	بِنْقابِل	نْقابِل	قابَلْنا	**نِحْنا**
رَح/حَ تقابِل	عَمِ تقابِل	بتْقابِل	تْقابِل	قابَلِت	**إِنْتِه**
رَح/حِ تْقَابْلِي	عَمِ تْقابْلِي	بتْقابْلِي	تْقابْلِي	قابَلْتي	**إِنْتِي**
رَح/حَ تْقَابْلُوا	عَمِ تْقابْلُوا	بتْقابْلُوا	تْقابْلُوا	قابَلْتوا	**إِنْتُوا**
رَح/حَ يْقابِل	عَمِ يْقابِل	بيْقَابِل	يْقَابِل	قابَل	**هُوِّ**
رَح/حَ تْقابِل	عَمِ تْقابِل	بتْقابِل	تْقابِل	قَابَلِت	**هِيِّ**
رَح/ح يْقابْلُوا	عَمِ يْقابْلُوا	بيْقَابْلُوا	يْقَابْلُوا	قابَلُوا	**هِنِّ**

المضارع التام: كِنْت قَابِل / كِنَّا نْقَابِل / كِنت تْقابِل / كِنتي تْقَابْلِي / كِنتُوا تْقَابْلُوا / كان يْقَابِل / كانِت تْقَابِل / كانوا يْقابْلُوا

الأمر:

- إِنْتِه: قَابِل
- إِنْتِي: قَابْلِي
- إِنْتوا: قَابْلُوا

الضمير	اسم الفاعل	اسم المفعول
أنا / إِنْتِه / هُوِّ	مْقابِل	مْقابَل
أنا/ إِنْتِي / هِيِّ	مْقَابْلِة	مْقابَلِة
إِنْتُوا / نِحْنَا / هِنِّ	مْقابْلِين	مْقَابَلين

المصدر: مُقَابَلِة

وَافَقَ   وَافق / يْوافِق (علی)   To agree

الضمير	الماضي	المضارع	المضارع		المستقبل
			الاعتيادي	المستمر	
أنا	وَافقِت	وَافِق	بْوَافِق	عَمْ وَافِق	رَح/ح وَافِق
نِحْنَا	وَافَقْنَا	نْوافِق	بِنْوافِق	عَمِ نْوافِق	رَح/حَ نْوافِق
إِنْتِه	وَافَقِت	تْوافِق	بِتْوافِق	عَمِ تْوافِق	رَح/حَ تْوافِق
إِنْتِي	وافَقْتِي	تْوافْقِي	بِتْوافْقِي	عَمِ تْوافْقِي	رَح/حِ تْوافْقِي
إِنْتُوا	وافَقْتُوا	تْوافْقُوا	بِتْوافْقُوا	عَمِ تْوافْقُوا	رَح/حَ تْوافْقُوا
هُوِّ	وَافَق	يْوافِق	بيْوافِق	عَمِ يْوافِق	رَح/حِ يْوافِق
هِيِّ	وَافَقِت	تْوافِق	بِتْوافِق	عَمِ تْوافِق	رَح/حِ تْوافِق
هِنِّ	وافَقُوا	يْوافْقُوا	بيْوافْقُوا	عَمِ يْوافْقُوا	رَح/حِ يْوافْقُوا

المضارع التام: كِنْت وَافِقْ/ كنَّا نْوافِق / كِنت تْوافِق / كِنتي تْوافْقِي / كِنتُوا تْوافْقُوا / كان يْوافِق / كانِت توافِق / كانوا يْوافْقُوا

الأمر:

- إِنْتِه: وَافِق
- إِنْتِي: وَافْقِي
- إِنْتُوا: وَافْقُوا

الضمير	اسم الفاعل	اسم المفعول
أنا / إِنْتِه / هُوِّ	مْوافِق	مْوافَق
أنا/ إِنْتِي / هِيِّ	مْوافْقَة	مْوَافْقَة
إِنْتُوا / نِحْنَا / هِنِّ	مْوافْقِين	مْوافْقِين

المصدر: مُوافَقَة

نَاقَشَ　　نَاقَش / يْنَاقِش　　To discuss

الضمير	الماضي	المضارع	المضارع		المستقبل
			الاعتيادي	المستمر	
أنا	نَاقَشْت	نَاقِش	بْنَاقِش	عَمْ نَاقِش	رَحْ/حَ نَاقِش
نِحْنَا	نَاقَشْنَا	نَاقِش	بِنَاقِش	عَمِ نَاقِش	رَحِ/حَ نَاقِش
إِنْتِه	نَاقَشْت	تْنَاقِش	بِتْنَاقِش	عَمِ تْنَاقِش	رَحِ/حَ تْنَاقِش
إِنْتِي	نَاقَشْتِي	تْنَاقْشِي	بِتْنَاقْشِي	عَمِ تْنَاقْشِي	رَحِ/حَ تْنَاقْشِي
إِنْتُوا	نَاقَشْتُوا	تناقْشُوا	بِتناقْشُوا	عَمِ تناقْشُوا	رَحِ/حَ تناقْشُوا
هُوِّ	نَاقَش	يناقِش	بِينَاقِش	عَمِ يْنَاقِش	رَحِ/حَ يْنَاقِش
هِيِّ	نَاقَشِت	تناقِش	بِتناقِش	عَمِ تناقِش	رَحِ/حَ تناقِش
هِنِّ	نَاقَشُوا	ينَاقْشُوا	بِينَاقْشُوا	عَمِ ينَاقْشُوا	رَحِ/حَ ينَاقْشُوا

المضارع التام: كِنْت نَاقِش/ كنَّا نَّاقِش / كِنت تْنَاقِش / كِنتي تْنَاقْشِي / كِنتُوا تناقْشُوا / كان يْناقش / كانِت تْناقِش / كانوا يْنَاقْشُوا

الأمر:

- إِنْتِه: نَاقِش
- إِنْتِي: نَاقْشِي
- إِنْتوا: نَاقْشُوا

الضمير	اسم الفاعل	اسم المفعول
أنا / إِنْتِه / هُوِّ	مْنَاقِش	مْنَاقَش
أنا/ إِنْتِي / هِيِّ	مْنَاقْشِة	مْنَاقَشِة
إِنْتُوا / نِحْنَا / هِنِّ	مْنَاقْشِين	مْنَاقشِين

المصدر: مُنَاقَشِة

أَفْعَل	Form 4

Table (A)

أَلْغى — أَلْغى / يلْغِي — To cancel

الضمير	الماضي	المضارع	المضارع: الاعتيادي	المضارع: المستمر	المستقبل
أنا	أَلْغيت	إلْغي	بلْغي	عَمْ إلْغي	رَحْ/حَ إلْغي
نِحْنَا	أَلْغينا	نلْغي	بْنِلْغي	عَمْ نِلْغي	رَحْ/حَ نِلْغي
إنْتِه	أَلْغيت	تِلْغي	بْتِلْغي	عَمْ تِلْغي	رَحْ/حَ تِلْغي
إنْتِي	أَلْغيتي	تِلْغي	بْتِلْغي	عَمْ تِلْغي	رَحْ/حَ تِلْغي
إنْتُوا	أَلْغيتُوا	تِلْغُوا	بْتِلْغُوا	عَمْ تِلْغُوا	رَحْ/حَ تِلْغُوا
هُوِّ	أَلْغَى	يلْغي	بْيلْغي	عَمْ يلْغي	رَحْ/حَ يلْغي
هِيِّ	أَلْغت	تِلْغي	بْتِلْغي	عَمْ تِلْغي	رَحْ/حَ تِلْغي
هِنِّ	أَلْغُوا	يلْغُوا	بْيلْغُوا	عَمْ يلْغُوا	رَحْ/حَ يلْغُوا

المضارع التام: كِنْت إلْغي/ كنَّا نِلْغِي / كِنت تِلْغِي / كِنتي تِلْغِي / كِنتُوا تِلْغي / كان يلْغي / كانِت تِلْغِي / كانوا يلْغُوا

الأمر:

- إنْتِه: إلْغي
- إنْتِي: إلْغي
- إنْتُوا: إلْغُوا

الضمير	اسم الفاعل	اسم المفعول
أنا / إنْتِه / هُوِّ	مِلْغِي	مُلْغَى
أنا/ إنْتِي / هِيِّ	مِلْغِيِّة	
إنْتُوا / نِحْنَا / هِنِّ	مِلْغيِّين	

المصدر: إلْغَاء

أَنْهَى   أَنـهَى / يُنْهي   To finish

الضمير	الماضي	المضارع	المضارع		المستقبل
			الاعتيادي	المستمر	
أنا	أَنْهيت	إِنْهي	بِنْهي	عَمْ إِنْهي	رَحْ/حَ إِنْهي
نِحْنَا	أَنْهينا	نِنْهي	بِنِنْهي	عَمْ نِنْهي	رَحْ/حَ نِنْهي
إِنْتِه	أَنْهيت	تِنْهي	بِتِنْهي	عَمْ تِنْهي	رَحْ/حَ تِنْهي
إِنْتِي	أَنْهيتي	تِنْهي	بِتِنْهي	عَمْ تِنْهي	رَحْ/حَ تِنْهي
إِنْتُوا	أَنْهيتُوا	تِنْهُوا	بِتِنْهُوا	عَمْ تِنْهُوا	رَحْ/حَ تِنْهُوا
هُوِّ	أَنْهَى	يِنْهي	بِينْهِي	عَمْ يِنْهي	رَحْ/حَ يِنْهي
هِيِّ	أَنْهتْ	تِنْهي	بِتِنْهي	عَمْ تِنْهي	رَحْ/حَ تِنْهي
هِنِّ	أَنْهُوا	يِنْهُوا	بِينْهُوا	عَمْ يِنْهُوا	رَحْ/حَ يِنْهُوا

المضارع التام: Not used

الأمر:

- إِنْتِه: إِنْهي
- إِنْتِي: إِنْهي
- إِنْتُوا: إِنْهُوا

الضمير	اسم الفاعل	اسم المفعول
أنا / إِنْتِه / هُوِّ	مِنْهي	Not used
أنا/ إِنْتِي / هِيِّ	مِنْهِيِّة	
إِنْتُوا / نِحْنَا / هِنِّ	مِنهيِّين	

المصدر: إِنْهَاء

Table (B)

To announce　　　أَعْلَنَ / يِعْلِن　　　أَعْلَنَ

المستقبل	المضارع		المضارع	الماضي	الضمير
	المستمر	الاعتيادي			
رَح/حَ إعْلِن	عَمْ إعْلِن	بعْلِن	إعْلِن	أَعْلَنِت	أنا
رَح/حَ نِعْلِن	عَمْ نِعْلِن	بِنعْلِن	نِعْلِن	أَعْلَنَّا	نِحْنَا
رَح/حَ تعْلِن	عَمْ تِعْلِن	بتِعْلِن	تِعْلِن	أَعْلَنِت	إنْتِه
رَح/حَ تِعْلِني	عَمْ تِعْلِني	بتِعْلِني	تِعْلِني	أَعْلَنْتي	إنْتِي
رَح/حَ تِعْلِنُوا	عَمْ تِعْلِنُوا	بتِعْلِنُوا	تِعْلِنُوا	أَعْلَنْتُوا	إنْتُوا
رَح/حَ يعْلِن	عَمْ يعْلِن	بيعْلِن	يعْلِن	أَعْلَن	هُوِّ
رَح/حَ تعْلِن	عَمْ تِعْلِن	بتِعْلِن	تِعْلِن	أَعْلَنِت	هِيِّ
رَح/حَ يعْلِنُوا	عَمْ يعْلِنُوا	بيعْلِنُوا	يعْلِنُوا	أَعْلَنُوا	هِنّ

المضارع التام: كِنْت إعْلِن / كنَّا نِعْلِن / كِنت تِعْلِن / كِنتي تِعْلِني / كِنتُوا تِعْلِنُوا / كان يعْلِن / كانِت تِعْلِن / كانوا يعْلِنُوا

الأمر:

- إنْتِه: أَعْلِن
- إنْتِي: أَعْلِني
- إنْتُوا: أَعْلِنُوا

المصدر: إعْلَان

اسم المفعول	اسم الفاعل	الضمير
	مِعْلِن	أنا / إنْتِه / هُوِّ
مُعْلَن	مِعْلِنة	أنا/ إنْتِي / هِيِّ
	مِعْلِنين	إنْتُوا / نِحْنَا / هِنّ

156

أَشْرَفَ أَشْرَف / يشْرِف (عَلى) To supervise

المستقبل	المضارع		المضارع	الماضي	الضمير
	المستمر	الاعتيادي			
رَحْ/حَ إشْرِف	عَمْ إشْرِف	بشْرِف	إشْرِف	أَشْرَفِت	**أنا**
رَحْ/حَ نِشْرِف	عَمْ نِشْرِف	بنِشْرِف	نِشْرِف	أَشْرَفنا	**نِحْنَا**
رَحْ/حَ تِشْرِف	عَمْ تِشْرِف	بتِشْرِف	تِشْرِف	أَشْرَفِت	**إِنْتِه**
رَحْ/حَ تِشرِفي	عَمْ تِشرِفي	بتِشرِفي	تِشرِفي	أَشْرَفْتي	**إِنْتِي**
رَحْ/حَ تِشرِفُوا	عَمْ تِشرِفُوا	بتِشرِفُوا	تِشرِفُوا	أَشْرَفْتُوا	**إِنْتُوا**
رَحْ/حَ يشْرِف	عَمْ يشْرِف	بيشْرِف	يشْرِف	أَشْرَف	**هُوِّ**
رَحْ/حَ تِشْرِف	عَمْ تِشْرِف	بتِشْرِف	تِشْرِف	أَشْرَفِت	**هِيِّ**
رَحْ/حَ يشرِفُوا	عَمْ يشرِفُوا	بيشرِفُوا	يشرِفُوا	أَشْرَفُوا	**هِنِّ**

المضارع التام: كِنْت إشْرِف / كِنَّا نِشْرِف / كِنت تِشْرِف / كِنتي تِشرِفي / كِنتُوا تِشرِفُوا / كان يشْرِف / كانِت تِشْرِف / كانوا يشرِفُوا

الأمر:

- إِنْتِه: أَشْرِف
- إِنْتِي: أَشرِفي
- إِنْتُوا: أَشرِفُوا

الضمير	اسم الفاعل	اسم المفعول
أنا / إِنْتِه / هُوِّ	مُشْرِف	Not used
أنا/ إِنْتِي / هِيِّ	مْشرِفة	
إِنْتُوا / نِحْنَا / هِنِّ	مُشرِفين	

المصدر: إِشْراف

أَدْرَكَ — أدْرَك / يِدْرِك — To realise

الضمير	الماضي	المضارع	المضارع		المستقبل
			الاعتيادي	المستمر	
أنا	أَدْرَكِت	إِدْرِك	بِدْرِك	عَمْ إِدْرِك	رَحْ/حَ إِدْرِك
نِحْنَا	أَدْرَكنَا	نِدْرِك	بِنِدْرِك	عَمْ نِدْرِك	رَحْ/حَ نِدْرِك
إِنْتِه	أَدْرَكِت	تِدْرِك	بِتِدْرِك	عَمْ تِدْرِك	رَحْ/حَ تِدْرِك
إِنْتِي	أَدْرَكْتِي	تِدِرْكِي	بِتِدِرْكِي	عَمْ تِدِرْكِي	رَحْ/حَ تِدِرْكِي
إِنْتُوا	أَدْرَكْتُوا	تِدِرْكُوا	بِتِدِرْكُوا	عَمْ تِدِرْكُوا	رَحْ/حَ تِدِرْكُوا
هُوِّ	أَدْرَك	يِدْرِك	بِيِدْرِك	عَمْ يِدْرِك	رَحْ/حَ يِدْرِك
هِيِّ	أَدْرَكِت	تِدْرِك	بِتِدْرِك	عَمْ تِدْرِك	تِرَحْ/حَ تِدْرِك
هِنِّ	أَدْرَكُوا	يِدِرْكُوا	بِيِدِرْكُوا	عَمْ يِدِرْكُوا	رَحْ/حَ يِدِرْكُوا

المضارع التام: Not used

الأمر:

- إِنْتِه: أَدْرِك
- إِنْتِي: أَدِرْكِي
- إِنْتُوا: أَدِرْكُوا

الضمير	اسم الفاعل	اسم المفعول
أنا / إِنْتِه / هُوِّ	مِدْرِك	Not used
أنا/ إِنْتِي / هِيِّ	مِدِرْكَة	
إِنْتُوا / نِحْنَا / هِنِّ	مِدِرْكِين	

المصدر: إِدْرَاك

تفَعّلْ	Form 5

Table (A)

تَحَسَّن   تَحسَّن / يتحسَّن   **To improve**

الضمير	الماضي	المضارع	المضارع		المستقبل
			الاعتيادي	المستمر	
أنا	تْحَسَّنِت	اِتحسَّن	بتحسَّن	عَمْ اِتحسَّن	رحْ/حَ اِتحسَّن
نِحْنَا	تْحَسَّنا	نتحسَّن	بنِتْحسَّن	عَمْ نِتْحسَّن	رحْ/حَ نِتْحَسَّن
إنْتِه	تْحَسَّنِت	تتحسَّن	بتتحسَّن	عَمْ تتحسَّن	رحْ/حَ تِتْحسَّن
إنْتِي	تحسَّنتي	تِتْحسَّني	بتِتْحسَّني	عَمْ تِتْحسَّني	رحْ/حَ تِتْحسَّني
إنْتُوا	تحسَّنتوا	تِتْحسَّنوا	بتِتْحسَّنوا	عَمْ تتحسَّنوا	رحْ/حَ تِتْحسَّنوا
هُوِّ	تْحَسَّن	يتْحسَّن	بيتْحسَّن	عَمْ يتْحسَّن	رحْ/حَ يتْحسَّن
هِيِّ	تحسَّنِت	تِتْحسَّن	بتِتْحسَّن	عَمْ تِتْحسَّن	رحْ/حَ تِتْحسَّن
هِنِّ	تْحَسَّنوا	يتْحسَّنوا	بيتْحسَّنوا	عَمْ يتْحسَّنوا	رحْ/حَ يتْحسَّنوا

المضارع التام: كِنْت اِتحَسَّن / كنَّا نِتْحَسَّن / كِنت تِتْحَسَّن / كِنتي تِتْحَسَّني / كِنتُوا تِتْحَسَّنوا / كان يتْحَسَّن / كانِت تِتْحَسَّن / كانوا يتْحَسَّنوا

الضمير	اسم الفاعل	اسم المفعول
أنا / إنْتِه / هُوِّ	مِتْحَسِّن	Not used
أنا/ إنْتِي / هِيِّ	مِتْحَسّنِة	
إنْتُوا / نِحْنَا / هِنِّ	مِتْحَسّْنِين	

الأمر: Not used

المصدر: تَحَسُّن

To exercise / to practise تْدَرَّب / يِتْدَرَّب تَدَرَّب

الضمير	الماضي	المضارع	المضارع		المستقبل
			الاعتيادي	المستمر	
أنا	تْدَرَّبت	اِتْدَرَّب	بتْدَرَّب	عم اِتْدَرَّب	رح/حِ اِتْدَرَّب
نِحنَا	تْدَرَّبنا	نِتْدَرَّب	نِتْدَرَّب	عم نِتْدَرَّب	رح/حِ نِتْدَرَّب
إنْتِه	اِتْدَرَّبت	تِتْدَرَّب	بتِتْدَرَّب	عم تِتْدَرَّب	رح/حِ تِتْدَرَّب
إنْتِي	اِتْدَرَّبتي	تِتْدَرَّبي	بتِتْدَرَّبي	عم تِتْدَرَّبي	رح/حِ تِتْدَرَّبي
إنْتُوا	اِتْدَرَّبتوا	تِتْدَرَّبوا	بتِتْدَرَّبوا	عم تِتْدَرَّبوا	رح/حِ تِتْدَرَّبوا
هُوِّ	اِتْدَرَّب	يِتْدَرَّب	بيتدَرَّب	عم يِتْدَرَّب	رح/حِ يِتْدَرَّب
هِيِّ	اِتْدَرَّبت	تِتْدَرَّب	بتِتْدَرَّب	عم تِتْدَرَّب	رح/حِ تِتْدَرَّب
هِنِّ	اِتْدَرَّبوا	يِتْدَرَّبوا	بيتْدَرَّبوا	عم يِتْدَرَّبوا	رح/حِ يِتْدَرَّبوا

المضارع التام: كِنْت اِتْدَرَّب / كنَّا نِتْدَرَّب / كِنت تِتْدَرَّب / كِنتي تِتْدَرَّبي / كِنتُوا تِتْدَرَّبوا / كان يِتْدَرَّب / كانِت تِتْدَرَّب / كانوا يِتْدَرَّبوا

الأمر: Not used

المصدر: تَدْرِيب

الضمير	اسم الفاعل	اسم المفعول
أنا / إنْتِه / هُوِّ	مِتْدَرِّب	Not used
أنا/ إنْتِي / هِيِّ	مِتْدَربِة	
إنْتُوا / نِحنَا / هِنِّ	مِتْدَرْبين	

To shower   تْحَمَّم / يِتْحَمَّم   إِسْتَحَمَّ

المستقبل	المضارع		المضارع	الماضي	الضمير
	المستمر	الاعتيادي			
رح/حِ اِتحَمَّم	عم اِتحَمَّم	بتحَمَّم	اِتحَمَّم	تْحمَّمت	أنا
رح/حِ نتحَمَّم	عم نتحَمَّم	منتحمَّم	نتحمَّم	تحَمَّمنا	نِحْنَا
رح/حِ تتحَمَّم	عم تتْحَمَّم	بتْحَمَّم	تتْحَمَّم	تحَمَّمت	إِنْته
رح/حِ تتحمَّمي	عم تتحمَّمي	بتتحمَّمي	تتحمَّمي	تحَمَّمتي	إنتِي
رح/حِ تتحممُوا	عم تتحممُوا	بتتحممُوا	تتحممُوا	تحَمَّمتُوا	إنتُوا
رح/حِ يِتْحَمَّم	عم يِتْحَمَّم	بيتْحَمَّم	يِتْحَمَّم	تحَمَّم	هُوِّ
رح/حِ تِتْحَمَّم	عم تتْحَمَّم	بتتْحَمَّم	تتحَمَّم	تحَمَّمت	هِيِّ
رح/حِ يتْحَمَّمُوا	عم يتْحَمَّمُوا	بيتْحَمَّمُوا	يتحَمَّموا	تحمَّموا	هِنّ

المضارع التام: كِنْت إِتْحَمَّم/ كنّا نتْحَمَّم / كِنت إِتْحَمَّم / كِنتي تتحمَّمي / كِنتُوا

تتحممُوا / كان يتْحَمَّم / كانِت تِتْحَمَّم / كانوا يتْحَمَّمُوا

اسم المفعول	اسم الفاعل	الضمير
	مِتْحَمِّم	**أنا / إِنْتِه / هُوِّ**
Not used	متحمِّمِة	**أنا/ إِنتِي / هِيِّ**
	مِتْحَمِّمِين	**إِنْتُوا / نِحْنَا / هِنّ**

الأمر: Not used

المصدر: Not used

161

تَزَوَّجَ تَزَوَّج / يتزَوَّج To marry

الضمير	الماضي	المضارع	المضارع		المستقبل
			الاعتيادي	المستمر	
أنا	تْزَوَّجِت	اِتزوَّج	بتْزوَّج	عمْ اِتزوَّج	رح/حَ اِتزوَّج
نِحْنَا	تْزوَّجنا	نِتْزَوَّج	بنِتْزَوَّج	عمْ نِتْزَوَّج	رح/حَ نِتْزَوَّج
إِنْتِه	تْزَوَّجت	تِتْزَوَّج	بتِتْزَوَّج	عمْ تِتْزَوَّج	رح/حَ تِتْزَوَّج
إِنْتِي	تْزَوَّجتي	تِتْزَوَّجي	بتِتْزَوَّجي	عمْ تِتْزَوَّجي	رح/حَ تِتْزَوَّجي
إِنْتُوا	تْزَوَّجتوا	تِتْزَوَّجوا	بتِتْزَوَّجوا	عمْ تِتْزَوَّجوا	رح/حَ تِتْزَوَّجوا
هُوِّ	تْزَوَّج	يِتْزَوَّج	بيتْزَوَّج	عمْ يِتْزَوَّج	رح/حَ يِتْزَوَّج
هِيِّ	تْزوَّجت	تِتْزَوَّج	بتِتْزَوَّج	عمْ تِتْزَوَّج	رح/حَ تِتْزَوَّج
هِنِّ	تْزَوَّجوا	يِتْزَوَّجوا	بيِتْزَوَّجوا	عمْ يِتْزَوَّجوا	رح/حَ يِتْزَوَّجوا

المضارع التام: Not used

الأمر:

- إِنْتِه: تْزَوَّج
- إِنْتِي: تْزَوَّجي
- إِنْتُوا: تْزَوَّجوا

الضمير	اسم الفاعل	اسم المفعول
أنا / إِنْتِه / هُوِّ	Not used	Not used
أنا/ إِنْتِي / هِيِّ		
إِنْتُوا / نِحْنَا / هِنِّ		

المصدر: Not used

تَأَكَّدَ تْأكّد / يتأكد **To confirm**

المستقبل	المضارع		المضارع	الماضي	الضمير
	المستمر	الاعتيادي			
رحْ/حِ اِتأكّد	عمْ اِتأكّد	بتأكّد	اِتأكّد	تْأكّدت	**أنا**
رحْ/حِ نِتْأكّد	عمْ نِتأكّد	بنِتْأكّد	نِتْأكّد	تْأكّدنا	**نِحْنَا**
رحْ/حِ تتأكّد	عمْ تِتْأكّد	بتِتْأكّد	تِتْأكّد	تْأكّدت	**إنْتِه**
رحْ/حِ تِتْأكّدي	عمْ تِتأكّدي	بتِتأكّدي	تِتْأكّدي	تْأكّدتي	**إنْتِي**
رحْ/حِ تِتْأكّدوا	عمْ تِتأكّدوا	بتِتْأكّدوا	تِتْأكّدوا	تْأكّدتوا	**إنْتُوا**
رحْ/حِ يتأكّد	عمْ يتْأكّد	بيتْأكّد	يتْأكّد	تْأكّد	**هُوِّ**
رحْ/حِ تتأكّد	عمْ تِتأكّد	بتِتْأكّد	تِتْأكّد	تْأكّدِت	**هِيِّ**
رحْ/حِ يتأكّدوا	عمْ يتأكّدوا	بيتْأكّدوا	يتأكّدوا	تْأكّدوا	**هِنِّ**

المضارع التام: كِنْت اِتأكّد/ كنّا نِتْأكّد / كِنت تِتْأكّد / كِنتي تِتْأكّدي / كِنتُوا تِتْأكّدوا / كان يتْأكّد / كانِت تِتْأكّد / كانوا يتْأكّدوا

اسم المفعول	اسم الفاعل	الضمير
Not used	مِتْأكّدّ	**أنا / إنْتِه / هُوِّ**
	مِتْأكْدِة	**أنا/ إنْتِي / هِيِّ**
	مِتْأكْدين	**إنْتُوا / نِحْنَا / هِنِّ**

الأمر: Not used

المصدر: تَأكيد

تَجَنَّب | تْجَنَّب / يتجنَّب | **To avoid**

المستقبل	المضارع		المضارع	الماضي	الضمير
	المستمر	الاعتيادي			
رحْ/حَ اتْجَنَّب	عمْ اتْجَنَّب	بِتْجَنَّبْ	اتْجَنَّب	تْجَنَّبت	**أنا**
رحْ/حَ نِتْجنَّب	عمْ نِتْجنَّب	بِنِتْجنَّب	نِتْجنَّب	تْجَنَّبنا	**نِحْنَا**
رحْ/حَ تِتْجنَّب	عمْ تِتْجنَّب	بِتِتْجنَّب	تِتْجنَّب	تْجَنَّبت	**إِنْتِه**
رحْ/حَ تِتْجَنَّبي	عمْ تِتْجَنَّبي	بِتِتْجَنَّبي	تِتْجَنَّبي	تْجَنَّبتي	**إِنْتِي**
رحْ/حَ تِتْجَنَّبوا	عمْ تِتْجَنَّبوا	بِتِتْجَنَّبوا	تِتْجَنَّبوا	تْجَنَّبتوا	**إِنْتُوا**
رحْ/حَ يِتْجَنَّب	عمْ يِتْجَنَّب	بيتْجَنَّب	يِتْجَنَّب	تْجَنَّب	**هُوِّ**
رحْ/حَ تِتْجَنَّب	عمْ تِتْجَنَّب	بِتِتْجَنَّب	تِتْجَنَّب	تْجَنَّبت	**هِيِّ**
رحْ/حَ يِتْجَنَّبُوا	عمْ يِتْجَنَّبُوا	بيتْجَنَّبُوا	يِتْجَنَّبُوا	تْجَنَّبوا	**هِنِّ**

المضارع التام: كِنْت اِتْجَنَّب/ كنَّا نِتْجَنَّب / كِنت تِتْجَنَّب / كِنتي تِتْجَنَّبي / كِنتُوا تِتْجَنَّبوا / كان يتجنَّب / كانِت تِتْجَنَّب / كانوا يِتْجَنَّبُوا

الأمر: Not used

الضمير	اسم الفاعل	اسم المفعول
أنا / إِنْتِه / هُوِّ	مِتْجَنِّب	Not used
أنا/ إِنْتِي / هِيِّ	مِتْجَنِّبة	
إِنْتُوا / نِحْنَا / هِنِّ	مِتْجَنِّبين	

المصدر: تَجَنُّب

تَحَمَّسَ　　تْحَمَّس / يتحمس　　**To be excited**

الضمير	الماضي	المضارع	المضارع		المستقبل
			الاعتيادي	المستمر	
أنا	تْحَمَّسِت	اِتْحَمَّس	بتْحَمَّس	عمْ اِتْحَمَّس	رحْ/حَ اِتْحَمَّس
نِحْنَا	تْحَمَّسْنا	نِتْحَمَّس	بِنِتْحَمَّس	عمْ نِتْحَمَّس	رحْ/حَ نِتْحَمَّس
إِنْتِه	تْحَمَّسِت	تِتْحَمَّس	بِتِتْحَمَّس	عمْ تِتْحَمَّس	رحْ/حَ تِتْحَمَّس
إِنْتِي	تحَمَّسْتي	تِتْحَمَّسِي	بِتِتْحَمَّسِي	عمْ تِتْحَمَّسِي	رحْ/حَ تِتْحَمَّسِي
إِنْتُوا	تْحَمَّسْتوا	تِتْحَمَّسوا	بِتِتْحَمَّسوا	عمْ تِتْحَمَّسوا	رحْ/حَ تِتْحَمَّسوا
هُوِّ	تْحَمَّس	يِتْحَمَّس	بِيِتْحَمَّس	عمْ يِتْحَمَّس	رحْ/حَ يِّتحَمَّس
هِيِّ	تْحَمَّسِت	تِتْحَمَّس	بِتِتْحَمَّس	عمْ تِتْحَمَّس	رحْ/حَ تِتْحَمَّس
هِنِّ	تْحَمَّسُوا	يِتْحَمَّسوا	بِيِتْحَمَّسوا	عمْ يِتْحَمَّسوا	رحْ/حَ يِتَّحَمَّسوا

المضارع التام: كِنْت اِتْحَمَّس/ كنَّا نِتْحَمَّس / كِنت تِتْحَمَّسْ / كِنتي تِتْحَمَّسِي / كِنتُوا تِتْحَمَّسوا / كان يِتْحَمَّس / كانِت تَتْحَمَّسْ / كانوا يِتْحَمَّسوا

الضمير	اسم الفاعل	اسم المفعول
أنا / إِنْتِه / هُوِّ	مِتْحَمَّس	Not used
أنا/ إِنْتِي / هِيِّ	مِتْحَمْسِة	
إِنْتُوا / نِحْنَا / هِنِّ	مِتْحَمْسِين	

الأمر: Not used

المصدر: Not used

Table (B)

To walk　　　　تمَشّى/ يتمَشّى　　　　تَجوَّلَ

المستقبل	المضارع		المضارع	الماضي	الضمير
	المستمر	الاعتيادي			
رَحْ/ح اِتمَشّى	عَمْ اِتمَشّى	بتمَشّى	اِتمَشّى	تمَشّيت	أنا
رَحْ/ح نِتمَشّى	عَمْ نِتمَشّى	بِنتمَشّى	نِتمَشّى	تمَشّينا	نِحنَا
رَحْ/حَ تِتمَشّى	عَمْ تِتمَشّى	بتِتمَشّى	تِتمَشّى	تمَشّيت	إنْتِه
رَحْ/حَ تِتمَشّي	عَمْ تِتمَشّي	بتِتمَشّي	تِتمَشّي	تمَشّيتي	إنْتِي
رَحْ/حَ تِتمَشّوا	عَمْ تِتمَشّوا	بتِتمَشّوا	تِتمَشّوا	تمَشّيتوا	إنْتُوا
رَحْ/حَ يِتمَشّى	عَمْ يِتمَشّى	بيتمَشّى	يِتمَشّى	تمَشّى	هُوِّ
رَحْ/حَ تِتمَشّى	عَمْ تِتمَشّى	بتِتمَشّى	تِتمَشّى	تمَشّت	هِيِّ
رَحْ/حَ يِتمَشّوا	عَمْ يِتمَشّوا	بيتمَشّوا	يِتمَشّوا	تمَشّوا	هِنِّ

المضارع التام: كِنت اِتمَشّى/ كنّا نِتمَشّى / كِنت تِتمَشّى / كِنتي تِتمَشّي / كِنتُوا تِتمَشّوا / كان يِتمَشّى / كانِت تِتمَشّى / كانوا يِتمَشّوا

الأمر:

- إنْتِه: اِتمَشّى
- إنْتِي: اِتمَشّي
- إنْتُوا: اِتمَشّوا

اسم المفعول	اسم الفاعل	الضمير
Not used	مِتمَشّي	أنا / إنْتِه / هُوِّ
	مِتمَشْية	أنا/ إنْتِي / هِيِّ
	مِتمَشّين	إنْتُوا / نِحنَا / هِنِّ

المصدر: تِمشَاية

تَمَنَّى   تْمَنَّى / يتْمَنى   To wish

المستقبل	المضارع		المضارع	الماضي	الضمير
	المستمر	الاعتيادي			
رَحْ/حَ اِتْمَنَّى	عَمْ اِتْمَنَّى	بتْمَنَّى	اِتْمَنَّى	تْمَنِّيت	**أنا**
رَحْ/حَ نِتْمَنَّى	عَمْ نِتْمَنَّى	بنِتْمَنَّى	نِتْمَنَّى	تْمَنِّينَا	**نِحْنَا**
رَحْ/حَ تِتْمَنَّى	عَمْ تِتْمَنَّى	بتِتْمَنَّى	تِتْمَنَّى	تْمَنِّيت	**إِنْتِه**
رَحْ/حَ تِتْمَنِّي	عَمْ تِتْمَنِّي	بتِتْمَنِّي	تِتْمَنِّي	تْمَنِّيتي	**إِنْتِي**
رَحْ/حَ تِتْمَنُّوا	عَمْ تِتْمَنُّوا	بتِتْمَنُّوا	تِتْمَنُّوا	تْمَنِّيتُوا	**إِنْتُوا**
رَحْ/حَ يِتْمَنَّى	عَمْ يِتْمَنَّى	بيِتْمَنَّى	يِتْمَنَّى	تْمَنَّى	**هُوِّ**
رَحْ/حَ تِتْمَنَّى	عَمْ تِتْمَنَّى	بتِتْمَنَّى	تِتْمَنَّى	تْمَنِّت	**هِيِّ**
رَحْ/حَ يِتْمَنُّوا	عَمْ يِتْمَنُّوا	بيِتْمَنُّوا	يِتْمَنُّوا	تْمَنُّوا	**هِنِّ**

المضارع التام: كِنْت اِتْمَنَّى/ كنَّا نِتْمَنَّى / كِنت تِتْمَنَّى / كِنتي تِتْمَنِّي / كِنتُوا تِتْمَنُّوا / كان يِتْمَنَّى / كانِت تِتْمَنَّى / كانوا يِتْمَنُّوا

الأمر:

- إِنْتِه: اِتْمَنَّى
- إِنْتِي: اِتْمَنِّى
- إِنْتُوا: اِتْمَنُّوا

الضمير	اسم الفاعل	اسم المفعول
أنا / إِنْتِه / هُوِّ	مِتْمَنِّي	Not used
أنا/ إِنْتِي / هِيِّ	مِتْمَنْيِة	
إِنْتُوا / نِحْنَا / هِنِّ	مِتْمَنْين	

المصدر: تَمَنِّي

اِسْتَمْتَع		تْسَلَّى / يتْسَلَّى		**To have fun**

الضمير	الماضي	المضارع	المضارع الاعتيادي	المضارع المستمر	المستقبل
أنا	تْسَلِّيت	اِتْسَلَّى	بتْسَلَّى	عَمْ اِتْسَلَّى	رَحْ/حَ اِتْسَلَّى
نِحْنَا	تْسَلِّينا	نِتْسَلَّى	بِنِتْسَلَّى	عَمْ نِتْسَلَّى	رَحْ/حَ نِتْسَلَّى
إنْتِه	تْسَلِّيت	تِتْسَلَّى	بِتِتْسَلَّى	عَمْ تِتْسَلَّى	رَحْ/حَ تِتْسَلَّى
إنْتِي	تْسَلِّيتي	تِتْسَلِّي	بِتِتْسَلِّي	عَمْ تِتْسَلِّي	رَحْ/حَ تِتْسَلِّي
إنْتُوا	تْسَلِّيتُوا	تِتْسَلُّوا	بِتِتْسَلُّوا	عَمْ تِتْسَلُّوا	رَحْ/حَ تِتْسَلُّوا
هُوِّ	تْسَلَّى	يِتْسَلَّى	بِيتْسَلَّى	عَمْ يِتْسَلَّى	رَحْ/حَ يِتْسَلَّى
هِيِّ	تْسَلِّت	تِتْسَلَّى	بِتِتْسَلَّى	عَمْ تِتْسَلَّى	رَحْ/حَ تِتْسَلَّى
هِنِّ	تْسَلُّوا	يِتْسَلُّوا	بِيتْسَلُّوا	عَمْ يِتْسَلُّوا	رَحْ/حَ يِتْسَلُّوا

المضارع التام: كِنْت اِتْسَلَّى/ كنَّا نِتْسَلَّى / كِنت تِتْسَلَّى / كِنتي تِتْسَلِّي / كِنتُوا تِتْسَلُّوا / كان يِتْسَلَّى / كانِت تِتْسَلَّى / كانوا يِتْسَلُّوا

الأمر:

- إنْتِه: اِتْسَلَّى
- إنْتِي: اِتْسَلِّي
- إنْتُوا: اِتْسَلُّوا

الضمير	اسم الفاعل	اسم المفعول
أنا / إنْتِه / هُوِّ	مِتْسَلِّي	Not used
أنا/ إنْتِي / هِيِّ	مِتْسَلِّيِة	
إنْتُوا / نِحْنَا / هِنِّ	مِتْسَلِّين	

المصدر: تِسْلاية

تْغدْى **تْغدْى / يتْغدَّى** **To have lunch**

المستقبل	المضارع		المضارع	الماضي	الضمير
	المستمر	الاعتيادي			
رَحْ/ح اِتْغدَّى	عمْ اِتْغدَّى	بتْغدَّى	اِتْغدَّى	تْغدِّيت	**أنا**
رَحْ/ح نِتْغدَّى	عمْ نِتْغدَّى	بِنْتْغدَّى	نِتْغدَّى	تْغدِّينا	**نِحْنَا**
رَحْ/ح تِتْغدَّى	عمْ تِتْغدَّى	بِتْتْغدَّى	تِتْغدَّى	تْغدِّيت	**إنْتِه**
رَحْ/ح تِتْغدِّي	عمْ تِتْغدِّي	بِتْتْغدِّي	تِتْغدِّي	تْغدِّيتي	**إنْتِي**
رَحْ/ح تِتْغدُّوا	عمْ تِتْغدُّوا	بِتْتْغدُّوا	تِتْغدُّوا	تْغدِّيتُوا	**إنْتُوا**
رَحْ/ح يِتْغدَّى	عمْ يِتْغدَّى	بِيْتْغدَّى	يِتْغدَّى	تْغدَّى	**هُوِّ**
رَحْ/ح تِتْغدَّى	عمْ تِتْغدَّى	بِتْتْغدَّى	تِتْغدَّى	تْغدَّت	**هِيِّ**
رَحْ/ح يِتْغدُّوا	عمْ يِتْغدُّوا	بِيْتْغدُّوا	يِتْغدُّوا	تْغدُّوا	**هِنِّ**

المضارع التام: كِنْت اِتْغدَّى/ كنّا نِتْغدَّى / كِنت تِتْغدَّى / كِنتي تِتْغدِّي / كِنتُوا تِتْغدُّوا / كان يِتْغدَّى / كانِت تِتْغدَّى / كانوا يِتْغدُّوا

الأمر:

- إنْتِه: اِتْغدَّى
- إنْتِي: اِتْغدِّي
- إنْتُوا: اِتْغدُّوا

الضمير	اسم الفاعل	اسم المفعول
أنا / إنْتِه / هُوِّ	مِتْغدِّي	Not used
أنا/ إنْتِي / هِيِّ	مِتْغدْية	
إنْتُوا / نِحْنَا / هِنِّ	مِتْغدْين	

المصدر: غدَا

تفَاعَلْ	Form 6

Table (A)

تَقَابَل **تْقَابَل / يِتْقَابَل (مَع)** **To meet**

الضمير	الماضي	المضارع	المضارع		المستقبل
			الاعتيادي	المستمر	
أنا	تْقَابَلِت	اِتْقَابَل	بتْقَابَل	عَمْ اِتْقَابَل	رَحْ/ح اِتْقَابَل
نحْنَا	تْقَابَلْنا	نِتْقَابَل	بنِتْقَابَل	عَمْ نِتْقَابَل	رَحْ/ح نِتْقَابَل
إنْتِه	تْقَابَلِت	تِتْقَابَل	بتِتْقَابَل	عَمْ تِتْقَابَل	رَحْ/ح تِتْقَابَل
إنْتي	تْقَابَلْتي	تِتْقَابَلي	بتِتْقَابَلي	عَمْ تِتْقَابَلي	رَحْ/ح تِتْقَابَلي
إنْتوا	تْقَابَلْتوا	تِتْقَابَلُوا	بتِتْقَابَلُوا	عَمْ تِتْقَابَلُوا	رَحْ/ح تِتْقَابَلُوا
هُوِّ	تْقَابَل	يِتْقَابَل	بيِتْقَابَل	عَمْ يِتْقَابَل	رَحْ/ح يِتْقَابَل
هِيِّ	تْقَابَلِت	تِتْقَابَل	بتِتْقَابَل	تِتْقَابَلْ	رَحْ/ح تِتْقَابَل
هِنِّ	تْقَابَلُوا	يِتْقَابَلُوا	بيِتْقَابَلُوا	يِتْقَابَلُوا	رَحْ/ح يِتْقَابَلُوا

المضارع التام: كِنْت اِتْقَابَل/ كنَّا نِتْقَابَل / كِنت تِتْقَابَل / كِنتي تِتْقَابَلي / كِنتُوا تِتْقَابَلُوا / كان يتقابل / كانِت تِتْقَابَلْ / كانوا يِتْقَابَلُوا

الأمر:

- إنْتِه: اِتْقَابَل
- إنْتي: اِتْقَابَلي
- إنْتوا: اِتْقَابَلُوا

الضمير	اسم الفاعل	اسم المفعول
أنا / إنْتِه / هُوِّ	مِتْقَابِل	Not used
أنا/ إنْتي / هِيِّ	مِتْقَابْلِة	
إنْتوا / نحْنَا / هِنِّ	مِتْقَابْلِين	

المصدر: تَقَابُل

تَعامَل تْعامَل / يتْعَامَل (مَع) **To deal with**

الضمير	الماضي	المضارع	المضارع		المستقبل
			الاعتيادي	المستمر	
أنا	تْعامَلت	اِتْعامَل	بتْعامَل	عَمْ إتْعامَل	رَحْ/حَ إتْعامَل
نِحْنَا	تْعامَلْنَا	نِتْعامَل	بنِتْعامَل	عَمْ نِتْعَامَل	رَحْ/حَ نِتْعامَل
إنْتِه	تْعامَلت	تِتْعَامَل	بتِتْعَامَل	عَمْ تِتْعَامَل	رَحْ/حَ تِتْعامَل
إنْتِي	تْعامَلْتي	تِتْعامَلي	بتِتْعامَلي	عَمْ تِتْعَامَلي	رَحْ/حَ تِتْعامَلي
إنْتُوا	تْعامَلْتُوا	تِتْعامَلُوا	بتِتْعَامَلُوا	عَمْ تِتْعامَلُوا	رَحْ/حَ تِتْعامَلُوا
هُوِّ	تْعامَل	يتْعامَل	بيتْعامَل	عَمْ يتْعَامَل	رَحْ/حَ يتْعامَل
هِيِّ	تْعامَلت	تِتْعامَل	بتِتْعَامَل	عَمْ تِتْعَامَل	رَحْ/حَ تِتْعامَل
هِنِّ	تْعامَلُوا	يتْعامَلُوا	بيتْعَامَلُوا	عَمْ يتْعامَلُوا	رَحْ/حَ يتْعَامَلُوا

المضارع التام: كِنْت اِتْعامَل / كِنَّا نِتْعَامَل / كِنت تِتْعَامَل / كِنتي تِتْعامَلي / كِنتُوا تِتْعامَلُوا / كان يتْعَامَل / كانِت تِتْعَامَل / كانوا يتْعامَلُوا

الأمر:

- إنْتِه: اِتْعامَل
- إنْتِي: اِتْعامَلي
- إنْتُوا: اِتْعامَلُوا

الضمير	اسم الفاعل	اسم المفعول
أنا / إنْتِه / هُوِّ	مِتْعامِل	Not used
أنا/ إنْتِي / هِيِّ	مِتْعَامْلِة	
إنْتُوا / نِحْنَا / هِنِّ	مِتْعامْلِين	

المصدر: تَعامُل

تَقَاتَل		تْقَاتَل/ يتْقَاتَل		To fight

الضمير	الماضي	المضارع	المضارع		المستقبل
			الاعتيادي	المستمر	
أنا	تْقَاتَلِت	اِتْقَاتَل	بتْقَاتَل	عَمْ إتْقَاتَل	رَحْ/حَ إتْقَاتَل
نِحْنَا	تْقَاتَلْنَا	نِتْقَاتَل	بِنِتْقَاتَل	عَمْ نِتْقَاتَل	رَحْ/حَ نِتْقَاتَل
إنْتِه	تْقَاتَلِت	تِتْقَاتَل	بتِتْقَاتَل	عَمْ تِتْقَاتَل	رَحْ/حَ تِتْقَاتَل
إنْتِي	تْقَاتَلْتي	تِتْقَاتَلِي	بتِتْقَاتَلِي	عَمْ تِتْقَاتَلِي	رَحْ/حَ تِتْقَاتَلِي
إنْتُوا	تْقَاتَلْوا	تِتْقَاتَلُوا	بتِتْقَاتَلُوا	عَمْ تِتْقَاتَلُوا	رَحْ/حَ تِتْقَاتَلُوا
هُوِّ	تْقَاتَل	يْقَاتَل	بيْقَاتَل	عَمْ يْقَاتَلْ	رَحْ/حَ يْقَاتَلْ
هِيِّ	تْقَاتَلِت	تِتْقَاتَل	بتِتْقَاتَل	عَمْ تِتْقَاتَل	رَحْ/حَ تِتْقَاتَل
هِنِّ	تْقَاتَلُوا	يِتْقَاتَلُوا	بيِتْقَاتَلُوا	عَمْ يِتْقَاتَلُوا	رَحْ/حَ يِتْقَاتَلُوا

المضارع التام: كِنْت إتْقَاتَل/ كنَّا نِتْقَاتَل / كِنت تِتْقَاتَل / كِنتي تِتْقَاتَلِي / كِنتُوا تِتْقَاتَلُوا / كان تْقَاتَلْتوا / كانِت تِتْقَاتَل / كانوا يِتْقَاتَلُوا

الأمر:

- إنْتِه: اِتْقَاتَل
- إنْتِي: اِتْقَاتَلِي
- إنْتُوا: اِتْقَاتَلُوا

الضمير	اسم الفاعل	اسم المفعول
أنا / إنْتِه / هُوِّ	مِتْقَاتِل	Not used
أنا/ إنْتِي / هِيِّ	مِتْقَاتْلِة	
إنْتُوا / نِحْنَا / هِنِّ	مِتْقَاتْلِين	

المصدر: Not used

To ignore   تْجَاهَل / يِتْجَاهَل   تَجَاهَلَ

المستقبل	المضارع		المضارع	الماضي	الضمير
	المستمر	الاعتيادي			
رَح/ح اِتْجَاهَل	عَمْ اِتْجَاهَل	بتْجَاهَل	اِتْجَاهَل	تْجَاهَلِت	أنا
رَح/ح نِتْجَاهَل	عَمْ نِتْجَاهَل	بنِتْجَاهَل	نِتْجَاهَل	تْجَاهَلْنا	نِحْنَا
رَح/ح تِتْجَاهَل	عَمْ تِتْجَاهَل	بتِتْجَاهَل	تِتْجَاهَل	تجَاهَلِت	إنْته
رَح/ح تِتْجَاهَلي	عَمْ تِتْجَاهَلي	بتِتْجَاهَلي	تِتْجَاهَلي	تجَاهَلْتي	إنْتِي
رَح/ح تِتْجَاهَلُوا	عَمْ تِتْجَاهَلُوا	بتِتْجَاهَلُوا	تِتْجَاهَلُوا	تجَاهَلْتُوا	إنْتُوا
رَح/ح يِتْجَاهَل	عَمْ يِتْجَاهَل	بيِتْجَاهَل	يِتْجَاهَل	تْجَاهَل	هُوِّ
رَح/ح تِتْجَاهَل	عَمْتِتْجَاهَل	بتِتْجَاهَل	تِتْجَاهَل	تْجَاهَلِت	هِيِّ
رَح/ح يِتْجَاهَلُوا	عَمْ يِتْجَاهَلُوا	بيِتْجَاهَلُوا	يِتْجَاهَلُوا	تْجَاهَلُوا	هِنِّ

المضارع التام: كِنْت اِتْجَاهَل/ كنّا نِتْجَاهَل / كِنت تِتْجَاهَل / كِنتي تِتْجَاهَلي / كِنتُوا تِتْجَاهَلُوا / كان يتجاهل / كانِت تِتْجَاهَل / كانوا يتْجَاهَلُوا

اسم المفعول	اسم الفاعل	الضمير
	مِتْجاهِل	أنا / إنْته / هُوِّ
Not used	مِتْجَاهْلِة	أنا/ إنْتي / هِيِّ
	مِتْجَاهْلين	إنْتُوا / نِحْنَا / هِنِّ

الأمر:

‒ إنْته: اِتْجَاهَل

‒ إنْتي: اِتْجَاهَلي

‒ إنْتُوا: اِتْجَاهَلُوا

المصدر: تَجَاهُل

تَظَاهَر   تَظاهَر / يِتْظَاهَر   To pretend

الضمير	الماضي	المضارع	المضارع: الاعتيادي	المضارع: المستمر	المستقبل
أنا	تْظَاهَرِت	اِتْظَاهَر	بِتْظَاهَر	عَمْ اِتْظَاهَر	رَحْ/ح اِتْظَاهَر
نِحْنَا	تْظَاهَرْنا	نِتْظَاهَر	بِنِتْظَاهَر	عَمْ نِتْظَاهَر	رَحْ/ح نِتْظَاهَر
إِنْتِه	تْظَاهَرِت	تِتْظَاهَر	بِتِتْظَاهَر	عَمْ تِتْظَاهَر	رَحْ/ح تِتْظَاهَر
إِنْتِي	تْظَاهَرْتي	تِتْظَاهَري	بِتِتْظَاهَري	عَمْ تِتْظَاهَري	رَحْ/ح تِتْظَاهَري
إِنْتُوا	تْظَاهَرْتُوا	تِتْظَاهَرْوا	بِتِتْظَاهَرْوا	عَمْ تِتْظَاهَرْوا	رَحْ/ح تِتْظَاهَرْوا
هُوِّ	تْظَاهَر	يِتْظَاهَر	بيِتْظَاهَر	عَمْ يِتْظَاهَر	رَحْ/ح يِتْظَاهَر
هِيِّ	تْظَاهَرِت	تِتْظَاهَر	بِتِتْظَاهَر	عَمْ تِتْظَاهَر	رَحْ/ح تِتْظَاهَر
هِنِّ	تْظَاهَرُوا	يِتْظَاهَروا	بيِتْظَاهَروا	عَمْ يِتْظَاهَروا	رَحْ/ح يِتْظَاهَروا

المضارع التام: كِنْت اِتْظَاهَر / كنَّا نِتْظَاهَر / كِنت تِتْظَاهَر / كِنتي تِتْظَاهَري / كِنتُوا تِتْظاهَرْوا / كان يِتْظَاهَر / كانِت يِتْظَاهَر / كانوا يِتْظاهَروا

الأمر:

- إِنْتِه: اِتْظَاهَر
- إِنْتِي: اِتْظَاهَري
- إِنْتُوا: اِتْظَاهَروا

الضمير	اسم الفاعل	اسم المفعول
أنا / إِنْتِه / هُوِّ	مِتْظَاهِر	Not used
أنا/ إِنْتِي / هِيِّ	مِتْظَاهْرَة	
إِنْتُوا / نِحْنَا / هِنِّ	مِتْظَاهْرِين	

المصدر: تَظَاهُر

Form 7	اِنْفَعَل

Table (A)

To enjoy   اِنْبَسَط / يِنْبِسِط   تَمَتَّعَ

الضمير	الماضي	المضارع	المضارع		المستقبل
			الاعتيادي	المستمر	
أنا	اِنْبَسَطِت	اِنْبسِط	بِنْبسِط	عَمْ اِنْبسِط	رَحْ/ح اِنْبسِط
نحْنَا	اِنْبَسَطْنا	نِنْبسِط	بِنِنْبسِط	عَمْ نِنْبسِط	رَحْ/حَ نِنْبسِط
إنْتِه	اِنْبَسَطِت	تِنْبسِط	بِتِنْبِسِط	عَمْ تِنْبسِط	رَحْ/حَ تِنْبِسِط
إنْتِي	اِنْبَسَطْتي	تِنْبَسْطِي	بِتِنْبَسْطِي	عَمْ تِنْبَسْطِي	رَحْ/حَ تِنْبَسْطِي
إنْتُوا	اِنْبَسَطْتُوا	تِنْبِسْطُوا	بِتِنْبِسْطُوا	عَمْ تِنْبِسْطُوا	رَحْ/حَ تِنْبِسْطُوا
هُوِّ	اِنْبَسَط	يِنْبِسِط	بِينْبِسِط	عَمْ يِنْبِسِط	رَحْ/حَ يِنْبِسِط
هِيِّ	اِنْبَسْطِت	تِنْبِسِط	بِتِنْبِسِط	عَمْ تِنْبِسِط	رَحْ/حَ تِنْبِسِط
هِنِّ	اِنْبَسَطُوا	يِنْبِسْطُوا	بِينْبِسْطُوا	عَمْ يِنْبِسْطُوا	رَحْ/حَ يِنْبِسْطُوا

المضارع التام: كِنْت اِنْبِسِط/ كنَّا نِنْبِسِط / كِنت تِنْبِسِط / كِنتي تِنْبَسْطِي / كِنتُوا تِنْبِسْطُوا / كان يِنْبِسِط / كانِت تِنْبِسِط / كانوا يِنْبِسْطُوا

الأمر:

- إنْتِه: اِنْبِسِط
- إنْتِي: اِنْبِسْطِي
- إنْتُوا: اِنْبِسْطُوا

الضمير	اسم الفاعل	اسم المفعول
أنا / إنْتِه / هُوِّ	مِنْبِسِط	Not used
أنا/ إنْتِي / هِيِّ	مِنْبِسْطة	
إنْتُوا / نحْنَا / هِنِّ	مِنْبِسْطين	

المصدر: اِنْبِسَاط / بَسْط

اِنْزَعَج   اِنْزَعَج / ينْزِعِج (مِن)   To be annoyed

الضمير	الماضي	المضارع	المضارع		المستقبل
			الاعتيادي	المستمر	
أنا	اِنْزَعَجِت	اِنْزِعِج	بنْزِعِج	عَمْ اِنْزِعِج	رَحْ/ح اِنْزِعِج
نِحْنَا	اِنْزَعَجْنا	ننْزِعِج	بِننْزِعِج	عَمْ ننْزِعِج	رَحْ/ح ننْزِعِج
إنْتِه	اِنْزَعَجت	تِنْزِعِج	بتِنْزِعِج	عَمْ تِنْزِعِج	رَحْ/ح تِنْزِعِج
إنْتِي	اِنْزَعَجْتِي	تِنْزِعْجي	بتِنْزِعْجي	عَمْ تِنْزِعْجي	رَحْ/ح تِنْزِعْجي
إنْتُوا	اِنْزَعَجْتُوا	تِنْزِعْجُوا	بتِنْزِعْجُوا	عَمْ تِنْزِعْجُوا	رَحْ/ح تِنْزِعْجُوا
هُوِّ	اِنْزَعَج	ينْزِعِج	بينْزِعِج	عَمْ ينْزِعِج	رَحْ/ح ينْزِعِج
هِيِّ	اِنْزَعْجِت	تِنْزِعِج	بتِنْزِعِج	عَمْ تِنْزِعِج	رَحْ/ح تِنْزِعِج
هِنِّ	اِنْزَعَجْوا	ينْزِعْجُوا	بينْزِعْجُوا	عَمْ ينْزِعْجُوا	رَحْ/ح ينْزِعْجُوا

المضارع التام: كِنْت إنْزِعِج / كنَّا ننْزِعِج / كِنت تِنْزِعِج / كِنتي تِنْزِعْجي / كِنتُوا تِنْزِعْجُوا / كان ينْزِعِج / كانِت تِنْزِعِج / كانوا ينْزِعْجُوا

الأمر:

- إنْتِه: إنْزِعِج
- إنْتِي: إنْزِعْجي
- إنْتُوا: إنْزِعْجُوا

الضمير	اسم الفاعل	اسم المفعول
أنا / إنْتِه / هُوِّ	مِنْزِعِج	Not used
أنا/ إنْتِي / هِيِّ	مِنْزِعْجة	
إنْتُوا / نِحْنَا / هِنِّ	مِنْزِعْجين	

المصدر: إنْزِعَاج

صُدِمَ   اِنْصَدَم / يِنْصِدِم   **To be shocked**

الضمير	الماضي	المضارع	المضارع		المستقبل
			الاعتيادي	المستمر	
أنا	اِنْصَدَمِت	اِنْصَدِم	بِنْصَدِم	عَمْ اِنْصَدِم	رَحْ/ح اِنْصَدِم
نِحْنَا	اِنْصَدَمْنا	نِنْصِدِم	بِنِنْصِدِم	عَمْ نِنْصِدِم	رَحْ/ح نِنْصِدِم
إِنْتِه	اِنْصَدَمِت	تِنْصِدِم	بِتِنْصِدِم	عَمْ تِنْصِدِم	رَحْ/ح تِنْصِدِم
إِنْتِي	اِنْصَدَمْتي	تِنْصِدْمِي	بِتِنْصِدْمِي	عَمْ تِنْصِدْمِي	رَحْ/حَ تِنْصِدْمِي
إِنْتُوا	اِنْصَدَمْتُوا	تِنْصِدْمُوا	بِتِنْصِدْمُوا	عَمْ تِنْصِدْمُوا	رَحْ/حَ تِنْصِدْمُوا
هُوِّ	اِنْصَدَمْ	يِنْصِدِم	بِينْصِدِم	عَمْ يِنْصِدِم	رَحْ/حَ يِنْصِدِم
هِيِّ	اِنْصَدْمِت	تِنْصِدم	بِتِنْصِدم	عَمْ تِنْصِدم	رَحْ/حَ تِنْصِدم
هِنِّ	اِنْصَدَمُوا	يِنْصِدْمُوا	بِينْصِدْمُوا	عَمْ يِنْصِدْمُوا	رَحْ/حَ يِنْصِدْمُوا

المضارع التام: كِنْت اِنْصَدِم / كِنَّا نِنْصِدِم / كِنت تِنْصِدِم / كِنتي تِنْصِدْمِي / كِنتُوا تِنْصِدْمُوا / كان يِنْصِدِم / كانِت تِنْصِدم / كانوا يِنْصِدْمُوا

الأمر:

- إِنْتِه: اِنْصِدِم
- إِنْتِي: اِنْصِدْمِي
- إِنْتُوا: اِنْصِدْمُوا

الضمير	اسم الفاعل	اسم المفعول
أنا / إِنْتِه / هُوِّ	مِنْصِدِم	Not used
أنا/ إِنْتِي / هِيِّ	مِنْصِدْمِة	
إِنْتُوا / نِحْنَا / هِنِّ	مِنْصِدْمِين	

المصدر: اِنْصِدام

Form 8	اِفْتَعَلَ

Table (A)

To differ / to argue   اِخْتَلَفَ   اِخْتَلَف / يِخْتِلِف

المستقبل	المضارع		المضارع	الماضي	الضمير
	المستمر	الاعتيادي			
رَحْ/حَ اِخْتِلِف	عَمْ اِخْتِلِف	بِخْتِلِف	اِخْتِلِف	اِخْتَلَفت	أنا
رَحْ/حَ نِخْتِلِف	عَمْ نِخْتِلِف	بِنِخْتِلِف	نِخْتِلِف	اِخْتَلَفْنا	نِحْنَا
رَحْ/حَ تِخْتِلِف	عَمْ تِخْتِلِف	بِتِخْتِلِف	تِخْتِلِف	اِخْتَلَفت	إِنْته
رَحْ/حَ تِخْتِلْفي	عَمْ تِخْتِلْفي	بِتِخْتِلْفي	تِخْتِلْفي	اِخْتَلَفتي	إِنْتِي
رَحْ/حَ تِخْتِلْفُوا	عَمْ تِخْتِلْفُوا	بِتِخْتِلْفُوا	تِخْتِلْفُوا	اِخْتَلَفتوا	إِنْتوا
رَحْ/حَ يِخْتِلِف	عَمْ يِخْتِلِف	بِيِخْتِلِف	يِخْتِلِف	اِخْتَلَف	هُوِّ
رَحْ/حَ تِخْتِلِف	عَمْ تِخْتِلِف	بِتِخْتِلِف	تِخْتِلِف	اِخْتَلَفت	هِيِّ
رَحْ/حَ يِخْتِلْفُوا	عَمْ يِخْتِلْفُوا	بِيِخْتِلْفُوا	يِخْتِلْفُوا	اِخْتَلَفوا	هِنّ

المضارع التام: كِنْت اِخْتِلِف / كِنّا نِخْتِلِف / كِنت تِخْتِلِف / كِنتي تِخْتِلْفي / كِنتوا
تِخْتِلْفُوا / كان يِخْتِلِف / كانِت تِخْتِلِف / كانوا يِخْتِلْفُوا

الأمر:

– إِنْته: اِخْتِلِف

– إِنْتِي: اِخْتِلْفي

– إِنْتوا: اِخْتِلْفُوا

اسم المفعول	اسم الفاعل	الضمير
	مِخْتِلِف	أنا / إِنْته / هُوِّ
Not used	مِخْتِلِفة	أنا/ إِنْتِي / هِيِّ
	مِخْتِلْفين	إِنْتوا / نِحْنَا / هِنّ

المصدر: اِخْتِلاف

178

اِسْتَلَمَ   اِسْتَلَم / يِسْتِلِم (مِن)   **To receive**

الضمير	الماضي	المضارع	المضارع: الاعتيادي	المضارع: المستمر	المستقبل
أنا	اِسْتَلَمِت	اِسْتِلِم	بِسْتِلِم	عَمْ اِسْتِلِم	رَحْ/حَ اِسْتِلِم
نِحْنَا	اِسْتَلَمْنَا	نِسْتِلِم	بِنِسْتِلِم	عَمْ نِسْتِلِم	رَحْ/حَ نِسْتِلِم
إِنْتِه	اِسْتَلَمِت	تِسْتِلِم	بِتِسْتِلِم	عَمْ تِسْتِلِم	رَحْ/حَ تِسْتِلِم
إِنْتِي	اِسْتَلَمْتي	تِسْتِلمي	بِتِسْتِلمي	عَمْ تِسْتِلمي	رَحْ/حَ تِسْتِلمي
إِنْتُوا	اِسْتَلَمْتُوا	تِسْتِلْمُوا	بِتِسْتِلْمُوا	عَمْ تِسْتِلْمُوا	رَحْ/حَ تِسْتِلْمُوا
هُوِّ	اِسْتَلَمْ	يِسْتِلِم	بِيِسْتِلِم	عَمْ يِسْتِلِم	رَحْ/حَ يِسْتِلِم
هِيِّ	اِسْتَلْمِت	تِسْتِلِم	بِتِسْتِلِم	عَمْ تِسْتِلِم	رَحْ/حَ تِسْتِلِم
هِنِّ	اِسْتَلْمُوا	يِسْتِلْمُوا	بِيِسْتِلْمُوا	عَمْ يِسْتِلْمُوا	رَحْ/حَ يِسْتِلْمُوا

المضارع التام: كِنْت اِسْتِلم / كنَّا نِسْتِلِم / كِنت تِسْتِلِم / كِنتي تِسْتِلمي / كِنتُوا تِسْتِلْمُوا / كان يِسْتِلِم / كانِت تِسْتِلِم / كانوا يِسْتِلْمُوا

الأمر:

- إِنْتِه: اِسْتِلِم
- إِنْتِي: اِسْتِلْمي
- إِنْتُوا: اِسْتِلْمُوا

الضمير	اسم الفاعل	اسم المفعول
أنا / إِنْتِه / هُوِّ	مِسْتِلِم	مُسْتَلَم
أنا/ إِنْتِي / هِيِّ	مِسْتِلْمِة	
إِنْتُوا / نِحْنَا / هِنِّ	مِسْتِلْمين	

المصدر: اِسْتِلَام

ارْتَفَع   ارْتَفَع / يرْتِفع   To rise

الضمير	الماضي	المضارع	المضارع		المستقبل
			الاعتيادي	المستمر	
أنا	ارْتَفَعت	ارْتِفع	برْتِفع	عَمْ ارْتِفع	رَحْ/حَ ارْتِفع
نحْنَا	ارْتَفَعْنا	نِرْتِفع	بنِرْتِفع	عَمْ نِرْتِفع	رَحْ/حَ نِرْتِفع
إنْتِه	ارْتَفَعت	تِرْتِفع	بتِرْتِفع	عَمْ تِرْتِفع	رَحْ/حَ تِرْتِفع
إنْتِي	ارْتَفَعْتي	تِرْتِفعي	بتِرْتِفعي	عَمْ تِرْتِفعي	رَحْ/حَ تِرْتِفعي
إنْتُوا	ارْتَفَعْتُوا	تِرْتِفْعُوا	بتِرْتِفْعُوا	عَمْ تِرْتِفْعُوا	رَحْ/حَ تِرْتِفْعُوا
هُوِّ	ارْتَفَع	يرْتِفع	بيرْتِفع	عَمْ يرْتِفع	رَحْ/حَ يرْتِفع
هِيِّ	ارْتَفَعت	تِرْتِفع	بتِرْتِفع	عَمْ تِرْتِفع	رَحْ/حَ تِرْتِفع
هِنِّ	ارْتَفْعُوا	يرْتِفْعُوا	بيرْتِفْعُوا	عَمْ يرْتِفْعُوا	رَحْ/حَ يرْتِفْعُوا

المضارع التام: Not used

الأمر:

- إنْتِه: ارْتِفع
- إنْتِي: ارْتِفْعِي
- إنْتُوا: ارْتِفْعُوا

الضمير	اسم الفاعل	اسم المفعول
أنا / إنْتِه / هُوِّ	مِرْتِفِع	مُرْتَفَع
أنا/ إنْتِي / هِيِّ	مِرْتِفْعَة	
إنْتُوا / نحْنَا / هِنِّ	مِرْتِفعين	

المصدر: ارْتِفَاع

Table (B)

To finish **اِنْتَهَى / يِنْتِهِي** **اِنْتَهَى**

المستقبل	المضارع		المضارع	الماضي	الضمير
	المستمر	الاعتيادي			
رَحْ/حَ اِنْتِهِي	عَمْ اِنْتِهِي	بِنْتِهِي	اِنْتِهِي	اِنْتَهيت	**أنا**
رَحْ/حَ نِنْتِهِي	عَمْ نِنْتِهِي	بِنِنْتِهِي	نِنْتِهِي	اِنْتَهينا	**نِحْنَا**
رَحْ/حَ تِنْتِهِي	عَمْ تِنْتِهِي	بِتِنْتِهِي	تِنْتِهِي	اِنْتَهيت	**إِنْتِه**
رَحْ/حَ تِنْتِهِي	عَمْ تِنْتِهِي	بِتِنْتِهِي	تِنْتِهِي	اِنْتَهيتي	**إِنْتِي**
رَحْ/حَ تِنْتِهُوا	عَمْ تِنْتِهُوا	بِتِنْتِهُوا	تِنْتِهُوا	اِنْتَهيتُوا	**إِنْتُوا**
رَحْ/حَ يِنْتِهي	عَمْ يِنْتِهي	بِينْتِهي	يِنْتِهي	اِنْتَهَى	**هُوِّ**
رَحْ/حَ تِنْتِهي	عَمْ تِنْتِهي	بِتِنْتِهي	تِنْتِهي	اِنْتَهت	**هِيِّ**
رَحْ/حَ يِنْتِهُوا	عَمْ يِنْتِهُوا	بِينْتِهُوا	يِنْتِهُوا	اِنْتَهُوا	**هِنِّ**

المضارع التام: اِنْتِهِي / كنَّا نِنْتِهِي / كِنت تِنْتِهِي / كِنتي تِنْتِهِي / كِنتُوا تِنْتِهُوا / كان يِنْتِهي / كانِت تِنْتِهي / كانوا يِنْتِهُوا

الأمر:

- إِنْتِه: اِنْتِهي
- إِنْتِي: اِنْتِهي
- إِنْتُوا: اِنْتِهُوا

اسم المفعول	اسم الفاعل	الضمير
Not used	مِنْتِهِي	**أنا / إِنْتِه / هُوِّ**
	مِنْتِهِيّة	**أنا/ إِنْتِي / هِيِّ**
	مِنْتِهِيِّين	**إِنْتُوا / نِحْنَا / هِنِّ**

المصدر: اِنْتِهَاء

Table (C)

To take care of   اِهْتَم / يهْتَم (بـ)   اِهْتَمَّ

المستقبل	المضارع المستمر	المضارع الاعتيادي	المضارع	الماضي	الضمير
رَحْ/حَ اِهْتَم	عَمْ اِهْتَم	بهْتَم	اِهْتَم	اِهْتَمِّيت	أنا
رَحْ/حَ نِهْتَم	عَمْ نِهْتَم	بِنِهْتَم	نِهْتَم	اِهْتَمِّينا	نِحْنَا
رَحْ/حَ تِهْتَم	عَمْ تِهْتَم	بِتِهْتَم	تِهْتَم	اِهْتَمِّيت	إنْته
رَحْ/حَ تِهْتَمِّي	عَمْ تِهْتَمِّي	بِتِهْتَمِّي	تِهْتَمِّي	اِهْتَمِّيتي	إنْتِي
رَحْ/حَ تِهْتَمُّوا	عَمْ تِهْتَمُّوا	بِتِهْتَمُّوا	تِهْتَمُّوا	اِهْتَمِّيتوا	إنْتُوا
رَحْ/حَ يهْتَم	عَمْ يهْتَم	بيهْتَم	يهْتَم	اِهْتَم	هُوِّ
رَحْ/حَ تِهْتَم	عَمْ تِهْتَم	بِتِهْتَم	تِهْتَم	اِهْتَمِّت	هِيِّ
رَحْ/حَ يهْتَمُّوا	عَمْ يهْتَمُّوا	بيهْتَمُّوا	يهْتَمُّوا	اِهْتَمُّوا	هِنِّ

المضارع التام: كِنْتاهْتَم / كنَّا نِهْتَم / كِنت تِهْتَم / كِنتي تِهْتَمِّي / كِنتوا تِهْتَمُّوا / كان يهْتَم / كانِت تِهْتَم / كانوا يهْتَمُّوا

الأمر:

- إنْته: اِهْتَم
- إنْتِي: اِهْتَمِّي
- إنْتُوا: اِهْتَمُّوا

اسم المفعول	اسم الفاعل	الضمير
Not used	مِهْتَم	أنا / إنْته / هُوِّ
	مِهْتَمَّة	أنا/ إنْتِي / هِيِّ
	مِهْتَمِّين	إنْتُوا / نِحْنَا / هِنِّ

المصدر: اِهْتِمام

182

Table (D)

To need اِحْتَاج / يحْتَاج **اِحْتَاج**

الضمير	الماضي	المضارع	المضارع		المستقبل
			الاعتيادي	المستمر	
أنا	اِحْتَجت	اِحْتاج	بحْتَاج	عَمْ اِحْتاج	رَحْ/حَ اِحْتاج
نحْنَا	اِحْتَجْنا	نِحْتَاج	بنِحْتَاج	عَمْ نِحْتَاج	رَحْ/حَ نِحْتَاج
إنْتِه	اِحْتَجت	تِحْتَاج	بتِحْتَاج	عَمْ تِحْتَاج	رَحْ/حَ تِحْتَاج
إنْتِي	اِحْتَجْتي	تِحْتَاجي	بتِحْتَاجي	عَمْ تِحْتَاجي	رَحْ/حَ تِحْتَاجي
إنْتُوا	اِحْتَجْتُوا	يحْتَاجُوا	بيحْتَاجُوا	عَمْ يحْتَاجُوا	رَحْ/حَ يحْتَاجُوا
هُوِّ	اِحْتَاج	يحْتَاج	بيحْتَاج	عَمْ يحْتَاج	رَحْ/حَ يحْتَاج
هِيِّ	اِحْتَاجت	تِحْتَاج	بتِحْتَاج	عَمْ تِحْتَاج	رَحْ/حَ تِحْتَاج
هِنِّ	اِحْتَاجُوا	يحْتَاجُوا	بيحْتَاجُوا	عَمْ يحْتَاجُوا	رَحْ/حَ يحْتَاجُوا

المضارع التام: كِنْت اِحْتَاج / كنَّا نِحْتَاج / كِنت تِحْتَاج / كِنتي يحْتَاجي / كِنتُوا يحْتَاجُوا / كان يحْتَاج / كانِت تِحْتَاج / كانوا يحْتَاجُوا

الأمر:

- إنْتِه: اِحْتَاج
- إنْتِي: اِحْتَاجي
- إنْتُوا: اِحْتَاجُوا

الضمير	اسم الفاعل	اسم المفعول
أنا / إنْتِه / هُوِّ	مِحْتَاج	Not used
أنا/ إنْتِي / هِيِّ	مِحْتَاجة	
إنْتُوا / نحْنَا / هِنِّ	مِحْتَاجة	

المصدر: اِحْتِيَاج

اِشْتَاقَ   اِشتَاق / يشْتَاق   To miss

الضمير	الماضي	المضارع	المضارع		المستقبل
			الاعتيادي	المستمر	
أنا	اِشتَقِت	اِشْتاق	بِشْتاق	عَمْ اِشْتاق	رَحْ/حَ إشْتاق
نِحْنَا	اِشْتَقْنَا	نِشْتَاق	بنِشْتَاق	عَمْ نِشْتَاق	رَحْ/حَ نِشْتَاق
إنْتِه	اِشْتَقِت	تِشْتَاق	بتِشْتَاق	عَمْ تِشْتَاق	رَحْ/حَ تِشْتَاق
إنْتِي	اِشْتَقْتِي	تِشْتَاقي	بتِشْتَاقي	عَمْ تِشْتَاقي	رَحْ/حَ تِشْتَاقي
إنْتوا	اِشْتَقْتوا	تِشْتَاقوا	بتِشْتَاقُوا	عَمْ تِشْتَاقوا	رَحْ/حَ تِشْتَاقُوا
هُوِّ	اِشْتَاق	يِشْتَاق	بيِشْتَاق	عَمْ يِشْتَاق	رَحْ/حَ يِشْتَاق
هِيِّ	اِشْتَاقِت	تِشْتَاق	بتِشْتَاق	عَمْ تِشْتَاق	رَحْ/حَ تِشْتَاق
هِنِّ	اِشْتَاقُوا	يِشْتَاقُوا	بيِشْتَاقُوا	عَمْ يِشْتَاقُوا	رَحْ/حَ يِشْتَاقُوا

المضارع التام: كِنْت اِشْتَاق / كِنَّا نِشْتَاق / كِنت تِشْتَاق / كِنتي تِشْتَاقي / كِنتُوا تِشْتَاقُوا / كان يِشْتَاق / كانِت يِشْتَاق / كانوا يِشْتَاقُوا

الأمر:

- إنْتِه: اِشْتَاق
- إنْتِي: اِشْتَاقِي
- إنْتُوا: اِشْتَاقُوا

الضمير	اسم الفاعل	اسم المفعول
أنا / إنْتِه / هُوِّ	مِشْتَاق	Not used
أنا/ إنْتِي / هِيِّ	مِشْتَاقَة	
إنْتُوا / نِحْنَا / هِنِّ	مِشْتَاقِين	

المصدر: اِشتِيَاق

To choose   اِخْتَار / يِخْتَار   اِخْتَار

المستقبل	المضارع المستمر	المضارع الاعتيادي	المضارع	الماضي	الضمير
رَح/حَ اِخْتَار	عَمْ اِخْتَار	بِخْتَار	اِخْتَار	اِخْتَرت	أنا
رَح/حَ نِخْتَار	عَمْ نِخْتَار	بِنِخْتَار	نِخْتَار	اِخْتَرْنا	نِحْنَا
رَح/حَ تِخْتَار	عَمْ تِخْتَار	بِتِخْتَار	تِخْتَار	اِخْتَرت	إِنْته
رَح/حَ تِخْتَاري	عَمْ تِخْتَاري	بِتِخْتَاري	تِخْتَاري	اِخْتَرْتي	إِنْتِي
رَح/حَ تِخْتَارُوا	عَمْ تِخْتَارُوا	بِتِخْتَارُوا	تِخْتَارُوا	اِخْتَرتُوا	إِنْتُوا
رَح/حَ يِخْتَار	عَمْ يِخْتَار	بِيِخْتَار	يِخْتَار	اِخْتَار	هُوِّ
رَح/حَ تِخْتَار	عَمْ تِخْتَار	بِتِخْتَار	تِخْتَار	اِخْتَارت	هِيِّ
رَح/حَ يِخْتَارُوا	عَمْ يِخْتَارُوا	بِيِخْتَارُوا	يِخْتَارُوا	اِخْتَارُوا	هِنِّ

المضارع التام: اِخْتَار / كنَّا نِخْتَار / كِنت تِخْتَار / كِنتي تِخْتَاري / كِنتُوا

تِخْتَارُوا / كان يِخْتَار / كانِت تِخْتَار / كانوا يِخْتَارُوا

الأمر:

اسم المفعول	اسم الفاعل	الضمير
Not used	مِخْتَار	أنا / إِنْته / هُوِّ
	مِخْتَارَة	أنا/ إِنْتِي / هِيِّ
	مِخْتَارين	إِنْتُوا / نِحْنَا / هِنِّ

- إِنْته: اِخْتَار
- إِنْتِي: اِخْتَاري
- إِنْتُوا: اِخْتَارُوا

المصدر: اِخْتِيَار

185

اِسْتَرَاحَ   اِرْتَاح / يرْتَاح   To rest

الضمير	الماضي	المضارع	المضارع		المستقبل
			الاعتيادي	المستمر	
أنا	اِرْتَحِت	اِرْتَاح	بِرْتَاح	عَمْ اِرْتَاح	رَحْ/حَ اِرْتَاح
نِحْنَا	اِرْتَحْنا	نِرْتَاح	بْنِرْتَاح	عَمْ نِرْتَاح	رَحْ/حَ نِرْتَاح
إِنْتِه	اِرْتَحِت	تِرْتَاح	بْتِرْتَاح	عَمْ تِرْتَاح	رَحْ/حَ تِرْتَاح
إِنْتِي	اِرْتَحْتِي	تِرْتَاحِي	بْتِرْتَاحِي	عَمْ تِرْتَاحِي	رَحْ/حَ تِرْتَاحِي
إِنْتُوا	اِرْتَحْتُوا	تِرْتَاحُوا	بْتِرْتَاحُوا	عَمْ تِرْتَاحُوا	رَحْ/حَ تِرْتَاحُوا
هُوِّ	اِرْتَاح	يِرْتَاح	بِيرْتَاح	عَمْ يِرْتَاح	رَحْ/حَ يِرْتَاح
هِيِّ	اِرْتَاحِت	تِرْتَاح	بْتِرْتَاح	عَمْ تِرْتَاح	رَحْ/حَ تِرْتَاح
هِنِّ	اِرْتَاحُوا	يِرْتَاحُوا	بِيرْتَاحُوا	عَمْ يِرْتَاحُوا	رَحْ/حَ يِرْتَاحُوا

المضارع التام: كِنْت اِرْتَاح / كنَّا نِرْتَاح / كِنت تِرْتَاح / كِنتي تِرْتَاحِي / كِنتُوا تِرْتَاحُوا / كان يِرْتَاح / كانِت تِرْتَاح / كانوا يِرْتَاحُوا

الأمر:

- إِنْتِه: اِرْتَاح
- إِنْتِي: اِرْتَاحِي
- إِنْتُوا: اِرْتَاحُوا

الضمير	اسم الفاعل	اسم المفعول
أنا / إِنْتِه / هُوِّ	مِرْتَاح	Not used
أنا/ إِنْتِي / هِيِّ	مِرْتَاحَة	
إِنْتُوا / نِحْنَا / هِنِّ	مِرْتَاحِين	

المصدر: اِرْتِيَاح

Table (E)

To call / to telephone **اِتَّصَلَ** **اِتَّصَل / يِتِّصِل (بـ) (في)**

المستقبل	المضارع		المضارع	الماضي	الضمير
	المستمر	الاعتيادي			
رَحْ/حَ اتَّصل	عَمْ اِتَّصل	بتَّصَل	اِتَّصَلِت	اِتَّصَلِت	**أنا**
رَحْ/حَ نِتِّصِل	عَمْ نِتِّصِل	بنِتِّصِل	نِتِّصِل	اِتَّصَلْنَا	**نِحْنَا**
رَحْ/حَ تِتِّصِل	عَمْ تِتِّصِل	بتِتِّصِل	تِتِّصِل	اِتَّصَلِت	**إِنْتِه**
رَحْ/حَ تِتِّصْلِي	عَمْ تِتِّصْلِي	بتِتِّصْلِي	تِتِّصْلِي	اِتَّصَلْتِي	**إِنْتِي**
رَحْ/حَ تِتِّصْلُوا	عَمْ تِتِّصْلُوا	بتِتِّصْلُوا	تِتِّصْلُوا	اِتَّصَلْتُوا	**إِنْتُوا**
رَحْ/حَ يِتِّصِل	عَمْ يِتِّصِل	بيِتِّصِل	يِتِّصِل	اِتَّصَل	**هُوِّ**
رَحْ/حَ تِتِّصِل	عَمْ تِتِّصِل	بتِتِّصِل	تِتِّصِل	اِتَّصَلْت	**هِيِّ**
رَحْ/حَ يِتِّصْلُوا	عَمْ يِتِّصْلُوا	بيِتِّصْلُوا	يِتِّصْلُوا	اِتَّصَلُوا	**هِنِّ**

المضارع التام: كِنْت اِتِّصِل / كِنَّا نِتِّصِل / كِنت تِتِّصِل / كِنتي تِتِّصْلِي / كِنتُوا تِتِّصْلُوا / كان يِتِّصِل / كانِت تِتِّصِل / كانوا يِتِّصْلُوا

الأمر:

- إِنْتِه: اِتِّصِل
- إِنْتِي: اِتِّصْلِي
- إِنْتُوا: اِتِّصْلُوا

الضمير	اسم الفاعل	اسم المفعول
أنا / إِنْتِه / هُوِّ	مِتِّصِل	Not used
أنا/ إِنْتِي / هِيِّ	مِتِّصْلِة	
إِنْتُوا / نِحْنَا / هِنِّ	مِتِّصْلِين	

المصدر: اِتِّصَال

إِحْتَاجَ　　　　اِعْتَاز / يعْتَاز　　　　**To need**

الضمير	الماضي	المضارع	المضارع		المستقبل
			الاعتيادي	المستمر	
أنا	اِعْتَزِت	اِعْتَاز	بعْتَاز	عَمْ اِعْتَاز	رَحْ/حَ اِعْتَاز
نِحْنَا	اِعْتَزْنا	نِعْتَاز	بنِعْتَاز	عَمْ نِعْتَاز	رَحْ/حَ نِعْتَاز
إِنْتِه	اِعْتَزِت	تِعْتَاز	بتِعْتَاز	عَمْ تِعْتَاز	رَحْ/حَ تِعْتَاز
إِنْتِي	اِعْتَزْتي	تِعْتَازِي	بتِعْتَازِي	عَمْ تِعْتَازِي	رَحْ/حَ تِعْتَازِي
إِنْتُوا	اِعْتَزْتُوا	تِعْتَازوا	بتِعْتَازوا	عَمْ تِعْتَازوا	رَحْ/حَ تِعْتَازوا
هُوِّ	اِعْتَاز	يعْتَاز	بيعْتَاز	عَمْ يعْتَاز	رَحْ/حَ يعْتَاز
هِيِّ	اِعْتَازِت	تِعْتَاز	بتِعْتَاز	عَمْ تِعْتَاز	رَحْ/حَ تِعْتَاز
هِنِّ	اِعْتَازُوا	يعْتَازوا	بيعْتَازوا	عَمْ يعْتَازوا	رَحْ/حَ يعْتَازوا

المضارع التام: اِعْتَاز / كنَّا نِعْتَاز / كِنت تِعْتَاز / كِنتي تِعْتَازِي / كِنتُوا تِعْتَازوا / كان يعْتَاز / كانِت تِعْتَاز / كانوا يعْتَازوا

الأمر:

- إنْتِه: اِعْتَاز
- إنْتِي: اِعْتَازِي
- إنْتُوا: اِعْتَازُوا

الضمير	اسم الفاعل	اسم المفعول
أنا / إِنْتِه / هُوِّ	مِعْتَاز	Not used
أنا/ إِنْتِي / هِيِّ	مِعْتَازة	
إِنْتُوا / نِحْنَا / هِنِّ	مِعْتَازين	

المصدر: اِعْتِيَاز

اِحْتَارَ   اِحْتَار / يحْتَار   To confuse

المستقبل	المضارع		المضارع	الماضي	الضمير
	المستمر	الاعتيادي			
رَحْ/ح اِحتَار	عَمْ اِحتَار	بحْتَار	اِحتَار	اِحتَرت	أنا
رَحْ/ح نِحتَار	عَمْ نِحتَار	بِنحتَار	نِحتَار	اِحتَرنَا	نحنَا
رَحْ/ح تِحتَار	عَمْ تِحتَار	بتِحتَار	تِحتَار	اِحتَرت	إنْتِه
رَحْ/ح تِحتَارِي	عَمْ تِحتَارِي	بتِحتَارِي	تِحتَارِي	اِحتَرتي	إنْتِي
رَحْ/ح تِحتَارُوا	عَمْ تِحتَارُوا	بتِحتَارُوا	تِحتَارُوا	اِحتَرتوا	إنْتُوا
رَحْ/ح يحتَار	عَمْ يحتَار	بيحتَار	يحتَار	اِحتَار	هُوِّ
رَحْ/ح تِحتَار	عَمْ تِحتَار	بتِحتَار	تِحتَار	اِحتَارت	هِيِّ
رَحْ/ح يحتَارُوا	عَمْ يحتَارُوا	بيحتَارُوا	يحتَارُوا	اِحتَارُوا	هِنِّ

المضارع التام: كِنْت اِحتَار / كنَّا نِحتَار / كِنت تِحتَار / كِنتي تِحتَارِي / كِنتُوا تِحتَارُوا / كان يحتَار / كانِت تِحتَار / كانوا يحتَارُوا

الأمر:

- إنْتِه: اِحتَار
- إنْتِي: اِحتَارِي
- إنْتوا: اِحتَارُوا

الضمير	اسم الفاعل	اسم المفعول
أنا / إنْتِه / هُوِّ	مِحتَار	Not used
أنا/ إنْتِي / هِيِّ	مِحتَارَة	
إنْتُوا / نِحنَا / هِنِّ	مِحتَارين	

المصدر: اِحتيَار

اِتَّفَق   اِتَّفَق / يتِّفِق (مَع)   To agree

الضمير	الماضي	المضارع	المضارع		المستقبل
			الاعتيادي	المستمر	
أنا	اِتَّفَقت	اِتِّفِق	بتِّفِق	عَمْ اِتِّفِق	رَح/ح اِتِّفِق
نِحْنَا	اِتَّفَقْنا	نتِّفِق	بنِتِّفِق	عَمْ نِتِّفِق	رَح/ح نِتِّفِق
إِنْتِه	اِتَّفَقت	تِتِّفِق	بتِتِّفِق	عَمْ تِتِّفِق	رَح/ح تِتِّفِق
إِنْتِي	اِتَّفَقْتي	تِتِّفْقي	بتِتِّفْقي	عَمْ تِتِّفْقي	رَح/ح تِتِّفْقي
إِنْتُوا	اِتَّفَقتُوا	تِتِّفْقُوا	بتِتِّفْقُوا	عَمْ تِتِّفْقُوا	رَح/ح تِتِّفْقُوا
هُوِّ	اِتَّفَق	يتِّفِق	بيتِّفِق	عَمْ يتِّفِق	رَح/ح يتِّفِق
هِيِّ	اِتَّفْقِت	تِتِّفِق	بتِتِّفِق	عَمْ تِتِّفِق	رَح/ح تِتِّفِق
هِنِّ	اِتَّفَقُوا	يتِّفْقُوا	بيتِّفْقُوا	عَمْ يتِّفْقُوا	رَح/ح يتِّفْقُوا

المضارع التام: كِنْت اِتِّفِقْ / كنَّا نِتِّفِق / كِنت تِتِّفِق / كِنتي تِتِّفْقي / كِنتُوا تِتِّفْقُوا /
كان يتِّفِق / كانِت تِتِّفِق / كانوا يتِّفْقُوا

الأمر:

- إِنْتِه: اِتِّفِق
- إِنْتِي: اِتِّفْقي
- إِنْتُوا: اِتِّفْقُوا

الضمير	اسم الفاعل	اسم المفعول
أنا / إِنْتِه / هُوِّ	مِتِّفِق	Not used
أنا/ إِنْتِي / هِيِّ	مِتِّفْقَة	
إِنْتُوا / نِحْنَا / هِنِّ	مِتِّفْقِين	

المصدر: اِتِّفَاق

To be embarrassed   اِسْتَحَى / يِسْتِحِي (مِن)   اِسْتَحَى

المستقبل	المضارع المستمر	المضارع الاعتيادي	المضارع	الماضي	الضمير
رَحْ/حَ اِسْتِحِي	عَمْ اِسْتِحِي	بِسْتِحِي	اِسْتِحِي	اِسْتَحِيت	أنا
رَحْ/حَ نِسْتِحِي	عَمْ نِسْتِحِي	بْنِسْتِحِي	نِسْتِحِي	اِسْتَحِينا	نِحْنَا
رَحْ/حَ تِسْتِحِي	عَمْ تِسْتِحِي	بْتِسْتِحِي	تِسْتِحِي	اِسْتَحِيت	إِنْتِه
رَحْ/حَ تِسْتِحِي	عَمْ تِسْتِحِي	بْتِسْتِحِي	تِسْتِحِي	اِسْتَحِيتي	إِنْتِي
رَحْ/حَ تِسْتِحُوا	عَمْ تِسْتِحُوا	بْتِسْتِحُوا	تِسْتِحُوا	اِسْتَحِيتوا	إِنْتُوا
رَحْ/حَ يِسْتِحِي	عَمْ يِسْتِحِي	بِيسْتِحِي	يِسْتِحِي	اِسْتَحَى	هُوِّ
رَحْ/حَ تِسْتِحِي	عَمْ تِسْتِحِي	بْتِسْتِحِي	تِسْتِحِي	اِسْتَحِتْ	هِيِّ
رَحْ/حَ يِسْتِحُوا	عَمْ يِسْتِحُوا	بِيسْتِحُوا	يِسْتِحُوا	اِسْتَحُوا	هِنِّ

المضارع التام: كِنْت اِسْتِحِي / كِنَّا نِسْتِحِي / كِنت تِسْتِحِي / كِنتي تِسْتِحِي / كِنتُوا تِسْتِحُوا / كان يِسْتِحِي / كانِت تِسْتِحِي / كانوا يِسْتِحُوا

الأمر:

– إِنْتِه: اِسْتِحِي

– إِنْتِي: اِسْتِحِي

– إِنْتُوا: اِسْتِحُوا

اسم المفعول	اسم الفاعل	الضمير
	مِسْتِحِي	أنا / إِنْتِه / هُوِّ
Not used	مِسْتِحِيِّة	أنا/ إِنْتِي / هِيِّ
	مِسْتِحِيِّين	إِنْتُوا / نِحْنَا / هِنِّ

المصدر: اِسْتِحَاء

191

اِقْتَنَع   اِقْتَنَع / يِقْتِنِع   To be convinced

الضمير	الماضي	المضارع	المضارع الاعتيادي	المضارع المستمر	المستقبل
أنا	اِقْتَنَعِت	اِقْتِنِع	بِقْتِنِع	عَمْ اِقْتِنِع	رَحْ/ح اِقْتِنِع
نِحْنَا	اِقْتَنَعْنا	نِقْتِنِع	بْنِقْتِنِع	عَمْ نِقْتِنِع	رَحْ/ح نِقْتِنِع
إِنْتِه	اِقْتَنَعِت	تِقْتِنِع	بْتِقْتِنِع	عَمْ تِقْتِنِع	رَحْ/ح تِقْتِنِع
إِنْتِي	اِقْتَنَعْتي	تِقْتِنْعي	بْتِقْتِنْعي	عَمْ تِقْتِنْعي	رَحْ/ح تِقْتِنْعي
إِنْتُوا	اِقْتَنَعْتُوا	تِقْتِنْعُوا	بْتِقْتِنْعُوا	عَمْ تِقْتِنْعُوا	رَحْ/ح تِقْتِنْعُوا
هُوِّ	اِقْتَنَع	يِقْتِنِع	بيِقْتِنِع	عَمْ يِقْتِنِع	رَحْ/ح يِقْتِنِع
هِيِّ	اِقْتَنْعِت	تِقْتِنِع	بْتِقْتِنِع	عَمْ تِقْتِنِع	رَحْ/ح تِقْتِنِع
هِنِّ	اِقْتَنَعُوا	يِقْتِنْعُوا	بيِقْتِنْعُوا	عَمْ يِقْتِنْعُوا	رَحْ/ح يِقْتِنْعُوا

المضارع التام: كِنْت اِقْتِنِع / كِنَّا نِقْتِنِع / كِنت تِقْتِنِع / كِنتي تِقْتِنْعي / كِنتُوا تِقْتِنْعُوا / كان يِقْتِنِع / كانِت يِقْتِنِع / كانوا يِقْتِنْعُوا

الأمر:

- إِنْتِه: اِقْتِنِع
- إِنْتِي: اِقْتِنْعي
- إِنْتُوا: اِقْتِنْعُوا

الضمير	اسم الفاعل	اسم المفعول
أنا / إِنْتِه / هُوِّ	مِقْتِنِع	Not used
أنا/ إِنْتِي / هِيِّ	مِقْتِنْعَة	
إِنْتُوا / نِحْنَا / هِنِّ	مِقْتِنْعِين	

المصدر: اِقْتِنَاع

اِتَّهَمَ   اِتَّهَم / يتِّهِم   **To accuse**

الضمير	الماضي	المضارع	المضارع		المستقبل
			الاعتيادي	المستمر	
أنا	اِتَّهمت	اِتِّهِم	بتِّهِم	عَمْ اِتِّهِم	رَحْ/حَ اِتِّهِم
نِحْنَا	اِتَّهمْنَا	نِتِّهِم	بنِتِّهِم	عَمْ نِتِّهِم	رَحْ/حَ نِتِّهِم
إِنْتِه	اِتَّهَمت	تِتِّهِم	بتِتِّهِم	عَمْ تِتِّهِم	رَحْ/حَ تِتِّهِم
إِنْتِي	اِتَّهَمْتِي	تِتِّهمي	بتِتِّهمي	عَمْ تِتِّهمي	رَحْ/حَ تِتِّهمي
إِنْتُوا	اِتَّهمْتُوا	تِتِّهْمُوا	بتِتِّهْمُوا	عَمْ تِتِّهْمُوا	رَحْ/حَ تِتِّهْمُوا
هُوِّ	اِتَّهَم	يتِّهْم	بيتِّهْم	عَمْ يتِّهْم	رَحْ/حَ يتِّهْم
هِيِّ	اِتَّهْمِت	تِتِّهم	بتِتِّهم	عَمْ تِتِّهم	رَحْ/حَ تِتِّهم
هِنِّ	اِتَّهمُوا	يتِّهْمُوا	بيتِّهْمُوا	عَمْ يتِّهْمُوا	رَحْ/حَ يتِّهْمُوا

المضارع التام: كِنْت اِتِّهِم / كنَّا نِتِّهِم / كِنت تِتِّهِم / كِنتي تِتِّهمي / كِنتُوا تِتِّهْمُوا / كان يتِّهْم / كانِت تِتِّهم / كانوا يتِّهْمُوا

الأمر:

- إِنْتِه: اِتِّهِم
- إِنْتِي: اِتِّهْمي
- إِنْتُوا: اِتِّهْمُوا

الضمير	اسم الفاعل	اسم المفعول
أنا / إِنْتِه / هُوِّ	مِتِّهم	مُتَّهَم
أنا/ إِنْتِي / هِيِّ	مِتِّهْمَة	مُتَّهَمَة
إِنْتُوا / نِحْنَا / هِنِّ	مِتِّهْمِين	مُتَّهَمِين

المصدر: إِتِّهَام

To occupy

إِحْتَلَّ / يِحْتَل إِحْتَلَّ

المستقبل	المضارع		المضارع	الماضي	الضمير
	المستمر	الاعتيادي			
رَح/حَ اِحْتَل	عَمْ اِحْتَل	بِحْتَل	اِحْتَل	اِحْتَلِّيت	أنا
رَح/حَ نِحْتَل	عَمْ نِحْتَل	بِنِحْتَل	نِحْتَل	اِحْتَلِّينا	نِحْنَا
رَح/حَ تِحْتَل	عَمْ تِحْتَل	بِتِحْتَل	تِحْتَل	اِحْتَلِّيت	إِنْتِه
رَح/حَ تِحْتَلِّي	عَمْ تِحْتَلِّي	بِتِحْتَلِّي	تِحْتَلِّي	اِحْتَلِّيتي	إِنْتِي
رَح/حَ تِحْتَلُّوا	عَمْ تِحْتَلُّوا	بِتِحْتَلُّوا	تِحْتَلُّوا	اِحْتَلِّيتوا	إِنْتُوا
رَح/حَ يِحْتَل	عَمْ يِحْتَل	بِيِحْتَل	يِحْتَل	اِحْتَل	هُوِّ
رَح/حَ تِحْتَل	عَمْ تِحْتَل	بِتِحْتَل	تِحْتَل	اِحْتَلِّت	هِيِّ
رَح/حَ يِحْتَلُّوا	عَمْ يِحْتَلُّوا	بِيِحْتَلُّوا	يِحْتَلُّوا	اِحْتَلُّوا	هِنّ

المضارع التام: Not used

الأمر:

اسم المفعول	اسم الفاعل	الضمير
	مِحْتَل	أنا / إِنْتِه / هُوِّ
Not used	مِحْتَلِّة	أنا/ إِنْتِي / هِيِّ
	مِحْتَلِّين	إِنْتُوا / نِحْنَا / هِنّ

الأمر:

– إِنْتِه: اِحْتَلِّ

– إِنْتِي: اِحْتَلِّي

– إِنْتُوا: اِحْتَلُّوا

المصدر: اِحْتِلال

194

Form 9	اِفْعَلَّ

Table (A)

To turn red اِحْمَر / يحْمَر **إِحْمَرَّ**

المستقبل	المضارع		المضارع	الماضي	الضمير
	المستمر	الاعتيادي			
رَحْ/حَ اِحْمَر	عَمْ اِحْمَر	بِحْمَر	اِحْمَر	اِحْمَرِّيت	**أنا**
رَحْ/حَ نِحْمَر	عَمْ نِحْمَر	بنِحْمَر	نِحْمَر	اِحْمَرِّينا	**نِحْنَا**
رَحْ/حَ تِحْمَر	عَمْ تِحْمَر	بتِحْمَر	تِحْمَر	اِحْمَرِّيت	**إِنْتِه**
رَحْ/حَ تِحْمَرَّي	عَمْ تِحْمَرَّي	بتِحْمَرَّي	تِحْمَرَّي	اِحْمَرِّيتي	**إِنْتِي**
رَحْ/حَ تِحْمَرُّوا	عَمْ تِحْمَرُّوا	بتِحْمَرُّوا	تِحْمَرُّوا	اِحْمَرِّيتُوا	**إِنْتُوا**
رَحْ/حَ يِحْمَر	عَمْ يِحْمَر	بيِحْمَر	يِحْمَر	اِحْمَر	**هُوِّ**
رَحْ/حَ تِحْمَر	عَمْ تِحْمَر	بتِحْمَر	تِحْمَر	اِحْمَرِّت	**هِيِّ**
رَحْ/حَ يِحْمَرُّوا	عَمْ يِحْمَرُّوا	بيِحْمَرُّوا	يِحْمَرُّوا	اِحْمَرُّوا	**هِنِّ**

المضارع التام: كِنْت اِحْمَر / كنَّا نِحْمَر / كِنت تِحْمَر / كِنتي تِحْمَرَّي / كِنتُوا تِحْمَرُّوا / كان يِحْمَر / كانِت تِحْمَر / كانوا يِحْمَرُّوا

اسم المفعول	اسم الفاعل	الضمير
Not used	مْحَمَّر	**أنا / إِنْتِه / هُوِّ**
	مِحْمَرَّة	**أنا/ إِنْتِي / هِيِّ**
	مِحْمَرِّين	**إِنْتُوا / نِحْنَا / هِنِّ**

الأمر: Not used

المصدر: إِحْمِرار

*** يمكِن أن نقُول هذِه الأفعال كلُها تُستخدَم مع الألوان.**

مثل هذه الأفعال: اِخْضر, اَحْمر, اِسْود, اِصْفر *

Form 10	اِسْتَفْعَل

Table (A)

اِسْتَعْمَل — اِسْتَعْمَل / يستَعْمِل — To use

الضمير	الماضي	المضارع	المضارع الاعتيادي	المضارع المستمر	المستقبل
أنا	اِستَعْمَلت	اِستَعْمِل	بِستَعْمِل	عَمْ اِستَعْمِل	رَحْ/حَ اِستَعْمِل
نِحنَا	اِستَعْمَلْنَا	نِستَعْمِل	بنِستَعْمِل	عَمْ نِستَعْمِل	رَحْ/حَ نِستَعْمِل
إنْتِه	اِستَعْمَلت	تِستَعْمِل	بتِستَعْمِل	عَمْ تِستَعْمِل	رَحْ/حَ تِستَعْمِل
إنْتِي	اِستَعْمَلْتِي	تِستَعِمْلي	بتِستَعِمْلي	عَمْ تِستَعِمْلي	رَحْ/حَ تِستَعِمْلي
إنْتُوا	اِستَعْمَلْتُوا	تِستَعِمْلوا	بتِستَعِمْلوا	عَمْ تِستَعِمْلوا	رَحْ/حَ تِستَعِمْلوا
هُوِّ	اِستَعْمَل	يِستَعْمِل	بيِستَعْمِل	عَمْ يِستَعْمِل	رَحْ/حَ يِستَعْمِل
هِيِّ	اِستَعْمَلت	تِستَعْمِل	بتِستَعْمِل	عَمْ تِستَعْمِل	رَحْ/حَ تِستَعْمِل
هِنِّ	اِستَعْمَلُوا	يِستَعِمْلُوا	بيِستَعِمْلُوا	عَمْ يِستَعِمْلُوا	رَحْ/حَ يِستَعِمْلُوا

المضارع التام: كِنْت اِستَعْمِل / كنَّا نِستَعْمِل / كِنت تِستَعْمِل / كِنتي تِستَعِمْلي / كِنتُوا تِستَعِمْلوا / كان يِستَعْمِل / كانِت تِستَعْمِل / كانوا يِستَعِمْلُوا

الأمر:

- إنْتِه: اِستَعْمِل
- إنْتِي: اِستَعِمْلي
- إنْتُوا: اِستَعِمْلُوا

الضمير	اسم الفاعل	اسم المفعول
أنا / إنْتِه / هُوِّ	مِستَعْمِل	مُستَعْمَل
أنا/ إنْتِي / هِيِّ	مِستَعِمْلة	مُستَعْمَلة
إنْتُوا / نِحنَا / هِنِّ	مِستَعِمْلين	مِستَعَمْلين

المصدر: اِستِعْمَال

اِسْتَخْدَمَ　　　　اِسْتَخْدَم / يسْتَخْدِم　　　　**To use**

المستقبل	المضارع		المضارع	الماضي	الضمير
	المستمر	الاعتيادي			
رَحْ/ح اِسْتَخْدِم	عَمْ اِسْتَخْدِم	بسْتَخْدِم	اِسْتَخْدِم	اِسْتَخْدَمت	**أنا**
رَحْ/ح نِسْتَخْدِم	عَمْ نِسْتَخْدِم	بنِسْتَخْدِم	نِسْتَخْدِم	اِسْتَخْدَمْنَا	**نِحْنَا**
رَحْ/ح تِسْتَخْدم	عَمْ تِسْتَخْدم	بتِسْتَخْدم	تِسْتَخْدم	اِسْتَخْدَمت	**إنْتِه**
رَحْ/ح تِسْتَخْدِمي	عَمْ تِسْتَخْدِمي	بتِسْتَخْدِمي	تِسْتَخْدِمي	اِسْتَخْدَمْتي	**إنْتِي**
رَحْ/حَ تِستِخَدْمُوا	عَمْ تِستِخَدْمُوا	بتِستِخَدْمُوا	تِستِخَدْمُوا	اِسْتَخْدَمْتُوا	**إنْتوا**
رَحْ/ح يِسْتَخْدِم	عَمْ يِسْتَخْدِم	بيِسْتَخْدِم	يِسْتَخْدِم	اِسْتَخْدَمَ	**هُوِّ**
رَحْ/ح تِسْتَخْدِم	عَمْ تِسْتَخْدِم	بتِسْتَخْدِم	تِسْتَخْدِم	اِسْتَخْدَمت	**هِيِّ**
رَحْ/حَ يِسْتَخِدْمُوا	عَمْ يِسْتَخِدْمُوا	بيِسْتَخِدْمُوا	يِسْتَخِدْمُوا	اِسْتَخْدَموا	**هِنِّ**

المضارع التام: كِنْت اِسْتَخْدِم / كِنَّا نِسْتَخْدِم / كِنت تِسْتَخْدم / كِنتي تِسْتَخْدِم / كِنتُوا تِستِخَدْمُوا / كان يِسْتَخْدِم / كانِت تِسْتَخْدِم / كانوا يِسْتَخِدْمُوا

الأمر:

– إنْتِه: اِسْتَخْدِم
– إنْتِي: اِسْتَخدِمي
– إنْتوا: اِسْتَخِدْمُوا

الضمير	اسم الفاعل	اسم المفعول
أنا / إنْتِه / هُوِّ	مِسْتَخْدِم	مُسْتَخْدَم
أنا/ إنْتِي / هِيِّ	مِستَخْدِمة	مُسْتَخْدَمة
إنْتُوا / نِحْنَا / هِنِّ	مِستَخِدْمينْ	مُسْتَخْدَمين

المصدر: اِسْتِخْدَام

إسْتَفَادَ   اِسْتَفَاد / يسْتَفيد (مِن)   **To benefit**

المستقبل	المضارع		المضارع	الماضي	الضمير
	المستمر	الاعتيادي			
رَح/حَ اِسْتَفيد	عَمْ اِسْتَفيد	بِسْتَفيد	اِسْتَفيد	اِسْتَفَدِت	**أنا**
رَح/حَ نِسْتَفيد	عَمْ نِسْتَفيد	بِنِسْتَفيد	نِسْتَفيد	اِسْتَفَدْنا	**نِحْنَا**
رَح/حَ تِسْتَفيد	عَمْ تِسْتَفيد	بِتِسْتَفيد	تِسْتَفيد	اِسْتَفَدِت	**إنْتِه**
رَح/حَ تِسْتَفيدي	عَمْ تِسْتَفيدي	بِتِسْتَفيدي	تِسْتَفيدي	اِسْتَفَدْتي	**إنْتِي**
رَح/حَ تِسْتَفيدوا	عَمْ تِسْتَفيدوا	بِتِسْتَفيدوا	تِسْتَفيدوا	اِسْتَفَدْتُوا	**إنْتُوا**
رَح/حَ يِسْتَفيد	عَمْ يِسْتَفيد	بِيِسْتَفيد	يِسْتَفيد	اِسْتَفاد	**هُوِّ**
رَح/حَ تِسْتَفيد	عَمْ تِسْتَفيد	بِتِسْتَفيد	تِسْتَفيد	اِسْتَفادِت	**هِيِّ**
رَح/حَ يِسْتَفيدوا	عَمْ يِسْتَفيدوا	بِيِسْتَفيدوا	يِسْتَفيدوا	اِسْتَفادُوا	**هِنِّ**

المضارع التام: كِنْت اِسْتَفيد / كنَّا نِسْتَفيد / كِنت تِسْتَفيد / كِنتي تِسْتَفيدي / كِنتُوا تِسْتَفيدوا / كان يِسْتَفيد / كانِت تِسْتَفيد / كانوا يِسْتَفيدوا

الأمر:

– إنْتِه: اِسْتَفيد
– إنْتِي: اِسْتَفيدي
– إنْتُوا: اِسْتَفيدوا

اسم المفعول	اسم الفاعل	الضمير
مُسْتَفَاد	مُسْتَفيد	**أنا / إنْتِه / هُوِّ**
	مُسْتَفيدِة	**أنا/ إنْتِي / هِيِّ**
	مُسْتَفيدين	**إنْتُوا / نِحْنَا / هِنِّ**

المصدر: إسْتِفَادِة

Table (B)

To continue/ to last   اِسْتَمَرَّ / يِسْتَمِر

المستقبل	المضارع المستمر	المضارع الاعتيادي	المضارع	الماضي	الضمير
رَحْ/حَ اِسْتَمِر	عَمْ اِسْتَمِر	بِسْتَمِر	اِسْتَمِر	اِسْتَمَرِّيت	أنا
رَحْ/حَ نِسْتَمِر	عَمْ نِسْتَمِر	بِنِسْتَمِر	نِسْتَمِر	اِسْتَمَرِّينا	نِحْنَا
رَحْ/حَ تِسْتَمِر	عَمْ تِسْتَمِر	بِتِسْتَمِر	تِسْتَمِر	اِسْتَمَرِّيت	إِنْتِه
رَحْ/حَ تِسْتَمِرِّي	عَمْ تِسْتَمِرِّي	بِتِسْتَمِرِّي	تِسْتَمِرِّي	اِسْتَمَرِّيتي	إِنْتِي
رَحْ/حَ تِسْتَمِرُّوا	عَمْ تِسْتَمِرُّوا	بِتِسْتَمِرُّوا	تِسْتَمِرُّوا	اِسْتَمَرِّيتُوا	إِنْتُوا
رَحْ/حَ يِسْتَمِر	عَمْ يِسْتَمِر	بِيِسْتَمِر	يِسْتَمِر	اِسْتَمَر	هُوِّ
رَحْ/حَ تِسْتَمِر	عَمْ تِسْتَمِر	بِتِسْتَمِر	تِسْتَمِر	اِسْتَمَرِّت	هِيِّ
رَحْ/حَ يِسْتَمِرُّوا	عَمْ يِسْتَمِرُّوا	بِيِسْتَمِرُّوا	يِسْتَمِرُّوا	اِسْتَمَرُّوا	هِنِّ

المضارع التام: كِنْت اِسْتَمِر / كِنَّا نِسْتَمِر / كِنت تِسْتَمِر / كِنتي تِسْتَمِرِّي / كِنتُوا تِسْتَمِرُّوا / كان يِسْتَمِر / كانِت تِسْتَمِر / كانوا يِسْتَمِرُّوا

اسم المفعول	اسم الفاعل	الضمير
مُسْتَمَر	مُسْتَمِر	أنَا / إِنْتِه / هُوِّ
	مُسْتَمِرَّة	أنَا/ إِنْتِي / هِيِّ
	مُسْتَمِرِّين	إِنْتُوا / نِحْنَا / هِنِّ

الأمر:

—   إِنْتِه: اِسْتَمِر

—   إِنْتِي: اِسْتَمِرِّي

—   إِنْتُوا: اِسْتَمِرُّوا

المصدر: اِسْتِمْرار

اِسْتَغْرَبَ   اِسْتَغْرَب / يسْتَغْرِب   **To wonder**

الضمير	الماضي	المضارع	المضارع: الاعتيادي	المضارع: المستمر	المستقبل
أنا	اِسْتَغْرَبِت	إسْتَغرِب	بسْتَغرِب	عَمْ إسْتَغرِب	رَح/ح اِسْتَغرِب
نِحْنَا	اِسْتَغْرَبْنا	نِسْتَغْرِب	بِنِسْتَغْرِب	عَمْ نِسْتَغْرِب	رَحْ/حَ نِسْتَغْرِب
إِنْتِه	اِسْتَغْرَبِت	تِسْتَغْرِب	بِتِسْتَغْرِب	عَمْ تِسْتَغْرِب	رَحْ/حَ تِسْتَغْرِب
إنْتِي	اِسْتَغْرَبْتِي	تِسْتَغِرْبي	بتِسْتَغِرْبي	عَمْ تِسْتَغِرْبي	رَحْ/حَ تِسْتَغِرْبي
إِنْتُوا	اِسْتَغْرَبْتُوا	تِسْتَغِرْبوا	بتِسْتَغِرْبوا	عَمْ تِسْتَغِرْبوا	رَحْ/حَ تِسْتَغِرْبوا
هُوِّ	اِسْتَغْرَب	يِسْتَغْرِب	بِيِسْتَغْرِب	عَمْ يِسْتَغْرِب	رَحْ/حَ يِسْتَغْرِب
هِيِّ	اِسْتَغْرَبِت	تِسْتَغْرِب	بِتِسْتَغْرِب	عَمْ تِسْتَغْرِب	رَحْ/حَ تِسْتَغْرِب
هِنِّ	اِسْتَغْرَبُوا	يِسْتَغِرْبُوا	بِيِسْتَغِرْبُوا	عَمْ يِسْتَغِرْبُوا	رَحْ/حَ يِسْتَغِرْبُوا

المضارع التام: كِنْت اِسْتَغرِب / كنَّا نِسْتَغْرِب / كِنت تِسْتَغْرِب / كِنتي تِسْتَغِرْبي / كِنتُوا تِسْتَغِرْبوا / كان يِسْتَغْرِبْ / كانِت تِسْتَغْرِبْ / كانوا يِسْتَغِرْبُوا

الأمر:

- إنْتِه: اِسْتَغْرِب
- إنْتِي: اِسْتَغِرْبي
- إنْتُوا: اِسْتَغِرْبوا

الضمير	اسم الفاعل	اسم المفعول
أنا / إنْتِه / هُوِّ	مِسْتَغْرِب	Not used
أنا/ إنْتِي / هِيِّ	مِسْتَغْرِبْة	
إِنْتُوا / نِحْنَا / هِنِّ	مِسْتَغِرْبين	

المصدر: اِسْتِغْراب

To inquire / to ask   اِسْتَفْهَم / يِسْتَفْهِم (عَن)   اِسْتَفْهَم

المستقبل	المضارع		المضارع	الماضي	الضمير
	المستمر	الاعتيادي			
رَح/حَ اِسْتَفْهِم	عَم اِسْتَفْهِم	بِسْتَفْهِم	اِسْتَفْهِم	اِسْتَفْهَمِت	أنا
رَح/حَ نِسْتَفْهِم	عَم نِسْتَفْهِم	بِنِسْتَفْهِم	نِسْتَفْهِم	اِسْتَفْهَمْنا	نِحْنا
رَح/حَ تِسْتَفْهِم	عَم تِسْتَفْهِم	بِتِسْتَفْهِم	تِسْتَفْهِم	اِسْتَفْهَمِت	إنْته
رَح/حَ تِسْتَفْهمي	عَم تِسْتَفْهمي	بِتِسْتَفْهمي	تِسْتَفْهمي	اِسْتَفْهَمتي	إنتي
رَح/حَ تِسْتَفْهمُوا	عَم تِسْتَفْهمُوا	بِتِسْتَفْهمُوا	تِسْتَفْهمُوا	اِسْتَفْهَمْتُوا	إنتُوا
رَح/حَ يِسْتَفْهِم	عَم يِسْتَفْهِم	بِيِسْتَفْهِم	يِسْتَفْهِم	اِسْتَفْهَم	هُوّ
رَح/حَ تِسْتَفْهِم	عَم تِسْتَفْهِم	بِتِسْتَفْهِم	تِسْتَفْهِم	اِسْتَفْهَمِت	هِيّ
رَح/حَ يِسْتَفْهمُوا	عَم يِسْتَفْهمُوا	بِيِسْتَفْهمُوا	يِسْتَفْهمُوا	اِسْتَفْهَمُوا	هِنّ

المضارع التام: كِنْت اِسْتَفْهِم / كِنّا نِسْتَفْهِم / كِنِت تِسْتَفْهِم / كِنتي تِسْتَفْهمي / كِنتُوا تِسْتَفْهمُوا / كان يِسْتَفْهِم / كانِت تِسْتَفْهِم / كانوا يِسْتَفْهمُوا

الأمر:

— إنْته: اِسْتَفْهِم

— إنتي: اِسْتَفْهمي

— إنتُوا: اِسْتَفْهمُوا

اسم المفعول	اسم الفاعل	الضمير
	مِسْتَفْهِم	**أنا / إنْته / هُوّ**
Not used	مِسْتَفْهِمة	**أنا/ إنتي / هِيّ**
	مِسْتَفْهْمين	**إنتُوا / نِحْنا / هِنّ**

المصدر: اِسْتِفْهام

اِسْتَشَارَ اِسْتَشارْ/يِسْتَشير **To consult**

الضمير	الماضي	المضارع	المضارع		المستقبل
			الاعتيادي	المستمر	
أنا	اِسْتَشَرِت	اِسْتَشير	بِسْتَشير	عَمْ اِسْتَشير	رَحْ/حَ اِسْتَشير
نِحْنَا	اِسْتَشَرْنا	نِسْتَشير	بنِسْتَشير	عَمْ نِسْتَشير	رَحْ/حَ نِسْتَشير
إنْتِه	اِسْتَشَرِت	تِسْتَشير	بتِسْتَشير	عَمْ تِسْتَشير	رَحْ/حَ تِسْتَشير
إنْتِي	اِسْتَشَرْتِي	تِسْتَشِيري	بتِسْتَشِيري	عَمْ تِسْتَشِيري	رَحْ/حَ تِسْتَشِيري
إنْتُوا	اِسْتَشَرْتُوا	تِسْتَشِيروا	بتِسْتَشِيروا	عَمْ تِسْتَشِيروا	رَحْ/حَ تِسْتَشِيروا
هُوِّ	اِسْتَشَار	يِسْتَشير	بيِسْتَشير	عَمْ يِسْتَشير	رَحْ/حَ يِسْتَشير
هِيِّ	اِسْتَشَارِت	تِسْتَشِير	بتِسْتَشِير	عَمْ تِسْتَشِير	رَحْ/حَ تِسْتَشِير
هِنِّ	اِسْتَشَارُوا	يِسْتَشِيروا	بيِسْتَشِيروا	عَمْ يِسْتَشِيروا	رَحْ/حَ يِسْتَشِيروا

المضارع التام: كِنْت اِسْتَشير / كنَّا نِسْتَشير / كِنت تِسْتَشير / كِنتي تِسْتَشِيري / كِنتُوا تِسْتَشِيروا / كان يِسْتَشير / كانِت تِسْتَشِير / كانوا يِسْتَشِيروا

الأمر:

- إنْتِه: اِسْتَشير
- إنْتِي: اِسْتَشِيري
- إنْتُوا: اِسْتَشِيروا

الضمير	اسم الفاعل	اسم المفعول
أنا / إنْتِه / هُوِّ	مِسْتَشِير	مُسْتَشَار
أنا/ إنْتِي / هِيِّ	مِسْتَشِيرة	
إنْتُوا / نِحْنَا / هِنِّ	مِسْتَشيرين	

المصدر: اِسْتِشَارَة

Table (C)

To rest / to relax — اِسْتَرَاحْ / يسْترِيحْ — اِسْتَرَاحَ

الضمير	الماضي	المضارع	المضارع الاعتيادي	المضارع المستمر	المستقبل
أنا	اِسْتَرَحِت	اِسْترِيح	بِسترِيح	عَمْ اِسْترِيح	رَحْ/حَ اِسْترِيح
نحْنَا	اِسْتَرَحْنَا	نِسترِيح	بِنِسْترِيح	عَمْ نِسْترِيح	رَحْ/حَ نِسْترِيح
إنْتِه	اِسْتَرَحِت	تِسترِيح	بِتِسْترِيح	عَمْ تِسْترِيح	رَحْ/حَ تِسْترِيح
إنْتِي	اِسْتَرَحْتِي	تِسترِيحي	بِتِسترِيحي	عَمْ تِسترِيحي	رَحْ/حَ تِسترِيحي
إنْتُوا	اِسْتَرَحْتُوا	تِسترِيحُوا	بِتِسْترِيحُوا	عَمْ تِسترِيحُوا	رَحْ/حَ تِسترِيحُوا
هُوِّ	اِسْتَرَاحْ	يسترِيح	بيسْترِيح	عَمْ يسْترِيح	رَحْ/حَ يسْترِيح
هِيِّ	اِسْتَرَاحِت	تِسْترِيح	بِتِسْترِيح	عَمْ تِسْترِيح	رَحْ/حَ تِسْترِيح
هِنِّ	اِسْتَرَاحُوا	يسترِيحُوا	بِيسْترِيحُوا	عَمْ يسْترِيحُوا	رَحْ/حَ يسترِيحُوا

المضارع التام: كِنْت اِسْترِيح / كِنَّا نِسْترِيح / كِنت تِسْترِيح / كِنتي تِسْترِيحي / كِنتُوا تِسْترِيحي / كان تِسترِيحُوا / كانِت تِسترِيح / كانوا يسترِيحُوا

الأمر:

- إنْتِه: اِسْترِيح
- إنْتِي: اِسْترِيحي
- إنْتُوا: اِسْترِيحُوا

الضمير	اسم الفاعل	اسم المفعول
أنا / إنْتِه / هُوِّ	مِسْترِيح	Not used
أنا/ إنْتِي / هِيِّ	مِسْترِيحَة	
إنْتُوا / نحْنَا / هِنِّ	مِسْترِيحين	

المصدر: اِسْتِراحَة

اِسْتَغَلَّ   اِسْتَغَل / يِسْتِغل   **To take advantage (negative)**

الضمير	الماضي	المضارع	المضارع الاعتيادي	المضارع المستمر	المستقبل
أنا	اِسْتَغَلِّيت	اِسْتَغِل	بسْتَغِل	عَمْ اِسْتَغِل	رَحْ/ح اِسْتَغِل
نحْنَا	اِسْتَغَلِّينا	نِسْتَغِل	بنِسْتَغِل	عَمْ نِسْتَغِل	رَحْ/ح نِسْتَغِل
إنْتِه	اِسْتَغَلِّيت	تِسْتَغِل	بتِسْتَغِل	عَمْ تِسْتَغِل	رَحْ/حَ تِسْتَغِل
إنْتِي	اِسْتَغَلِّيتي	تِسْتَغِلِّي	بتِسْتَغِلِّي	عَمْ تِسْتَغِلِّي	رَحْ/حَ تِسْتَغِلِّي
إنْتُوا	اِسْتَغَلِّيتُوا	تِسْتَغِلُّوا	بتِسْتَغِلُّوا	عَمْ تِسْتَغِلُّوا	رَحْ/حَ تِسْتَغِلُّوا
هُوِّ	اِسْتَغَل	يِسْتَغِل	بيِسْتَغِل	عَمْ يِسْتَغِل	رَحْ/حَ يِسْتَغِل
هِيِّ	اِسْتَغَلِّت	تِسْتَغِل	بتِسْتَغِل	عَمْ تِسْتَغِل	رَحْ/حَ تِسْتَغِل
هِنِّ	اِسْتَغَلُّوا	يِسْتَغِلُّوا	بيِسْتَغِلُّوا	عَمْ يِسْتَغِلُّوا	رَحْ/حَ يِسْتَغِلُّوا

المضارع التام: كِنْت اِسْتَغِل / كنَّا نِسْتَغِل / كِنت تِسْتَغِل / كِنتي تِسْتَغِلِّي / كِنتُوا تِسْتَغِلُّوا / كان يِسْتَغِل / كانِت تِسْتَغِل / كانوا يِسْتَغِلُّوا

الأمر:

- إنْتِه: اِسْتَغِل
- إنْتِي: اِسْتَغِلِّي
- إنْتُوا: اِسْتَغِلُّوا

الضمير	اسم الفاعل	اسم المفعول
أنا / إنْتِه / هُوِّ	مِسْتَغِل	مُسْتَغَل
أنا/ إنْتِي / هِيِّ	مِسْتَغِلِّة	مُسْتَغَلِّة
إنْتُوا / نِحْنَا / هِنِّ	مُسْتَغِلِّين	مُسْتَغَلِّين

المصدر: اِسْتِغْلَال

Chapter 3:

Example sentences for the 30 most frequently used verbs

To do **سَاوَى / يْسَاوي**

What did you (m.) do yesterday after work?	شُو سَاويت إِمْبَارِح بَعِد الشَّغِل.
I had a party last Thursday.	سَاويت حَفلِة يُوم الخمِيس المَاضي.
We did all the homework.	سَاوِينا كِلْ الوَظَايف.
She wants to celebrate her birthday in this restaurant.	بِدّا تْسَاوِي عِيد مِيلادَا بِـــ هَادَا المَطْعَم.
What do you want to do on Friday?	شُو بِدَّك تْسَاوي يُوم الجُمْعَة؟
I am doing a special programme in Media Arabic.	عَمْ سَاوِي بَرْنَامِج خَاص بِـــ وَسَائِل الإِعْلام.
You are going to do the exam on Sunday.	رَحِ تْسَاوي الإِمتحان يُوم الأَحَد.

To go **رَاح / يْرُوح**

Where did you go yesterday evening?	وِين رِحِت إِمْبَارِح بِـــ المَسا؟
He went to university and she didn't go to the souk.	هُوُّ رَاح عَ الجَامْعَة وهِيِّ مَا راحِت عَ السُّوق.
We went to Ma'alula two days ago.	رِحْنَا عَ مَعْلُولا مِن شِي يُومين.
Where do you want to go after the party?	وِين بِدَّك تْرُوح بَعِد الحَفْلِة؟

When do you want to go with me to drink coffee?	إِيمْتى بِدِّك تْرُوحِي مَعِي مِشَان نِشْرَب قَهْوِة؟
I feel like going to a nightclub today.	جَاي عَلى بَالي رُوح عَ النَّادِي اليُوم.
I'm going home now.	رَايح عَ البِيت هَلَّق.
I'm going to Aleppo on Friday.	رَح رُوح عَ حَلَب يوم الجُمْعَة.
I always go to this restaurant.	دائماً بْرُوح عَ هَادَا المَطْعَم.
We go to university every day at 9 o'clock.	كِل يُوم بِنْروح عَ الجَامْعَة السَّاعَة تِسْعَة.

To come إِجَى / يِجِي

What time did you get home?	أَيْ سَاعَة إِجِيت عَ البيت؟
I came home at 9 o'clock in the evening.	إِجِيت السَّاعَة تِسْعَة المَسا.
He didn't come to the party.	هُوّ مَا إِجى عَ الحَفْلِة.
They came to university late.	هِنّ إِجُوا عَ الجَامْعَة مِتْأَخْرِين.
I want to come to the club today.	بِدّي إِجِي عَ النَّادِي اليُوم.
Can I come with you (m)?	فِيني إِجي مَعَك؟
I'm coming to the shop now.	أَنا جَاي عَ المَحَل هَلَّق.
Why aren't you (pl) coming to the exhibition?	لِيش مُو جَايين عَ المَعْرَض.
He is going to come to the play.	رَحْ يجِي عَ المَسْرَحية.
I always come to class late.	دَاِئماً بجِي عَ الصَّف مِتْأَخِّر.

He comes to university early every day; he's very hard-working.	كِل يُوم بيجِي عَ الجَامْعَة بَكِّير, هُوّ شَاطِر.

To see — شَاف / يْشُوف

I saw Samir in the library today.	شِفِت سَامِر بِــ المَكْتَبِة اليوم.
He saw an amazing film.	شَاف فِيلِم بيَاخُد العَقِل.
We saw lots of nice things in Damascus.	شِفْنَا كْتِير إِشْيَا حِلْوة بِــ الشَّام.
I really need to see you today.	لازم شُوفك اليُوم ضَرُوري.
I want to see a play today at "Dar Al-Assad".	بِدِّي شُوف مَسْرَحية اليُوم بِــ دَار الأَسَد.
I'm not free, I'm watching a film (now).	عَمْ شُوف فِيلِم هَلَّق, مُو فَاضِي.
We're watching the news now.	عَمِ نْشُوف الأَخْبَار هَلَّق.
I'll see my friend tomorrow.	رَح شُوف رْفِيقي بُكْرا.
He's going to see his family on Saturday.	رَح يْشُوف عِيلتُوا يُوم السَّبت.
We always watch Arabic serials.	دائِماً بِنْشُوف مُسَلْسَلات عَرَبِّيَة.

To talk — حَكَى / يحْكِي

I talked to my father yesterday.	حكَيت مَع أَبي إِمْبَارِح.
We talked about Arabo-Islamic civilization.	حكَيت عَن الحَضارَة العَرَبِّية الإِسْلامِيّة.

He said some really nice things about you (m.)	هُوّ حكَى عَنَّك إِشْيا كْتِير حِلُوة.
I want to speak A'miyya (Syrian colloquial Arabic)	بِدِّي إِحْكِي عَامِيّة مِتل العَالَم وَالنَّاس.

very well (lit. "Like the world and the people").	
We need to talk to the teacher about the lesson.	لَازِم نِحْكِي مَعْ الإِسْتاذ مِشَان الدَّرْس.
I'm talking about what happened to Samir.	عَمْ إِحْكِي عَنْ القِصَّة يَلِّي صَارت مَع سَامِر.
What are you talking about?	عَن شُو عَمْ تحْكِي؟
I always talk about you (m.) to my mother.	دَائِماً بِحْكِي عَنَّك لَــ إمِّي.
Every week he talks to his family on the telephone.	كِل إِسْبوع بِيحْكِي مَع عِيلْتُو عَ التِّلِفون.

To say   قال / يْقُول

What did you say to Samir about the project?	شُو قِلِت لَــ سَامِر مِشَان المَشْروع؟
We told him what happened to us yesterday (lit. the story).	قِلْنَا لَــ إِلُو عَن القِصَّة يَلِّي صَارت مَعَنا إِمْبَارِح.
I want to tell you something.	بِدِّي قُول لَــ إِلَك شِي.
We need to tell my father the truth.	لَازِم نْقُول لَــ أَبِي الحَقِيقَة.
I'm telling them about the accident.	عَمْ قُول لَــ إِلُن عَن الحَادَث.
They are saying that there is a holiday tomorrow.	عَم يقُولوا إِنُّ في عِطْلة بُكْرا.

She will tell him every thing.	رَح تْقُول كِل شِي لَــ إِلُو.
I am going to tell the director about the new project.	رَح قُول لَــ المُدير عَن المَشْروع الجْدِيد.

I always say, nothing's impossible in life!	دَائِماً بْقُول: مَا فِي شِي مُسْتَحِيل بِـ الحَياة.
Say what happened!	قُول شُو صَار!

To bring — جَاب / يْجِيب

What have you brought with you?	شُو جِبت مَعك؟
She brought lots of things with her.	هِيِّ جَابِت كْتِير إِشْيَا مَعَا.
He wants to get a new car.	بِدُّو يْجِيب سَيَّارَة جْدِيدِة.
I'm getting my bags from the house.	عَمْ جِيب شَنْتَايْتِي مِن البِيت.
We will bring food with us.	رَحِ نْجِيب مَعنا أَكِل.
I'll bring my friends to the party.	رَحِ جِيب رِفْقَاتِي عَ الحَفْلِة.
I always get vegetables from this shop.	دائِماً بْجِيب خِضْرَة مِن هادا المَحَل.
Don't bring anything with you (m).	لا تْجِيب مَعَك شِي.
Don't bring drinks with you (pl.), because I've brought some with me.	لا تْجِيبُوا مَشْرُوبات لأَنُّ أنا جِبتِ مَعِي.

To begin / to start — بَلَّش / يْبَلِّش

I started studying Arabic two weeks ago.	بَلَّشِت إِدْرُس اللُّغة العَرَبِيِّة مِن إِسبُوعِين.
He started going to the sports club two days ago.	بَلَّش يْروح عَ النَّادِي مِن يُومِين.
They have begun to understand the customs and traditions of Damascus.	بَلَّشُوا يِفْهَمُوا العَادَات و التَّقَالِيد بِـ الشَّام.

I want to start playing sport for my health.	بِدِّي بَلِّش إِلْعَب رِيَاضَة مِشان صَحْتِي.
He must start studying for the exams.	لاَزِم يْبَلِّش يِدْرُس مِشَان الإِمْتِحَانَات.
I am starting a new programme with a different teacher.	عَمْ بَلِّش بَرْنَامِج جْدِيد مَع إِسْتَاذ تَانِي.
She will start getting up early from tomorrow.	رَح تْبَلِّش تْفِيق بكِّير مِن بُكْرَا.
I always start the day with a big cup of coffee in the morning.	دائماً ابَلِّش يُومِي مَع فِنجان قهوة كْبير عَ الصبِّح.
Don't start (m) without me!	لا تْبَلِّش قَبِل مَا إِجِي!

To eat أكَل/ يَاكُل

I ate foul (beans) and hummus in a popular restaurant.	أَكَلِت فول وحُمُّص بِـ مَطْعَم شَعْبِي.
What did you (pl.) eat?	شُو أَكَلْتُوا؟
We ate Aleppan kebab.	أَكَلْنَا كَبَاب حَلَبِي.
I want to eat now, I'm really hungry.	بِدِّي آكُل هَلّق, أَنا كْتِير جُوعَان.
What are you (m.) eating?	شو عَمْ تَاكُل؟
Today we're going to eat at a restaurant on 29th May Street called Abu Kamal.	رَح نَاكُل اليوم بِـ مَطْعَم أَبُوكَمَال يَلِّي بِـ شَارِع 29 أَيَّار.

I always eat falafel.	دَائِماً بَاكُل فَلاَفِل.

To use استعمل/ يستعمل

After the lesson I'm going to	بَعْد الدَّرس رَايح استَعْمِل الإنتِرنِت .

use the internet	
?Can I use your towel	مُمْكِن استَعْمِل مَنْشَفْتَك؟
He likes to use this book to .study Arabic	هوِّ حَابِب يِسْتَعْمِل هَل الكتَاب لَدِرَاسِة اللغَة العَرَبيِّة .
Can you to teach me how to use this Arabic/English ?dictionary	مُمْكِن تعلِّمْني كيف فِينِي اِستَعْمِل القَامُوس العَرَبي انكليزِي.
What shampoo do you (pl) ?use	شُو الشّامبُو يلِّي بتِستَعملُو؟
She used this book for her studies and succeeded, I .think I will buy it also	هيِّ استَعْملِت هَل الكتَاب لَدِرَاستها ونَجْحِت,بفكِّر رَح اشتِريه كمَان.
If you want to learn .something you must use it	إذَا بدَّك تتعلَّم شي لازِم تستَعملو.

To be

كَان/يكون

?Where have you been	وِين كِنْت؟
I was in the Immigration .office	كِنت بِمكْتَب الهِجْرَة و الجوَازَات.
I will be in Bab Touma .square in five minutes	رَح كُون بِسَاحِة باب تُومَا بَعد خَمْس دقَايِق.
He wants to be a famous .journalist	بِدُّو يكُون صَحَفِي مَشْهُور.

I have an important appointment so I don’t want .to be late, we will talk later	عَنْدِي مَوْعِد مُهِمّ فَ مَابدِّي كُون متْأَخِّر, منِحكِي بَعْدِين.

Don't rush, relax and don't .worry	لا تكُون متْسَرِّع , خَلِّيك رِيلاكس وطَوِّل بَالَك.
She was at the party yesterday, weird! What's the ?story	هِيِّ كَانِت بالحَفْلِة مبَارِح , غَرِيبِة ! شُو القصَّة؟
I must be in class at about .nine o'clock	لازِم كُون بالصَّف شِي السَّاعَة تِسْعَة.
I would like to be like my .father	حَابِب كُون مِتْل أَبِي.

To reserve حَجَزْ/يحْجِز

I want to reserve a table for .six people this evening	بِدِّي إحْجِز طَاوِْلة لــَ ست أَشْخَاص هَادا المَسَا.
I made a reservation in .Naranj restaurant	أَنَا عَامل حَجْز بِمَطْعَم النَّارِنج.
He will reserve (a room) in .the Talisman hotel	هُوِّ رَح يحْجِز بِفُنْدُق تِلِسْمَان.
I reserved a room in Hotel .Rabee for my family	حَجَزْت غُرْفِة بِفُنْدُق الرَّبِيع لَعِيلْتي
He has a reservation in this .restaurant	عَنْدُو حَجْز بِهَل المَطْعَم.
I reserved two chairs for you .and me	أَنَا حَاجِز كِرْسِيِّين لــَ إِلَك و إِلي.
If we want to go to Haretna restaurant we must make a reservation first, especially if .it's a Thursday	إذا بدنَا نرُوح عَ مَطْعَم حَارِتْنَا , لازِم نَعْمِل حَجْز بِالأوَّل خَاصَّةً إِذَا كَان يُوم الخَمِيس.

To organize /arrange/ tidy — زَبَّط/يزَبِّط

He will organize the party for this weekend.	هُوِّ رَح يزَبِّط حَفْلِة هَل العُطْلِة
She wants to arrange a schedule/programme to study Arabic.	بِدّا تزَبِّط بَرْنامِج لَدِراسِة اللغَة العَرَبِيّة
My room is a mess, that's why I started to tidy it.	غِرفْتِي كتِير مكَرْكَبَة, مَشَان هِيك رَح بَلِّش زَبّطْهَا.
I have a very important appointment this evening, so I must organize myself well.	عَنْدِي مَوْعِد كتِير مُهِمّ هَل المَسا,مَشَان هِيك لازِم زَبِّط حَالِي عَ اللِّيبْرَة.
Tomorrow is Samir's birthday, so we must organize something without telling him.	بُكْرَا عِيد مِيلاد سَامِر, مِشَان هِيك لازِم نزَبّطلو شي بدون ما يعرف.
I feel like doing something this evening.	جاية على بالي زبّط شي هل مسا

To wake up / to get up — فَاق / يْفِيق

What time did you get up today?	أيْ سَاعَة فِقت اليوم؟
I got up at half past nine.	فِقت السَّاعَة تِسْعَة ونِص.
He didn't go to university because he woke up late.	فَاق متْأخِّر عَشَان هِيك مَا رَاح عَ الجَامْعَة.
Why don't you want to wake up early?	لِيش مَا بِدَّك تْفِيق بَكِّير؟

When do you (pl.) want to wake up tomorrow?	إِيمْتَى بِدْكُن تْفِيقُوا بُكْرا؟
I have to get up at 7 o'clock tomorrow because I have an exam.	لَازِم فِيق بُكْرا السَّاعَة سَبْعَة لأنُّو فِي عَنْدِي إِمْتِحَان.
He will wake up at around 10 o'clock tomorrow.	رَح يْفِيق شِي السَّاعَة عَشَرَة بُكْرا.
She will get up at midday tomorrow because she doesn't have to work.	رَح تْفِيق بُكْرا السَّاعَة إِطْنَعْش مِشَان مَا فِي عَنْدا شِغِل.
I always get up at 8 o'clock on the dot.	دَائِماً بْفِيق السَّاعَة تْمَانِة عَ الظَّبْط.

To try جَرَّب/ يْجَرِّب

I tried to study today but I couldn't.	جَرَّبِت إِدْرُس اليوم بَس مَا كَان فِيني.
Why didn't you try this way?	لِيش مَا جَرَّبِت هِيْ الطَّرِيقة؟
He tried to call him several times but he didn't answer.	جَرَّب يِتِّصِل فِيه عَدَّة مَرَّات بَس مَا رَد
I have to try to talk to him again.	لَازِم جَرِّب إِحْكِي مَعُو مَرَّة تَانْية.
I am trying to learn how to play backgammon.	عَم جَرِّب إِتْعَلَّم لِعْبة الطَّاوْلِة.
He is going to try studying at this institute.	رَح يْجَرِّب يِدْرُس بِـ هادا المَعْهَد.
I keep trying to phone / call you but the line is always busy.	دَائِماً بْجَرِّب إِتِّصِل فِيك بَس خَطَّك بِيكون مَشْغُول.
Try this - you won't regret it!	جَرِّب هادا وْ مَا رَح تِنْدَم!

To find لَاقَى/ يْلَاقِي

I found a really nice house in Old Damascus.	لاقيت بِيت كْتير حِلو بِــ الشَّام القَدِيمِة.
He found a wallet in the street so he gave it to the police.	لاَقَى جزْدان بِــ الشَّارِع و عَطاه لَــ الشِّرْطَة.
I want to find a good, cheap carpet shop.	بِدِّي لاَقي مَحل سِجَّاد مْنِيح وَ رْخِيص.
He needs to find a way to convince his father about the situation.	لازِم يْلاقِي طَرِيقَة مِشَان يضيِّع أَبُوه بِــ المَوْضُوع.
You will find a solution to this problem.	رَحْ تِلاقِي حلْ لَــ هَيْ المشكِلِة.
They will find a big house to live in together.	رَح يْلاقُوا بِيت كْبِير مِشان يسكْنُوا فِيه مَعْ بَعْض.
I always find Samir eating, he's so gluttonous!	دَائماً بْلاقِي سَامِر عَمْ ياكُل, هُوّْ فَجْعَان.

To write | كَتَب/ يكْتُب

I wrote a letter to my sister who lives in Dubai.	كَتَبت رِسَالة لَــ إِخْتِي يلِّي سَاكْنِة بِــ دُبَي.
Why didn't you (pl.) do your home work?	لِيش مَا كَتَبْتُوا الوَظِيفِة؟
We want to write an article about the importance of Arabic civilization.	بِدْنَا نِكْتُب مقَالِة عَن أَهمِيِّة الحَضَارَة العَرَبِيِّة.

You should write clearly (lit. in clear handwriting) with vowels.	لازِم تِكْتُب بِــ خَط وَاضِح و مَعْ التَّشكِيل.
She is writing the letter now.	عَمْ تِكتِب الرِّسَالِة هَلَّق.

I am doing my homework now.	عَمْ إِكْتُب الوَظيفة هَلَّق.
They will write about the life of the poet Nizar Kabbani.	رَح يكتْبُوا عَن حَيَاة الشَّاعِر نِزار قَبَّاني.
I always write letters to my family.	دَائماً بِكتُب رَسَايِل لَـ عِيلْتي.

To stay

ضَل / يْضَل

He stayed in Damascus for two weeks.	هُوُّ ضَل بِـ الشام إسْبُوعين.
I stayed in the restaurant until 10 o'clock.	ضَلِّيت بِـ المَطْعَم حَتَّى السَّاعَة عَشَرَة.
She continued studying until 10 o'clock.	ضَلِّت عَمْ تِدْرس حَتَّى السَّاعَة عْشرة.
They want to stay on the farm all day.	بِدُّن يْضَلُّوا بِـ المِزْرَعَة كِل اليُوم.
Can I stay with you?	فِيني ضَل مَعْكُن؟
How long do you want to stay here?	أَدِّيش بِدَّك تْضَل هون؟
I'm staying here, if you want, you can go.	أنا ضَالِل هُون إذَا بِدَّك فِينَك تْروح.
He's going to stay in Damascus until the end of the summer.	رَح يْضَل بِـ الشَّام حَتَّى نِهاية الصِّيف.

To think

فَكَّر / يْفَكِّر

I thought that the weather would be sunny today.	فَكَّرِت إِنُّ الجَوّ رَح يكون مُشْمِس اليوم.
We thought the party would be good but it was really boring.	فَكَّرْنا إِنْ الحَفْلِة رَح تْكُون حِلْوة بَس

	كَانِت كْتير مُملِّة.
I have to think of a new plan.	لازمَ فكِّر بِـــ خِطَّة جْدِيدِة.
I am thinking of going to the swimming pool today.	عَمْ فَكِّر رُوح عَ المَسْبَح اليُوم.
She is thinking of studying at the university.	عَمِ تْفَكِّر تِدْرس بِـــ كِلِّية الآدَاب.
I don't think Samir will come to university today .	بْفَكِّر إِنُّ سَامِر مَا رَح يجي عَ الجَامْعَة اليوم.
He was very tired yesterday.	إِمْبَارِح كان كْتير تَعْبَان.
What are you thinking of doing today?	شو بِتْفَكِّر بِدَّك تْسَاوي اليوم؟
I think I will go to the museum with my friends.	بْفَكِّر رَح رُوح عَ المَتْحَف مَع رِفْقَاتِي.
We are thinking of going with Samir to the theatre.	بِنْفَكِّر رَح نْرُوح مَع سَامِر عَ المَسْرَحِيِّة.

To meet تقابَل/ يتْقَابَل

I met Samir in Tahrir square.	تْقَابَلِت مَع سَامِر بِـــ سَاحِة التَّحْرِير.
He met the director of the company that he's going to work for.	هُوِّ تقابل مَع المُدِير يلِّى رَح يشْتِغِل بِـــ شَرِكْتُو.

Who did you meet?	مَع مِين تْقَابَلِت؟
When do you (m.) want to meet Abir and Samir?	إِيمْتى بِدَّك تِتْقَابل مَع عَبِير وَ سَمِر؟
I want to meet the person who will be in the travel agency tomorrow evening.	بِدِّي اتْقَابَل مَع الشَّخص يلِّي رَح يْكون بِـــ مكتب السَّفَر بُكرة المَسَا.
We will definitely meet up	أَكِيد رَحْ نِتْقَابَل هَادا الإِسْبُوع, رَحْ

this week, I will call you.	إتِّصِل فيك.
They are going to meet an Arabic language teacher tomorrow at 3 o'clock; he will help them understand Arabic grammar.	رَح يتْقَابلُوا مَع إسْتَاذ اللّغة العَرَبيِّة بُكْرا السَّاعَة تْلاتِة مِشان يْساعِدُن بِـــ بِفَهْم قَواعِد اللُّغة العَرَبيِّة.
He will meet them at Abir's house.	رَح يتْقَابَل مَعُن بـــ بيت عَبير.
I always meet important, educated people.	دَائماً بِتْقَابَل مَعْ نَاس مُهمِّين وَ مثقَّفين.

To agree

إتَّفَق/ يتِّفِق

I agreed with Samir that we will meet in Bab Touma square at 6 o'clock in the evening.	إتَّفقت مَع سامِر نِتقابَل بِـــ سَاحِة بَاب تُوما السَّاعَة سِتِّة المَسَا.
We agreed to go to Homs on Wednesday.	إتَّفَقنا نْروح عَ حمْصْ يُوم الأَربَعا.
Why didn't you (m.) agree with him about the appointment?	ليش ما إتَّفَقت مَعُو عَ المَوْعِد؟

When are you (m.) going to agree with Ahmad about the date of the party? (i.e: When are you and Ahmad going to set a date for the party?)	إيمتى رَح تِتِّفِق مَع أَحْمَد مِشان مَوْعِد الحَفْلِة.
They will agree on the price of the flat on Thursday.	رَح يتَّفقُوا عَ سِعِر الشَّقَّة يُوم الخميس.
I always agree with Samir, we think alike.	دَائماً بِتْفِق مَع سَامِر هُوّ بيفَكِّر مِتْلِي.
He never agrees with Samir.	هُوّ مَا بِيتِّفِق مَع سَامِر أَبَداً.

To listen / to hear | سمِع/ يسْمَع

I heard that there's a party tomorrow at Ahmad's house.	سْمِعِت إنُّ فِي حَفْلِة بُكْرا بِــ بيت أَحْمَد.
We listened to the news on Al-Jazeera.	سْمِعْنا الأَخْبار عَ الجَزيرِة.
Your voice is quiet, I didn't hear anything.	صُوتَك واطِي، مَا سْمِعِت شي.
Do you (m.) want to hear what happened?	بِدَّك تِسْمَع شُو صَار؟
I want to listen to Fairouz.	جَاي عَلى بَالِي إِسْمَع لَــ فَيْرُوز.
I'm listening to the news in Arabic.	عَمْ إِسمَع الأَخْبَار عَ العَرَبِيِّة هَلأَّ
They are listening to the story teller in café Nofara.	عَمْ يسْمَعُوا لَــ الحَكَواتِي بِــ قَهْوِة النُّوفَرَة.
I always listen to Amr Diab, he's my favorite singer.	دَائِماً بِسْمَع لَــ عِمْرو دِياب هُوُّ مُطِرْبي المُفَضَّل.

To send | بعَت/ يبْعَت

I sent a letter to my uncle who lives in Kuwait.	بَعِتت رِسَالة لَــ عَمِّي يلِّي سَاكِن بــ الكِويت.
He sent a message to me by mobile / cell phone.	بَعَت لَــ إلِي رِسَالة عَ المُوبَايل.
Why didn't you (m.) send me a message to tell me about the party?	لِيش مَا بَعَتِّي لَــ إلِي رِسَالة و خَبَّرْتِيني عَن الحَفْلِة؟
I should send an email to Samir today.	لاَزِم إِبْعَت إِيميل لَــ سَامِر اليوم.
We want to send an email to his father now .	بِدْنا نِبْعَت إِيميل لَــ أَبُوه هَلَّق.

Why don't you send me any letters?	ليش ما عمْ تبْعت رَسَائِل لــ إلي؟
I always send presents to my family.	دَائِماً ببْعت هَدَايا لَــ عِيلْتِي.
Every week I send money to my son.	كِل إسْبُوع ببْعَت مَصَارِي لــ إبْنِي.

To arrive

وِصِل/ يَصَل

I arrived home at 8 o'clock in the evening.	وْصِلِت عَ البيت السَّاعَة تْمَانِة المَسا.
When did you arrive at the club?	إيمْتى وْصِلِت عَ النَّادِي؟
We must arrive on time.	لازِم نِصل عَ الوقت.
He doesn't want to arrive late for the meeting.	مَا بِدُّو يَصل عَ الإجْتِماع متْأَخِّر.
They will arrive in Aleppo at 3 o'clock in the afternoon.	رَحْ يِصلْوا عَ حَلَب السَّاعَة تْلاتِة الضِّهر.

She will arrive at the airport at 7 o'clock in the evening.	رَح تِصل عَ المَطار السَّاعَة سَبْعَة المَسَا.
They always arrive late to class.	دَائِماً بَيَصلُوا عَ الصَّف مِتْأَخْرِين.

To help

سَاعَد/ يْسَاعِد

I helped my friend with his homework.	سَاعَدِت رْفِيقي بِــ حل الوَظِيفِة.
He helped the old man to cross the street.	سَاعَد الخِتْيَار بِــ تَقْطِيع الشَّارِع.
Can you help me please?	فِينك تْسَاعِدني إذَا بتْرِيد؟
I love helping people in need.	بْحَب سَاعِد النَّاس المِحْتَاجِين.
She wants to help him clean	بِدَّا تساعْدُو بِــ تَنْضِيف البِيت.

the house.	
I am helping my brother carry his things to his room.	عَمْ سَاعِد أَخي بِــ حَمِل غرْاضو عَ الغِرْفِة.
I will help her organize the party on Thursday.	رَحْ سَاعِدا بِــ تْنظِيم الحَفْلِة يُوم الخَمِيس.
The director will help them with this project.	المُدير رَحِ يْسَاعِدُون بِــ هَادَا المَشْرُوع.
Please help me!	سَاعِدْني إِذَا بِتْرِيد!

To focus/ concentrate — رَكَّز/ يْرَكِّز

I focused on studying the Arabic language at university.	رَكَّزِت عَ دِراسِة اللُّغة العَرَبِيِّة بِــ الجَامْعَة.

They focused on one thing only.	رَكَّزُوا عَ شِي وَاحَد بَس.
I want to focus on my studies because the exams are in one week.	بِدِّي رَكِّز عَ دِراسِتي لأَنُّ الإمْتِحانات بَعِد إِسْبُوع.
He should concentrate hard in the exam.	لازِم يْرَكِّز بِــ الإمْتَحان بِشَكِل مْنيح.
We are concentrating on the lesson today.	عَمِ نْرَكِّز بِــ الدَّرس اليوم.
Concentrate! (Lit. with me.).	رَكْزُوا مَعِي!
Focus on the subjects concerning western civilization!	رَكِّز عَ المَوَاضِيع يَلِّي بِتْخِص الحَضَارَة الغَرْبِية!

To show — فَرْجى/ يْفَرْجي

I showed Samir where I live.	فَرْجيت سَامِر وين أَنَا ساكِن.
We showed Ahmad a small flat in Muharjireen where he will live in the summer.	فَرْجينَا أَحْمَد عَ شَقَّة زْغيرة بِـ المُهاجِرين مِشان يسْكُن فِيها بِـ الصّيف.
Why don't you (m.) want to show me what you did?	لِيش مَا بِدَّك تْفَرْجيني شُو سَاوِيت؟
When do you (pl.) want to show us your farm?	إِيمْتى بِدْكُن تْفَرْجُونَا مَزْرَعِتْكُن؟
I'm showing Samir where the National Museum is on the map.	عَمْ فَرْجي سَامِر عَ الخَرِيطَة وين صَاير المَتْحَف الوَطَني.
He is showing me Old Damascus and its historical sites.	عَم يفَرْجُوني دِمشق القَديمِة وآثَارَا.
I will show you something really important.	رَحْ فَرْجيك شِي كْتِير مُهِم.
He is going to show his friends how he can play this game.	رَحِ يْفَرْجي رِفْقاتُو كِيف فِينُو يلْعَب هَيْ اللِّعْبِة.

To call — إِتَّصَل / يِتَّصِل

I called you (m.) yesterday but you weren't there.	إِتَّصِلت فِيك إِمْبَارِح بس مَا كِنْت هُون.
He called Samir about going with him to the club.	إِتَّصَل بِـ سَامِر مِشَان يْرُوح مَعُو عَ النَّادِي.
I need to call the manager.	لاَزِم إِتِّصِل بِـ المُدير ضَرُورِي.

He wants to call me today.	بِدُّو يِتّصِل فِيني اليوم.
I'm calling the doctor to make an appointment.	عَمْ إِتّصِل بِـ الدُّكْتور مِشَان آخُد مَوْعِد.
They are calling their friends about the party.	عَمْ يِتّصْلُوا بِـ رِفْقاتُن مِشان الحَفْلِة.
She will call him at 3 o'clock.	رَحْ تِتّصِل فِيه السَّاعَة تْلاتِة.
We will call the electrician so he can come to fix the TV.	رَحْ نِتّصِل بِـ الكَهْرَبْجي مِشَان يجي يْصلِّح التّلْفِزيُون.

To choose إِخْتَار/ يِخْتَار

What did you (m.) choose?	شُو إِخْتَرِت؟
He chose to study Arabic at the university which is in Mezze.	إِخْتَار يدْرُس العَرَبي بِـ كِلِّية الآدَاب يلِّي بِـ المَزّة.

I want to make the right decision.	بِدِّي إِخْتَار القَرَار الصَّح.
He must choose whether he wants to live in Old Damascus or in Muharjireen.	لازِم يخْتَار إِذَا بِدُّو يسْكن بِـ الشَّام القَديمِة أو بِـ المُهَاجِرين.
I am choosing all the questions concerning the history and literature of the west.	عَم إِخْتَار كِل الأَسْئِلة يلِّي بِتْخص التَّاريخ وَ الأَدَب الغَرْبي.
We will choose to go to Syria to study Arabic.	رَح نِخْتَار نْرُوح عَ سُوريا مِشَان نِدْرُس اللُّغَة العَرَبِيّة.
I always choose difficult articles with new, useful words.	دَائِماً بِخْتَار المَقَالاَت الصَّعْبة يلِّي فِيها كِلْمَات جْدِيدة و مُفيدِة.
Don't choose this one!	لا تِخْتَاروا هَادَا!

To put — حَط / يْحِط

I put all the clothes in the washing machine.	حَطِّيت كِل الأَواعِي بِــ الغَسَّالِة.
He put all his money in this bank.	هو حَط كِل المَصَاري بِــ هَادا البَنْك.
Why didn't you (m.) put the food in the fridge?	ليش مَا حَطِّيت الأَكِل بِــ البَرَّاد.
I want to put my stuff here.	بِدِّي حِطْ غْرَاضِي هُون.
Can you (m.) put these books in the drawer?	فِينِك تْحِط هَدُول الكِتب بِــ الدِّرج.
She wants to put the table upstairs.	بِدَّا تْحِط الطَّاوْلِة بِــ الطَّابِق الفُوقَاني.

I will put the TV in my room because I want to watch the match.	رَحْ حِط التِّلفِزيون بِــ غرِفْتي مِشان بِدِّي شُوف المبارَاة.
He will turn on the news on Al-Jazeera.	رَحْ يْحِط عَ الأَخْبَار بِــ الجَزيرِة العَرَبِيِّة.

To walk — مَشَى / يمْشِي

Today I walked from Bab Touma to souk Al-Hamadiyye.	مْشِيت اليوم مِن باب توما حتى سُوق الحَمِدِيِّة.
We walked from the university to Baramkeh because there were no buses.	مْشِينَا مِن الجَامْعَة حَتَّى البَرَامْكِة لأَنْ مَا كَان فِي بَاصَات.
I like walking in the Old City.	بْحِب إِمشِي بِــ الشَّام القَدِيمة.

Do you want to walk to the souk with me?	بِدَّك تِمْشِي مَعِي عَ السُّوق؟
I don't want to walk this way.	مَا بِدِّي إِمْشِي مِن هَادَا الطَّرِيق.
I am walking down the road which leads to Bab Touma square.	عَمْ إِمْشِي مِن الطَّرِيق يَلِّي بِيروح عَ سَاحِة بَاب تُومَا.
We are going to walk down this street because it's not crowded.	رَح نِمْشِي مِن هَادا الشَّارِع لأَنُّو مَا فِي زَحْمِة.
He always walks alone at night.	دَائِماً بِيمْشِي لَــ حَالُو بِــ اللِّيل.

To take أَخَد / يَاخُد

I took some food with me.	أَخَدِت مَعِي شْوَيِة أَكِل.

He took all the money from the drawers.	هُوّ أَخَد كِل المَصَارِي مِن الدِّرْج.
I want to take Arabic lessons.	بِدِّي آخُد دْرُوس بِــ اللُّغَة العَرَبِيّة.
We should take a camera with us.	لازِم نَاخُد مَعَنا كَاميرا.
He is taking Chinese lessons.	عَمْ يَاخُد دْرُوس بِــ اللُّغة الصِّينِيِّة.
She is going to take all of her things away from here.	رَح تَاخُد كِل غْراضا مِن هُون.
They always take a map with them.	دَائِماً بِياخْدوا مَعُن خَرِيطَة.

To read قَرَا / يِقْرَا

I read some good news in the paper.	قَرِيت خَبَر كْتِير حِلو بِــ الجَرِيدِة.
We read an interesting article in class today.	قرينا اليوم مَقَالِة مُمْتِعة بِــ الصَّف.
You (m.) should read every day for two hours.	لازِم تِقْرا كِل يُوم سَاعْتِين.

I want to read about the customs and traditions of Syria.	بِدِّي اِقْرَا عَن العَادَات والتَّقالِيد بِـــ سُورْيا.
I am reading a literary text by Khalil Gibran.	عَمْ اِقْرَا نَص أَدَبي لَـــ خَلِيل جُبْران.
He is reading about Arab history.	عَمْ يقْرَا عَن التَّاريخ العَرَبي.
They will read literary articles in class.	رَحْ يقْروا مَقالات أَدَبِيّة بِـــ الصَّف.
Tomorrow you (pl.) will read a poem by Nizar Kabbani.	رَحْ تِقْروا بُكرا قَصِيدة لَـــ الشَّاعِر نِزار قَبَّاني.
I always read the news in Arabic.	دَائِماً بقْرا الأَخْبَار بِـــ اللُّغة العَرَبِيّة.

***

Chapter 4:

Common Expressions

English	عَامِيِّة
“Hello” followed by (4) different responses.	مَرْحَبا أَهْلِين مَرْحِبْتِين مِيت مَرْحَبا أَهْلِين وْسَهْلِين

English	عَامِيِّة
Literal translation: “On my eyes”. “Save your eyes” (to a man). “Save your eyes” (to a woman). These expressions can be translated as “you’re welcome” or “it’s my pleasure”, followed by the polite reply. They can be used in any situation where an exchange takes place – in shops, restaurants, taxis and when asking for help or for a favor. The following two expressions have the same meaning and are used in the same situations.	عَلى عينِي تِسْلَم عينَك تِسْلَم عينِك

English	عامِيِّة
Lit.: “On my head”. Reply: “He saves your head.”	على راسِي يسلَمْ رَاسَك يسلَمْ راسِك

English	عامِيِّة
Lit.: “Your eyes are generous.” Reply: “God is generous towards you.”	تِكْرَم عينَك اَللَّه يكرِمْك

English	عامِيِّة
Lit.: “don’t eat the problem.” This expression means “don’t worry”.	لا تاكل هم (m.) لا تاكْلِي هَمْ (f.) لا تاكْلُوا هَمْ (pl.)

English	عامِيِّة
Lit.: “turn your mind.” This expression means “be careful” or “watch out”.	دِيرْ بَالَك دِيري بَالِك ديروا بَالْكُن دير بالَكْ! في سيَّارِة زْبَالِة دِيروا بَالْكُن في كتير حِفَرْ بِـــ هادا الشَّارِع دِير بَالَك علَى حَالَك

English	عَامِيِّة
Lit.: "It comes to my mind." This means 'I want to do something' or 'I feel like doing something'.	جَاي عَلى بَالي جَاي عَلَى بَالْنا جَاي عَلَى بَالَك جَاي عَلَى بَالِك جَاي عَلَى بَالْكُن جَاي عَلَى بَالُو جَاي عَلَى بَالا جَاي عَلَى بَالُن جَايه عَلى بَالي / بَالك ....

Example	
	جَاي عَلى بَالي رُوح عَ المَسْبَح. جَاي عَلى بَالي آكُلْ فَلافِل. شو جَاي عَلى بَالَك هَلَّق؟ جَاي عَلى بَالي روح عَ الجَامْعَة هَلَّق؟ مو جَاي عَلى بَالي شي.

English	عَامِيِّة
Lit.: "it went from my head." This expression means "I forgot".	راح مِن بالي راح مِن بالنا راح مِن بَالَك راح مِن بَالِك راح مِن بَالْكُن راح مِن بَالُو

Lit.: “it went from my head.” This expression means .”I forgot“	راح مِن بَالا راح مِن بَالُن
Example	
رَاح مِن بَالي المَوعد راح مِن بالي إِتّصِل بِـــ سَامِر	

English	عَامِيّة
Lit.: “what is there, there is not.” This expression means “What’s up?” The reply means “not much, nothing new”.	شو فِي ما فِي؟ مَا في شِي جْدِيدْ

English	عَامِيّة
Lit.: “stay reasonable.” This expression means “be quiet.”	خَلِّيك عَاقِلْ

English	عَامِيّه
This means “straight ahead” and is used to give directions.	دِغْرِي = عَلى طُول
Example	
رُوح دِغْري!	

English	عَامِيّة
Lit.: “can you take care of me, please?” This expression means “Can you give me a small	فِينَك تْرَاعيني شْوَي إذا بِتْرِيد؟

discount, please?" it is used when bargaining with shop keepers.	

English	عامِيِّة
This expression means "Drop me off here please" and is used when talking to taxi drivers.	نَزّلني عندك إذا بتْريد!

English	عامِيِّة
Lit.: "lengthen your mind". This means "calm down" or "be patient".	طَوّل بَالَك (.m) طَوْلي بَالك (.f) طولوا بَالْكُن (.pl)
Example	
طَوّل بَالَك! أكيد فِي حِل طَوْلي بالِك! الباص رَح يجي بَعد شوْي	

English	عامِيِّة
This expression means "What's wrong with you?" when said in anger, or "What's the matter?" when concerned about someone.	شِبلَك (.m) شِبَكِي (.f) شِبكُن (.pl)
Example	
شِبلَك! شو فِي؟ شِبكُن! ليش زَعْلانين	

English	عامِيِّه

This phrase means "Really? Are you serious?" And the reply means "yes, really."	عَن جد إي وَ الله

English	عَامِيِّة
This expression means "May God give you health" And the reply means "May God cure you." It is used to say "hello."	يَعْطِيك العَافْية الله يعافيك (m.) يعطيكي العافية الله يعافيكي (f.)

English	عَامِيِّة
Lit.: "it takes the mind." This expression means "amazing".	بَياخُد العَقل (m.) بتاخُد العَقِل (f.) هادا البيت بياخُد العَقِل. هَيْ اللَّوْحة بتاخد العَقِل.

English	عَامِيِّة
Lit.: "Health!" "On your heart." This is the equivalent of "bless you!" It is followed by the polite response.	صَحَّة عَلَى قَلْبك

English	عَامِيِّة
This expression means "Take it easy."	خُودْ الأُمُور بِبَساطة
Example	
لاَ تَاكُل هَمْ, خُود الأُمُور بِبَساطَة	

English	عَامِيِّة
Lit.: "It ate air." This phrase is used to describe	أكل هوى بِـــ

something that went badly e.g. "the exam went badly."	أكلت هوى بِــ
Example	
أَكَلِت هُوى بِــ الإمتحان أكل هَوى بِــ المقابَلِة	

English	**عَامِيِّة**
This expression literally means "without taste". It is used to mean "rude", "mean" or "impolite".	بلا زوء
Example	
إِنتِه بلا زُوء	

English	**عَامِيِّة**
This expression means "come!"	شَرِّف!
Example	
شَرِّف لــ عَندي اليوم	

English	**عَامِيِّة**
This phrase literally means "Your mind is busy". When used in a question it means "What's on your mind?"	مَشغول بَالَك
Example	
بِــ شو مَشْغُول بَالَك؟	

English	**عَامِيِّة**
This expression means "It's none of your business!"	مَا دَخلَك!
Example	

فِيني أَعرِف شو الموضوع؟

مَا دَخَلَك!

عَفْواً

***

Dialogues

In the taxi   بـ التَّكسي

(A)

A - فَاضِي؟

B – إي فَاضِي, لَوين؟

A – عَ سَاحِة بَابْ تُوما إذَا بِتْريد

B – تِكْرَم عِينَك

A – الله يِكِرْمَك

في عَدَّاد؟

B – إي في عَدَّاد

هَيْ سَاحِة بَاب تُوما

A – شُكْراً, أَدِّيشْ بِتْريد؟

B – خَمْسين لِيرَة (50)

A – تْفَضَّل

B – شُكْراً

Vocabulary   كلمات جديدة

Are you free/ available?	فَاضِي
"It's my pleasure" (to a man) and response	تِكْرَم عِينَك الله يِكِرْمَك
"It's my pleasure" (to a woman) and response	تِكْرَم عِينِك الله يِكِرْمِك
Meter	عَدَّاد
How much?	أَدِّيشْ؟

235

(B)

A - مَرْحَبا

- Bأهْلِين مَدَام

A - عَ المَزِّة إذا بِتْرِيد

- B عَلَى عِيني, بَسْ مِن أَيْ طَرِيق بِدَّك نْروح؟

A - رُوح مِن الطَّرِيق يَلِّي مَا فِي زَحْمِة!

- Bعلى راسِي مَدَام, مِن وِين حَضِرْتِك؟

A - مِنْ بِرِيطَانْيَا

- Bأهْلا وْ سَهْلا فِيكي

A - شُكْراً

}بَعِد شْوَي{

A - نزِّلني هُون إذَا بِتْرِيد!

- Bتِكْرَمِي مَدَام, تْفَضَّلِي

A - يسْلَمُو

Vocabulary **كلمات جديدة**

You're welcome	عَلَى عِيني / عَلَى راسي
Crowded, busy	زَحْمِة
Where are you from?	مِن وِين حَضِرْتِك؟
Drop me off here please!	نَزِّلْنِي هُون إِذَا بِتْرِيد!
Thank you	يسْلَمُو

A - فَاضي؟

-B إِي, تْفَضَّل

A – طَالِع؟

B –إي, تْفَضّل

To +place name	عَ + إسِم مكان
عَ بَابْ تُوما؟ عَ المَزّة؟ عَ البَرَامْكِة؟	
How much does it cost to travel from here to (place name)	أَدّيش بْتَاخُد مِن هُون لــ اسم المكان
I usually pay (price) from here to (place name)	أنا بالعَادِة بِدْفَع السّعر مِن هُون لِــ اسم المكان

A- شَغِّل العَدَّاد إِذا سَمَحِت؟

– Bالعَدَّاد خَرْبان

A – طيِّب, أَدِّيش بْتاخُد مِن هُون لِــ بَاب تُوما

– B مِيت لِيرَة

A – شُو !!, مُو غَالِي, أَنا بالعَادِة بِدْفَع /50/ لِيرَة مِن هُون لِــ بَاب تُوما

Vocabulary **كلمات جديدة**

Turn on the meter please	شَغِّل العَدَّاد إِذَا سَمَحِت
Broken	خَرْبَان
Usually	بِالعَادِة
Drop me off on the right, please	نَزِّلني عَ اليمين إِذَا سَمَحِت
Drop me off here please	نَزِّلْني هُون إِذَا بِتْرِيد
Drop me off here please	نَزِّلني عَنْدَك إِذَا بِتْرِيد

Drop me off at the corner please	نَزِّلني عَ السُّوكِة إِذَا سَمَحِت
Drop me off at the traffic lights please	نَزِّلني عَ الإِشَارَة إِذَا بِتْرِيد
Turn right	لِف عَ اليمين
Turn left	لِف عَ اليَسار
Straight ahead	دِغْرِي –عَلَى طُول
Corner	السُّوكِة –الزَّاوْيَة
Motorway	أُوتوسْتراد
Main road	شَارِع رَئِيسي
Neighbourhood	حَارَة
Corner, bend	لَفِّة
Square, place	سَاحة
Centre	مَرْكز
Park, garden	جْنَينِة . حَدِيقة
Tunnel	نَفَق
Bridge	جِسِر

In the falafel shop **بِــ مَحَل الفَلافِل**

A – مَرْحَبا مْعَلِّم

– Bأَهلِين وْ سَهْلِين

A – بِدِّي سَنْدَويشة فَلافِل تَبع الخَمْسَ وْ عِشرين إِذَا بِتْرِيد؟

– Bعَلَى عِيني, حِطِّ لَك شِي عَليها؟

A – كِل شِي مَاعَدا المْخَلَّل و كَتِّرلِي الحَد إِذَا بِتْرِيد.

B – تِكْرَم عِينَك

A – الله يكِرْمَك

B – تْفَضَّل هَيْ أَحْلى سَنْدَوِيشة

A – يسَلْمُو هالإِيدين

B – أَهْلا وْ سَهْلا

Vocabulary — كلمات جديدة

Put every thing in it	حِطّ لَك كِل شِي علَيها
Except	مَا عَدا
Pickle	المْخَلَّل
Give me more	كَتِّرْ لِي
Hot spices	الحدّ

In the greengrocer's — بـ محَل الخِضْرَة

A – مَرْحَبا

B – أَهْلين

A – فِي عَنْدَك خضْرَة ظَرِيفِة؟

B – إِي فِي عَنْدي

A – طَيِّب, عَطِيني كِيلُو بَنَدُورَة و نِصْ كِيلُو خْيَارْ ورِبعْ كِيلُو مُوزْ إذا بِتْرِيد

B – علَى عِيني

A – تِسلَم عِينَكْ

أَدِّيش بتْرِيد؟

B – بَسْ مِيت لِيرَة

A- تفَضْلّ

B - يسْلَمُو

Vocabulary   كلمات جديدة

Vegetables	خِضْرَة
Fresh	طَرِيفِة
You're welcome, it's my pleasure; response (to a man)	عَلى عِيني تِسلَمْ عِينَك
You're welcome, it's my pleasure; response (to a woman)	عَلى عِيني تِسلَمْ عِينِك
Only	بَسْ / فَقَط
Thank you	يسلَمُو / شُكْراً

In the greengrocer's   فِي مَحَل الخِضْرَة

A- يَعْطِيك العَافِية عَمُّو

B - الله يْعَافِيك

A - فِي عَنْدَك كُوسَا طَرِيفِة

B - إي, فِي عَنْدَي, كَم كِيلُو بِدَّك

A - عَطِيني كِيلُو وْ نِص إذَا بِتْرِيد

B - تِكْرَم عِينَك

A - الله يكِرْمَك

B - وْهَيْ كِيلُو وْ نَص كُوسَا بِدَّك شِي تَانِي؟

A - بِدِّي كِيلُو بَنَدُورَة وَ كِيلُو خْيَار بَس الله يْخَلِّيك بِدِّي البَنَدُورَة قَاسْية مِشَان السَّلَطَة

- Bلا تاكُل هَم, تْفَضَّل هَدول الخَيار و البَنَدُورَة
- Aيسَلْمُو, أدِّيش بِدَّك حَقُّن؟
- Bبَس /150/ لِيرَة
- Aتفَضَّلْ
- Bشُكْراً
- Aخَاطْرَك
- Bمَع السَّلامِة

Vocabulary **كلمات جديدة**

Hello	يَعْطيك العَافِية
Hello (response)	الله يْعَافِيك
Courgettes	كُوسَا
Tomatoes	بَنَدُورَة
Cucumbers	خْيار
Please	الله يْخلِّيك
Hard	قَاسْية
Salad	السَّلَطَة
How much do you want for these?	أدِّيش بِدَّك حَقُّن؟
Good bye	خَاطْرَك

In the shawarma shop بِــ مَحَل الفَرُّوج و الشَّاوَرْمَا

- Aيَعْطيك العَافْية
- Bالله يْعَافِيك

- Aفِي شَاوَرْما
- Bإي فِي شَاوَرْما
- A طَيِّب, بِدِّي سَنْدَويشِة شَاوَرْمَا إذَا بِتْرِيدْ
- Bعَلى رَاسِي
- Aيسَلْم رَاسَك
- Bتَفَضَّلْ
- Aيسَلْمُو, أَدِّيشْ حَقَّا
- B/30/ تْلاتِين لِيرَة .
- Aتَفَضَّلْ
- Bيسَلْمُو

Vocabulary **كلمات جديدة**

Hello (to a man) A - response (to a man)	يَعْطِيك العَافْيِة الله يْعَافِيك
Hello (to a woman) A - response (to a woman)	يَعْطِيكي العَافْيِة الله يْعَافِيكي
Sandwich	سَنْدَويشة
You're welcome / it's my pleasure A - response	عَلى رَاسِي يسَلْم رَاسَك

In the bookshop **بِــ المكْتَبِة**

- Aمَرْحَبا
- Bأَهْلِين وْ سَهْلِين

- Aفِي عَنْدَك دَفَاتِرْ بِدُون صُور إذَا بِتْرِيدْ
- Bقَصْدَك سَادَة؟
- Aإي سَادَة
- Bإي فِي عَنْدي

– A فِينَك تْفَرْجِيني إذَا بِتْريدْ

– B عَلَى عِيني

تْفَضَّل شُوفْ هَدُول!

– A عَطِيني تْلاتِة مِن هُدول إذَا بِتْريد؟

– B تِكْرَم

– A وكَمَان بِدِّي قَلَمْ أَزْرَقْ و قَلَمْ رْصَاصْ إذَا بِتْريدْ

– B تْفَضَّل

– A يِسْلَمُو , أَدِّيشْ حَقُّنْ؟

– B/250/ مِيتِين و خَمْسِين لِيرَة

– A تْفَضَّل

– B شُكْراً كْتِير

Vocabulary	كلمات جديدة

Notebook (s)	دَفْتَر / دَفَاتِر
Picture	صُوَرْ
Plain, blank	سَادَة
Can you show me please?	فِينَك تْفَرْجِيني إذَا بِتْريدْ؟
A blue pen	قَلَمْ أَزْرَق
Pencil	قَلَمْ رْصَاصْ

Do you mean …?	قَصْدَك
How much do these cost?	أَدِّيشْ حَقُّنْ؟

In the clothes shop
بِــ مَحَل الأَوَاعي

A – مَرْحَبا

B – أهْلِين

A – بدِّي جاكِيت جِلْد طَبيعي إذَا بتْرِيد؟

B – لِلأَسَف مَا فِي عَنَّا جلد طَبيعي بَس فِي صِنَاعِي

A – طَيِّب بْتَعْرِف وين فِيني بْلاقِي؟

B – شَايف هَدَاك الشَّارِع؟

A – إي

B – بْــ آخْرو عَلى إيدَك اليَمين

A – شُكْراً كْتِير, كِلَّك زُوء

B – أَهْلا وْ سَهْلا

Vocabulary **كلمات جديدة**

Jacket	جَاكِيت
Leather	جِلْد
Natural	طَبيعي
I am sorry	للأَسَف
Synthetic	صِنَاعِي
At the end of it	بْــ آخْرو
You're so kind	كِلَّك زُوء

In the clothes shop بِــ مَحَل الأَوَاعِي

A – يَعْطِيك العَافِية

B – الله يْعَافِيكي

A – مُمْكِن تْفَرْجيني شُوفِي عَنْدَك كَنْزَات صُوف؟

B – عَلى عِيني, بَسْ أَيْ لُون بِدَّك؟

A – أَحْمر فَاتِح لَو سَمَحتِ

B – تْفَضَّلِي, غِيرُوا؟

A – هَادَا بِكَفِّي, شُو سِعْرا؟

B – /1200-/ لِيرَه (أَلف و مِيتِين لِيرَة)

A – مُو غَالْيه شوي؟

B – غَالْيه بَس ظَرِيفة كمَان, إذَا مَا بِينَاسبْك فِي أَرْخَص

A – لاَء, رَحْ آخُد الكَنْزة, تْفَضَّل المَصَارِي

B – يِسْلَمُو مَدَام, شَرَّفْتي

Vocabulary **كلمات جديدة**

Woolen jumpers	كَنْزَات صُوف
Which colour do you want?	أَي لُون بِدَّك
Light red	أَحْمَر فَاتِح
Anything else?	غِيرُوا
This will do	هَادَا بِكَفِّي
Good quality	ظَرِيفَة
If it is unsuitable there are some cheaper	إِذَا مَا بِينَاسبْك فِي أَرْخَص

You're welcome	شَرَّفْتي

In the restaurant ب ـ المَطْعَم

A – أَهْلاً وْ سَهْلا   تَفَضَّل

B – شُكْراً, فِينَك تْجِبْلِي اللاَّئِحة إذَا بِتْرِيد

A – عَلى عِيني, تْفَضّل

B شُكْراً –

–بدِّي وَجْبِة كَبَابْ و صَحِنْ فَتُّوشْ وَ بَابَا غَنُّوج إذَا سَمَحِت

A – عَلى عِيني, بْتِحِب تِشْرَبْ شِي؟

إي جِبْلِي كَاسِة عَصِيرْ فَواكي إذَا سَمَحِت

A – تِكْرَم, دَقِيقَة وَ بِكُون الأَكِلْ عَنْدَك

Vocabulary **كلمات جديدة**

The menu	اللاَّئِحَة
Meal	وَجْبِة
Bring me	جِبْلِي
Please	إذَا سَمَحِت/ إذَا بْتِرِيد
You're welcome / it's my pleasure	تِكْرَم / عَلى عِيني
Salad made from olives, cucumber and tomato	فَتُّوشْ
A dip made from aubergine	بَابَا غَنُّوج
Cup, glass	كَاسِة
Juice	عَصِيرْ

In the restaurant بِـــ المَطْعَم

A – مَرْحَبا

B أَهْلِين وْ سَهْلِين –

A – شُو فِي عَنْدَك وَجْبَات عَرَبِيِّة؟

– Bفِي عَنَّا كْتِير إِشْيَا: شَاكْرِيِّة وْ رز وَ كُوسَا مِحْشِي و كَبْسِة وَ أُوزِي و عَنَّا كَمَان فُول وَ حُمُّصْ و مْتَبّلْ

A– طَيِّب: عَطِينِي وَجْبةْ شَاكْرِية وْ رزْ وَ صَحِن فُول إِذَا بْتْرِيد

– Bعلى عِينِي, بْتِحِب تِطْلُب سَلَطَاتْ؟

A – شُوفِي عَنْدَك؟

– Bفِي فَتُّوش و تَبُّولِة و سَلَطة مع الجَرْجِير

A – جبْلِي صَحَن فَتُّوشْ إذَا بْتْرِيدْ

– Bتِكْرَم عِينك

A – الله يكرْمَك

Vocabulary **كلمات جديدة**

Meal	وَجْبِة / وَجْبَات
Rice with meat and	شَاكْرِيِّة
Yoghurt	لبن
Stuffed courgettes	كُوسَا مِحْشِي
A rice dish from the Gulf	كَبْسِة
Would you like to order salad?	بْتْحِب تِطْلُبْ سَلَطَات
Rice with nuts	أُوْزِي
A type of salad	سَلَطة مَع الجَرْجِير

In the restaurant بِــ المَطْعَم

A – مَرْحَبا

–Bأَهْلا وْ سَهْلا, تْفَضّلوا إِسْتَرِيحُوا

A – شُكْراً, وِين اللِّيسْتا, إذَا بِتْرِيدْ

B– تَفَضَّل هَيْ اللِّيسْتا, شُو بِتْحِبُّوا تِطِلْبُوا؟

}مُحادَثِة بين الأَصْدِقَاء{

B– إنْتِه جُوعَان

C– إي جُوعَان كْتِير

B – شُو جَاي عَلى بَالَك تَاكُل؟

C – جَاي عَلى بَالي آكُل كَبَاب حَلَبي و شُورَبِة عَدَس

B– و أَنا جَاي عَلى بَالي كُوسَا مِحْشِي

}المُحادَثِة مَع الكَرْسُون{

B – طَيِّب, مَعْنَاتا جِبِلْنا وَجْبِة كَبَاب حَلَبي و صَحَن شُورَبِة عَدَس و وَجْبِة كُوسَا مِحْشِي وَ كَمَان شْوَية مُقَبِّلات

A– تِكْرَم, شُو بِتْحِبُّوا تِشْرَبوا؟

C – أَنا بِدِّي عَصِيرْ فَواكي

B – و أَنا بِدِّي كُولا

A– عَلى عِيني, بِدْكُن شِي تَانِي؟

B – لاَء شُكْراً, هَادَا بِكَفِّي

B – بَسْ الله يْخَلِّيك مُمْكِن تِسْتَعْجِل شْوَي مِشان نِحْنَا مَيْتِين مِن الجُوع

عَلى رَاسي, دَقِيقَة و بِيكُون الأَكِل جَاهِز

}بَعْد شُوي{

B– عَفْواً وِين المَغَاسِل؟

A- هُنِيك عَ اليَسَار

B- يسْلَمُو

}بَعْد شُوي{

B - الحِسَاب إذَا سَمَحِت

A- تْفَضَّل إِسْتَاذ

B- شُكْراً, تْفَضَّل المَصَاري

A- أَهْلا وْ سَهْلا فِيكُن

Vocabulary **كلمات جديدة**

Please sit down	إِسْتَرِيحُوا
The menu	اللِّيسْتا
Hungry	جُوعَان
You want	جَاي عَلى بَالَك
Aleppo Kebab	كَبَاب حَلَبي
Soup	شُورَبَة
Stuffed courgettes	كُوسَا مِحْشي

So	مَعْنَاتا
Meal	وَجْبِة
Starters	مُقَبِّلات
Fruit juice	عَصِيرْ فَواكي
Please	الله يَخلِّيك
Can you hurry up	مُمْكِن تِسْتَعْجِل شْوَي

We are starving	مَيْتِين مِن الجُوع
Sinks (i.e. bathroom)	المَغَاسِل
The bill	الحِسَاب
The money	المَصَارِي

Asking for help in the street طَلب مُسَاعَد بِـ الشارِع

A – مَرْحَبَا

B – مَرْحِبْتِين

A – مِن وِين الطَّرِيق عَ سَاحِة بَاب تُومَا

B – رُوح مِن هُون بَعْدِين لِفْ عَ اليَسَار

A – شُكْراً كْتِير

B – عَفْواً, وِينْ البَاصَات يَلِّي بِتْرُوحْ عَ مَعْلُولا؟

A – بِـ كَرَاجَات العَبَّاسِين

B – شُكْراً

C – عَفْواً, مُمْكِن سُؤال؟

D – تَفَضَّلْ

C – وِين مَوْقِف البَاصَات يَلِّي بِتْرُوح عَ كِلِّية الآدَابْ

D – بِـ بَاب شَرْقِي, جَنْب القُوصْ

C – يسْلَمُو

Vocabulary كلمات جديدة

Turn left	لِفْ عَ اليَسَار
Turn right	لِفْ عَ اليَمِين
Excuse me	عَفْواً
Bus stop / station	مَوْقِف / مَحَطَّة

Looking for a flat — البَحِث عَنْ شَقَّة

A – يَعطِيك العَافْية

– Bالله يْعَافِيك

A – هَادَا مَكْتَب عَقَارِي؟

– Bإي, تْفَضَّل, شُو بتْرِيد؟

A – وَالله أَنا طَالِب جْدِيد هُون, إجيت مِن يُومِين وْ عَمْ دوِّر عَ شَقَّة زْغِيرة إِسْكُن فِيها, فِي عَنْدكُن هِيك شِي؟

– Bإي فِي, بَس كَمْ غِرْفِة بِدَّك بِـــ الشَّقَة

A – يَعْنِي, غِرِفْتِين وَ مَطْبَخ وَ حَمام بِيكون كْتِير مْنِيح

– Bطَيِّب, تْفَضَّل مِشان أَرْجِيك الشَّقَة

A – وِين صَايْرَة الشَّقة؟

– Bبِـــ الشَّام القَدِيمة

}بَعْد شوي{

– Bهَيْ هِيِّ الشَّقَة, تْفَضَّل شوف!

A – آه_ شِي حِلْو

– Bهَيْ غِرْفِة النُّوم وَ هَيْ غِرفِة الأَعدِة و هُنِيك عَ اليَسَار المَطْبَخ وَ الحَمَّام

A – عَنْ جَد, الشَّقَة حِلوة كتِير, بَس إِن شا الله السِّعر يْكُون حِلْو

– Bلا تَاكُل هَمْ, أَدِّيش بِدَّك تضل بِـــ الشَّام؟

A – بِصَراحَة حَابِب ضَل هُون شِي سِت شْهُور

– Bطَيِّب, هَيْ يا سيدي /15000/ لِيرَة (خَمِس طَعْشَرْ أَلف) بِـــ الشَّهَر

A – م م م, شْوَي غَالي, أَنا طَالِب مْعَتَّر فِينَك تْرَاعِيني شْوَي؟

– Bعلى عِيني, /14000/ لِيرَة (أَرْبَع طَعْشَر أَلف) مْنيح؟

A – م م مِن هُون لَـــ هُون؟ يَلاَّ

– Bآخِر سِعر /13000/ لِيرَة (تْلَت طَعْشَر أَلف)

A – تَمام, بِدِّي الشَّقَة

– Bلَكَن, يَلاَّ نْروح نُكْتُب العَقِد بِـــ المَكْتَب

Vocabulary **كلمات جديدة**

Estate agent	مَكْتب عقَارِي
Flat	شَقَّة
Room	غِرْفِة
Kitchen	مَطْبَخ
Bathroom	حَمَّام
Where is the flat situated?	وِين صَايْرَة الشَّقَة؟
Bedroom	غِرْفِة النُّوم
Sitting room	غِرْفِة الأَعَدِة

To be honest, actually	بِصرَاحَة
Quite expensive	شْوَي غَالي
Miserable	مْعَتَّر
Can you give me a discount?	فِينَك تْرَاعِيني شْوَي؟
Can you reduce the price any more?	مِن هُون لَـــ هُون؟
The contract	العَقِد
Office	مَكْتَب

At the doctor's surgery

بــ عِيادِةْ الدُّكْتور

A – مسَا الخير

B – مَسَا النُّور

A – الدُّكْتُور مَوْجُود؟

B – إي مَوْجُود, تْفَضَّل إسْتريح شي خَمِس دقايق

}بَعْد شوي{

B – تْفَضَّل إسْتَاذ, دُورك, فُوت

C (doctor) – أهْلا وْ سهْلا, تْفَضَّل إرْتَاح, خير, شُوفِي معَك؟

A – يعْني فِي عنْدِي وَجع رَاس وحرَارَة وإسْهَال وتَعَب خِلال اليوم

C – تْفَضَّل لَهون شوَي فْتَاح تِمَّك إذَا بتْرِيد! دَرَجِة حَرَارْتَك /40/, كِيف مِعِدْتَك؟ حَاسِس بِشِي مِتل مَغْص.

A – شوَي ، مُوكتير

C – م م, معَك حسَاسيِّة مِنْ الجوْ وَالأكِلْ

A – مَظْبُوط, مَانِي مِتْعَوِّد على الأكِلْ والجوْ هُون, شُو نَصيحتَك دُكْتُور؟

C – جيب هالدَّوا مِن الصيِّدلية

A – أَلف شكِرْ دُكتُور, الدَّفع هون؟

C – الدَّفع برَّا عنْد المُمرِّضَة, أهْلِين مَع السَّلامِة

A – شُكْراً كْتِير دُكْتُور

Vocabulary **كلمات جديدة**

Present, here	مَوْجُود
Relax, take a seat	إسْتريح!

Your turn	دُورك
Have a seat	إرْتَاح
Head ache	وَجَع رَاس
Temperature, fever	حَرَارَة
Diarrhea	إسْهَال
Tiredness	تَعَب
Open your mouth	فْتَاح تِمَّك
Your stomach	مِعِدْتَك
Allergy	حَسَاسِيِّة
Air, weather	الجَوْ
Food	الأَكِلْ
Right	مَظْبُوط
Herbal tea	زْهُورات
Alcohol	كُحُول

Fruit	فواكي
This medicine	هالدَّوا
The pharmacy	الصَيّْدلِية
The payment	الدَّفع
Nurse	مُمَرِّضَة

In the Immigration Office بِـ مَكْتَب الهِجْرَة والجَوَزات

A – مَرْحَبَا سَامِر

B – أَهْلِين جُون

A – كِيفَك؟

- Bتَمَام و إنتِه كِيفَك؟

A – مَاشِي الحَالْ

- Bلَوين رَايح؟

A – رَايح عَ مَكْتَب الهِجْرَة والجَوازَات مِشَان مَدِّد الفِيزا تَبَعي بَس هَيْ أَوَّل مَرَّة و مَا بَعْرِف كِيف فِيني سَاوِي الوْرَاق, فِينَك تْسَاعِدْني؟

- Bتِكْرَم عِينَك

A – الله يكِرْمَك

- Bشُوف! أَوَّلْ شِي بِتْرُوح عَ المَكْتَبة يلِّي جَنب المَكْتَبْ وبْتِشْتِري طَوَابع و وَرَقَة إِسمَا إِسْتِمَارَة وْ بَعْدين بِتْعَبِّي الإِسْتِمارَة و بْتِطْلَعْ عَ الطَّابِق التاني وبْتَاخُد مِن عَنْد الضّابِط ورَقَة تَانْية وبتِدْفَع /25/ لِيرَة خَمسَ وْ عِشْرين و بِتْعَبِّي الوَرَقَة التَانْية و بَعْدين بْتَطْلَع عَ الطَّابِق التَّالِت مِشَان تِخْتُم الوَرَقَة مِن عَنْد

الضّابِط التاني بْتِنزِل عَ الطَّابِق التَاني مِشَان تعَطِي كِلْ الوْرَاق لَـ الضّابِط

A – شُكراً كْتِير كْتِير مِشَان المُسَاعَدِة

- Bلا تَاكُل هَمْ و إِذَا فِي عَنْدَك وَقت هَادَا الأُسْبُوع فِينا نْرُوح مِشَان نِشْرَب شِي

A – أَكيد, أَنا رَح إِتِّصِل فِيك, بْشُوفَك

- Bبْشُوفَك بَعْدين

Vocabulary **كلمات جديدة**

To extend the visa	مَدِّد الفِيزا
The paper/ form	الوْرَاق
Look!	شوف!
Stamps	طَوَابِع
The name of the form used in the immigration office	إِسْتِمَارَة

Floor/level	الطَّابِق
Stamp the paper	تِخْتُم الوَرَقَة
Go down to…	بْتِنزِل عَ
The officer	الضّابِط
Help	المُسَاعَدِة

On the telephone — عَ التَّلِيفُون

A – ألو مَرْحَبَا

B – أهْلِين

A – كِيفَك سَامِر؟

B – تَمَام و إِنْتِي كِيفِك؟

A – مَاشِي الحَال, إِتَّصلِت فِيك مِن شِي سَاعَة وْ قالُولِي إِنَّك مُو هُون, وِين كِنت؟

B – إي, مَظْبُوط, كِنت بِــ مَكْتَب الهِجْرَة والجَوازَات كِنت عَمْ سَاوي تَجْدِيد لَــ الفيزا تَبَعي

A – طَيِّب, شُو فِي عَنْدَك بِــ المَسَا؟

B – مَا فِي عَنْدِي شِي

A – تَمَام, اليُّوم فِي حَفْلِة بِــ بيت رْفِيقْتِي, و شُو رَأيك نْرُوح سَوَى

B – فِكْرَه حِلْوة, لِيش لاء, أَيْ سَاعَه بِدَّك نِتقَابَل؟

A – السَّاعَة اِدعْش مْنِيح؟

B – مُمْتَاز, لَكَنْ رَحْ إِجي آخْذِك مِن البيت السَّاعَة اِدعْش إِلاَّ رِبع

}بَعض الأَمْثِله المُفِيدة{

بدِّي إِشْحَن مُوبَايْلي بْتَعْرِف ,وِين الشَّاحِن

I want to charge my mobile, where is the charger?	
My phone is charged	تَلِفُونِي مَشْحُون
My phone isn't charged	تَلِفوني مُو مَشْحُون
I want to buy some phone credit	بِدِّي إِشْتِرِي وِحْدَات لَـ مُو بَايْلِي
SIM card	خَط تَلِفُون
No network	خَارِج التَّغْطِيَة
No network	مَا فِي شَبَكَة
Disconnected	مَقْطُوع الخَط
I want to put credit on my mobile phone	بِدِّي عَبِّي مُوبَايْلِي وِحْدَات
He hung up on me	سَكَّر الخَط بِـ وِشِّي

Telephone conversation

حِوار عَ التَّلِفُون

A– ألو مَرْحَبَا

B – أَهْلِين

A– كِيفَك طَارِق

B – تَمَام و إِنْتِي؟

A– مَا شِي الحَال, إِتَّصِلت فِيك إِمْبَارِح بَس قَالولِي إِنُّ كِنْت مْسَافِرْ

B – إِي كِنت بِـ مَعْلُولا

A– وكِيف كانِت مَعْلُولا؟

B – بِتْجَنِّن!!

A– رحِت عَ الكَنِيسِة شِي؟

B – إِي رحِت, كْتِير حِلْوة!!

A– أيْ سَاعَة إِجِيت عَ الشَّام؟

B – إِجِيت السَّاعَة سِتِّة بِـ المَسَا

A– اليُوم عَامْلِة حَفْلِة بِـ بِيتِي و إِنْتِه مَعْزُوم عَلِيها

- Bآه.. شُكْراً كْتِير, أيْ سَاعَة؟
- A السَّاعَة تِسْعَة
- Bتَمَام بْشوفِك السَّاعَة تِسْعَة بِـــ بيتِك
- A كْتِير مْنِيح بْشُوفَك بَعْدِين

Vocabulary
كلمات جديدة

I am fine	مَا شِي الحَال
Traveling	مْسَافِر
Great / amazing	بْتْجَنِّن
The church	الكَنِيسة
Invited (to it)	مَعْزُوم علَيها

On the telephone
عَ التَّلِفون (2)

- A ألو مَرْحَبا
- Bأَهْلِين
- A خَالِد عَمْ يحكِي مَعِي شِي؟
- Bلاء, غَلْطَان
- A عَفْواً, لا تْآخِذْنِي
- Bمَا فِي مِشكْلِة

- C ألو مَرْحَبا
- Dأَهْلِين
- C إِنتي فَوْزِيِّة شِي؟
- Dلاء نِمْرِة غَلَط
- C عَفْواً, خَرْبَطْنا بِـــ الرَّقم

- Dمَا فِي مِشكِلْة

- Aألو مَرْحَبا
- Bمُمْكِن تعطيني خَالِد لَو سَمَحِت؟
- A خَالِد مُو هُون هَلَّق
- Bطَيِّب, مُمْكِن تقول لَـ إلو إنُّ فَوْزِيِّة إتَّصلِت
- A إي, عَلى عيني
- Bشُكراً كْتير

Vocabulary **كلمات جديدة**

Wrong number	لاء, غَلْطَان
Excuse me	لا تْآخِذْنِي
Wrong number	لاَء نِمْرِه غَلَط
No problem	مَا فِي مِشكِلْة

A trip رِحْلِة

- Aمَرْحَبا
- Bمِيت مَرْحَبا
- A كيف كانِت الرِّحْلِة؟, إنشا الله كِنْتُوا مَبْسُوطِين
- Bإي, الرِّحْلِة كانِت كْتِير حِلْوة وكِنَّا كْتِير مَبْسُوطِين والفُنْدُق يَلِّي كِنَّا فِيه كان مُريح
- A أوّل شِي وين رِحْتُوا؟
- Bأوَّل شِي رِحْنَا عَ حَلَب وَ ضَلِّينا شي يُومين هُنِيك
- A و شُو سَاويتُوا بِـ هاليُومين؟
- Bأوّل مَا وَصَلْنَا عَ حَلَب سَألْنَا عَن الفُنْدُق يَلِّي إسْمُو الرَّبِيع وْ بَعْدين فَطَرْنا وإستَرَحْنَا شوي, وبَعْدين قَرَّرْنا نْروح عَ قَلْعِة حَلَب.

- A شو رأيْكن بِـــ قَلْعِة حلَب؟
- Bبدَّك الصرَّاحة؟ شِي بِيطَيِّرْ العَقِل, أَحْلَى قَلْعة شِفْتا بِـــ كِل حَياتِي
- A وَ شو شِفْتوا كمَان؟
- Bشِفْنا السُّوق وَ المِتحَف و الجَوامِع و إتْمَشِّينا بِـــ شَوارِع حلَب والنَّاس كَانوا لَطِيفِين معَنا
- A وَ شُو رَأْيكُن بِـــ الأَكِل الحلَبي؟
- Bشِي بياخُد العقِل!! خَاصَّةً الكِبِّة الحلَبِيِّة, أَنا بموت بِـــ الكِبِّة الحلَبِيِّة
- A شُو أكْتَر شِي حَبِّيتو بِـــ حلَب؟
- Bأكْتَر شِي الأَسْواق الشَّعْبِيِّة والمَتْحف
- A لَكَن, عَجَبْتْكُن حلَب؟
- Bإي عَجَبْتُنا, حلَب مِن أَحْلَى المُدن يَلِّي شِفْتَا بِـــ حَياتي وأَكِيد رَح زُورا بِـــ المُستَقبل مَرَّة تَانْية

Vocabulary **كلمات جديدة**

Trip	الرِّحْلِة
Happy (pl.)	مَبْسُوطِين
Comfortable	مُريح
Thing	شِي
Castle	قَلْعة
Do you want to know the truth?	بِدَّك الصرَّاحَة؟
Amazing	شِي بِطَيِّر العقِل
The museum	المَتْحَف
The mosques	الجَوامِع
Friendly / nice (pl.)	لُطفَاْء

***

Chapter 6:

Opposites

رْخِيص	cheap	≠	expensive	غَالِي
جْدِيد	new	≠	old	قَدِيم
بِشِع	ugly	≠	nice	حِلُو
وَاسِع	wide	≠	narrow	ضَيِّق
وَاطِي	low	≠	high	عَالِي
بْعِيد	far	≠	close	قَرِيب
وَرَا	behind	≠	in front of	قدَّام
جْوَّا	inside	≠	outside	بَرَّا
شُوبْ	hot	≠	cold	بَرْد
مَفْتُوح	open	≠	closed	مْسَكَّر
مُتَوَاضِع	modest	≠	arrogant	مْتْكَبِّر
غَبِي	stupid	≠	clever	زَكِي
عَتْمِة	dark	≠	light	ضَوّ
نَحِيف	thin	≠	fat	سْمِين
رْقِيق	thin	≠	thick	سْمِيك
قَصِير	short	≠	tall	طَوِيل
كَسْلَان	lazy	≠	hard working	شَاطِر
وَقِح	rude	≠	polite	مُؤَدَّب
مُتَطَلِّب	demanding	≠	satisfied	رَضْيَان

غَامِض	obscure	≠	clear	وَاضِح
مَبْسُوط	happy	≠	angry	مْعَصِّب
كَسُول	lazy	≠	active	نَشِيط
خَفِيف	light	≠	heavy	تْقِيل
مَوْجُود	present	≠	absent	غَايِب
سَرِيع	fast	≠	slow	بَطِيئ
وِسِخ	dirty	≠	clean	نْظِيف
عَن جَدّ	serious	≠	sarcasm	مَسْخَرَة
مَضْيَعَة للوَقْت	waste of time	≠	useful	مُفِيد
فَاطِر	not fasting	≠	fasting	صَايِم
صَعْب	difficult	≠	easy	سَهل
شُرُوق	sunrise	≠	sunset	غُرُوب
مَجْنُون	crazy	≠	sane	عَاقِل
خِشِن	rough	≠	soft	نَاعِم
مَشْغُول	busy	≠	free	فَاضِي
مَلْيَان(معَبَّى)	full	≠	empty	فَاضِي
تْقِيلْدَمّ	boring	≠	funny	خَفِيف دَمّ
مَهْضُوم	funny	≠	rude	غَلِيظ
زَعْلَان	sad	≠	happy	مَبْسُوط
زْغِير	small	≠	big	كْبِير
شَبْعَان	full	≠	hungry	جُوعَان
يَسَار	left	≠	right	يَمِين
شَرْق	east	≠	west	غَرْب

خْسَارِة	loss	≠	profit	رِبْح
حُبّ	love	≠	hatred	كُرْه
تَحْت	down	≠	up	فُوق
نِهَاية	end	≠	beginning	بِدَاية
جَيِّة	return	≠	go	رُوحَة
طَالِع	getting out	≠	entering	فَايت
سَيِّئ	bad	≠	good	مْنِيح
رَاسِب	failing	≠	successful	نَاجِح
فَاشِل	unsuccessful	≠	successful	نَاجِح
تَرَاجُع	regression	≠	development	تَطَوُّر
جَرِيء	outgoing	≠	shy	خَجُول
قَوِي	strong	≠	weak	ضَعِيف
قَاسِي	hard	≠	soft	طَرِي

* * *

Chapter 7:

Vocabulary

English	الجمع	مفرادت
human] mind, [animal's] brain]	مخَاخ	مُخ
outside] wall]	أسْوَار	سُور
A kind, a type, species	أَنوَاع	نَوْع
Adult, grown-up	كبَار	كبِير
Advice	نَصايح	نَصيحَة
Alley	زُقَق	زُقّة
Ally, supporter	حُلفَا	حلِيف
Amateur, hobbyist	هُواة	هاوِي
Ambassador	سُفرَا	سَفِير
Amount	مقَادِير	مِقْدار
Amount, sum	مَبالِغ	مَبلَغ
Answer	أجْوِبة	جَواب
Ant	نَمِل	نَمْلة
Appearance, figure, shape	أشْكَال	شَكْل
Appointment	مَواعِيد	مَوْعِد
Area	مَنَاطِق	مَنْطِقة
Army	جيُوش	جيش
Arrow, stock	أَسْهُم	سَهم
Art	فُنون	فَن
Athletic shoe, leather shoe	بوَاط	بُوط

Attitude	مَوَاقِف	مَوْقِف
Bag	أكْيَاس	كِيس
Band, army division	فِرَق	فِرْقة
Bank	بُنوكْ	بَنْك
Base	قَواعِد	قَاعِدة
Basket	سَلَّات	سَلِّة
Battle	مَعَارِك	مَعْرَكِة
Beach, shore	شَواطِئ	شَطّ
Beast	وُحوشْ	وَحْش
Bed	تخُوت	تَخْت
Bee	نَحِل	نَحْلة
Belt	أَحْزِمة	حِزام
Bill	فَواتِير	فاتُورة
Blanket	لُحُف	لْحاف
Blind person	عُمِي	أَعْمى
Board	لوَاح	لُوحْ
Boat	قَوَارِب	قَارِب
Bone	عَضِم	عَضْمة
Book	كُتُب	كِتاب
Bookshelf, shelf	رفُوف	رَف
Border, limit	حدُود	حَد
Boy	ولَاد	ولَد
Bracelet	أَسَاوِر	إِسوَارة

Branch	فُرُوع	فِرْع
[Branch [of a tree	غُصونْ	غُصْن
Bride	عَرَايس	عَرُوس
Bridge	جُسورْ	جِسْر
Brother	إِخْوة	أَخّ
Brother	إِخْوَات	أَخ
Button, clothing button	زِرَار	زِر
Caliph	خُلَفا	خَلِيفِة
Camel	جْمَال	جَمَل
Canned goods, canned food	مُعَلَّبات	عِلْبة
Capital	عَواصِم	عَاصِمة
Car accident	حَوَادِث	حَادِث
Cards	كْرُوت	كَرْت
Carpenter's shop	مَنَاجِر	مَنْجَرة
Carpet	سِجّاد	سِجّادة
Case	قَضَايَا	قَضِيِّة
Castle	قُصور	قَصْر
Cat, kitten	قَطَاط	قَطَّة
Ceiling	سقُوف	سَقْف
Center, position	مَرَاكِز	مَرْكَز

Century	قُرونْ	قَرْن
Chain	جَنازِير	جَنْزِير
Chain, series	سَلاسِل	سِلْسِلة

Chance	صُدَف	صُدْفة
Channel	قَنوات	قَناة
Cheek	خُدُود	خَد
Chicken ,hen	جاج	جاجة
Child	صغَار	صغِير
Child, baby	أَطفَال	طِفْل
Church	كَنَايس	كَنِيسةِ
Circle, department	دَوائِر	دائِرَة
City	مُدُن	مَدِينة
Clan	عَشَاير	عَشيرة
Class, row	صُفُوفْ	صَف
Closet	خَزَاين	خَزَانِة
Coast	سَوَاحِل	سَاحِل
Colleague, co-worker	زُمَلاء	زَمِيل
Color	أَلْوَان	لَوْن
Complain	شَكَاوَى	شَكْوَى
Condition	شُروطْ	شَرْط
Connection, link	رَوَابِط	رَابط
Consequence	عَوَاقِب	عَاقِبة

Container	عِلَب	عِلْبة
Contract	عُقودْ	عَقْد
Conversation	أَحادِيث	حَدِيث
Cooking pot	طَنَاجِر	طَنْجَرة

Copy	نُسَخ	نُسْخة
Corner	زَوَايا	زَاوِية
Cost	تَكالِيف	تَكْلِفة
Country, town	بِلَاد	بَلَد
Couple, husband	أزْوَاج	زَوْج
Courageous/ brave	شُجْعَان	شُجَاع
Courthouse, court	مَحَاكِم	مَحْكَمِة
Cow	بَقَر	بَقَرة
Crazy person	مَجانِين	مَجْنُون
Critic	نُقّاد	ناقِد
Cult	بِدَع	بِدْعة
Cup	فَناجين	فِنْجان
Cup	كُؤوس	كَأْس
Curriculum	مَنَاهِج	مِنْهَاج
Curtain	بَرادِي	بُرداية
Customer	زَبَاين	زَبْون
Cut	جُروحْ	جِرْح
Dad, father	آباء	أَبْ

Damage	أضْرَار	ضَرَر
Danger, risk, hazard	أخْطَار	خَطَر
Day	أيَّام	يَوْم
Dead	أمْوَات	مَيِّت
Deaf person	طُرْشان	أَطْرَش

Dealer ,merchant	تُجّار	تَاجِر
Debt	دُيونْ	دَيْن
Deer	غُزْلان	غَزال
Delegation	وُفودْ	وَفْد
Department, section	أقْسَام	قِسمْ
Deputy ,political	نُوّاب	نائِب
Desire, longing	أشْوَاق	شَوْق
Detail	تَفاصِيل	تَفْصِيل
Devil	شَياطِين	شَيطان
Diaper	فُوَط	فُوْطة
Dictionary	قَواميس	قامُوس
Disaster	بَلَاوِي	بَلوة
Disaster	كَوَارِث	كَارِثة
Disaster	مَصايب	مْصِيبِة
Discount	خُصُومات	خَصِم
Doctor	دكاتْرة	دَكْتُور
Document	وَثَائِق	وَثِيقَة

Dog	كْلَاب	كَلْبْ
Donkey	حَمِير	حْمار
Door	بْوَاب	بَابْ
Dorm, housing	مَساكِن	سَكَن
Drawer	دْرُوج	دِرج
Dream	أَحْلَام	حُلْم

Duck	بَطّ	بَطّة
Earth, ground	أَرَاضِي	أَرْض
Edge	حِفَف	حِفّة
Edge	طْرَاف	طَرَف
Effort	جُهودْ	جُهْد
Elbow	كْوَاع	كُوعْ
Electrical device	أَجْهِزة	جِهاز
Electrician	كَهْرَبْجِيّة	كَهْرَبجِي
Elephant	فِيلَة	فِيل
Elevator	مَصَاعِد	مَصْعَد
Emotion	عَواطِف	عَاطِفِة
Envelope	ظُروفْ	ظَرْف
Event, happening	أحْدَاث	حَدَث
Evil	شُرورْ	شَرّ
Evil person	أشْرَار	شرِّير
Examination ,exam, test	فْحُوصات	فَحْص

Example	أَمْثِلة	مِثال
Excuse	حِجَج	حِجّة
Excuse	أعْذَار	عِذر
Expenditure	مَصارِيف	مَصْرُوف
Experience	تَجَرِب	تَجْرُبة
Expert	خُبَرا	خَبِير
Explanation	تَفاسِير	تَفْسِير

Eye	عُيُون	عين
Eyelash	رُموشْ	رمْش
Face	وُجوه	وَجْه
Factory	مَصَانِع	مَصْنَع
Fear	مَخَاوِف	خوْف
Farm	مَزَارِع	مَزْرَعة
Fee	رُسومْ	رَسمْ
Feeling	أَحاسِيس	إِحْساس
Feeling	مَشاعِر	شُعورْ
Fiancé	خُطّاب	خَطِيب
Film, movie	أَفْلام	فَيلم
Finger	أَصابِع	إِصبْع
Fire	نيران	نار
Fish	سَمَك	سَمَكة
Filter	فَلَاتِر	فِلْتَر

Floor	طَوابِق	طَابِق
Fork, rake	شُوَك	شَوْكة
Frame	بَرَاوِيز	برْوَاز
Friend	أَصْدِقاء	صِدِيق
Friend, buddy	صُحَاب	صَاحِب
Gas tank	جَرَّات الغاز	جَرّة الغاز
Gender, sex	أَجْناس	جِنْس
Generation	أَجْيَال	جِيْل

Genius	عَباقِرة	عَبْقَرِي
Gentle, kind	لُطَفا	لَطِيف
Gift, present	هَدَايَا	هَدِيِّة
Goat	عَنْزات	عَنْزة
God	آلِهة	إِلَه
Goldsmith	صاغة	صايغ
Gospel	أَناجِيل	إِنْجيل
Government minister	وُزَرا	وَزِير
Governor	حُكّام	حاكِم
Grandfather, forefather	جْدُود	جِدّ
Grandsons	أَحْفَاد	حَفِيد
Graveyard, cemetery	مقَابِر	مقْبَرة
Groom	عُرْسان	عَرِيس
Guess	حَزازِير	حُزَّيْرة

Guest	ضيُوف	ضيْف
Guide, instruction book	أَدِلّة	دلِيل
Guilt, sin	ذُنوبْ	ذَنْب
Guy, young man	شبَاب	شَبّ
Hammer	شَواكِيش	شاكُوش
Hand towel	بَشاكِير	بَشْكِير
Harbour	مَوَانِي	مِينَا
Head	رُوسْ	رَاسْ
Heart	قلُوب	قَلْب

Hero, champion	أَبطَال	بَطَل
Hip	ورَاك	ورْك
Hole	حُفَر	حُفْرة
Holiday	عُطَل	عُطْلة
Hope	آمالْ	أَمل
Horse	أحْصِنة	حصان
Hotel	فَنَادِق	فُنْدُق
House	بُيوتْ	بَيْت
Idea, thought	أَفْكَار	فِكْرَة
Idol, deity	أَصْنَام	صَنَمْ
Imam	أَئِمّة	إِمام
Index	فَهَارِس	فَهْرَس
Individual	أَفْرَاد	فَرْد

Innocent person	أَبْرِياء	بَرِيء
Intention	نَوايَة	نِيّة
Island	جُزُر	جَزِيرة
Jail, prison	حبُوس	حَبْس
Jail, prison	سُجونْ	سِجْن
Jailed person, prisoner	سُجَنا	سَجِين
Job	أشْغَال	شغل
Job	وَظَايف	وَظِيفِة
Joke	نُكْت	نُكْتة
Judge	قُضاة	قاضِي

Judgment	أَحْكَام	حُكْم
Key	مَفَاتِيح	مُفْتَاح
Kingdom	مَمَالِك	مَمْلَكة
Knee	رُكَب	رُكْبة
Knife	سَكَاكِين	سكّينة
Ladder	سَلَالِم	سُلَّم
Land mine	أَلْغَام	لغْم
Law	قَوَانِين	قانُون
Lawyer	مُحَامِيّة	مُحامِي
Legend, fable	أَساطِير	أُسْطُورة
Lesson	دُروس	دَرْس
Letter	مكَاتِيب	مكْتُوب

Letter [of the alphabet]	حُرُوف	حَرْف
Light	إِضوْية	ضَوّ
Lion	أُسود	أَسَد
Liquid	سَوَائِل	سَائِل
List, menu	قَوائِم	قائِمة
List, schedule, stream, index	جَدْوِل	جَدْوَل
Loan	قُروضْ	قَرْض
Lock	قفُول	قِفْل
Lover	أَحْباب	حَبِيب
Manager	مُدَرا	مُدِير
Manner	طُرُق	طَرِيقة

Market, shopping area	أَسْوَاق	سُوق
Martyr	شُهَدا	شَهِيد
Masterpiece	تُحَف	تُحْفَة
Measure	مَعايِير	مِعْيَار
Medal	أَوْسِمة	وِسام
Mediator	وُسَطا	وَسِيط
Medicine	أَدْوِية	دَوا
Message	رَسايِل	رِسالة
Metal	مَعَادِن	مَعْدَن
Metre	مِتَار	مِتر
Mile	مِيَال	مِيلْ

Military , leader	قادِة	قائِد
Million	مَلايِين	مَلْيَون
Mind	عقُول	عَقْل
Minute	دَقَايِق	دَقِيقَة
Missile	صَوارِيخ	صارُوخ
Mistake	أَغْلَاط	غَلَط
Mistake, error	أَخْطَاء	خَطأ
Mother	أُمَّهات	أُم
Month	أَشْهُر	شَهَر
Month	شُهُور	شَهر
Mosquito	نَوامِيس	نامُوسة
Mother-in-law	حَمَوات	حَماة

Motive	دَوَافِع	دَافِع
Motive	حَوَافِز	حَافِز
Mountain	جِبَال	جَبَلْ
Mouse	فِيران	فار
Mouth	أَرْوَاح	رُوحْ
Mustache	شَوَارِب	شَارِب
Nail	أَضَافِر	إِضْفَر
Name	أَسْمَاء	اسْم
Nation	أُمَم	أُمّة
Neck	رِقَابْ	رَقْبِة

Neighbour	جِيرَان	جَارْ
Neighbourhood	أَحْيَاء	حَيّ
New person, new thing	جْدَادْ	جْدِيد
News	أَخْبَار	خَبَر
Newspaper	جَرَايِد	جَرِيدِة
Night	لَيَالِي	لَيْل
Nomad	بَدُو	بَدَوِي
Notebook	دَفَاتِر	دَفْتَر
Number, digit	أَرْقَام	رَقَم
Occupation, job	مِهَن	مِهْنة
Office, desk	مَكَاتِب	مَكْتَب
Officer	ضُبّاط	ضابِط
Old man	خَتَايْرة	خْتِيَار

Old man, old woman	عَجَايز	عَجُوز
Old thing	عُتَق	عَتِيق
Opinion	آراء	رِأْي
Opponent	خُصوم	خَصْم
Origin, root	أُصُول	أَصْل
Orphan	أَيْتَام	يَتِيم
Orphan	يُتَمى	يَتِيم
Outing	مَشاوِير	مِشْوار
Oven, stove	أَفْرَان	فُرْن

Pain	أَوْجَاع	وَجَع
Palm date	تُمُور	تَمْر
Paper	وْرَاق	وَرَقَة
Park	حَدَايق	حَدِيقَة
Part	أَجْزَاء	جزْء
Pastor	رُعْيان	راعِي
Payment, fee	أَقْسَاط	قِسْط
Peak, crest	قِمَم	قِمّة
Pedestrian, walker	مُشَاة	ماشِي
Pen	قْلَام	قَلَم
Percentage	نِسَب	نِسْبَة
Perfume, cologne	عُطُور	عِطْر
Permit	رُخَص	رُخْصة
Person	أَشْخَاص	شَخْص

Personal interest, benefit	مَصَالِح	مَصلَحَة
Phone, telephone	هَواتِف	هَاتِف
Photo, picture	صُوَر	صُورة
Piece	قِطَع	قِطْعة
Pile	كوْام	كُومِة
Pilgrim	حُجّاج	حَج
Pill, seed	حَبّ	حَبّة
Pill, capsule, seed	حبُوب	حَبّة

Pioneer, major	رُوّاد	رائِد
Pipe	مَواسِير	ماسُورة
Pitcher	أَبارِيق	إبْرِيق
Place	أماكِن	مَكان
Plan	خطَط	خِطّة
Planet	كَواكِب	كَوْكَب
Plate	صحُون	صَحْن
Playground, field	ملَاعِب	ملْعَب
Plaza	مَيادِين	مِيدان
Plug	فِيَش	فِيش
Plumber	سَمْكَرِية	سَمْكَرِي
Pocket	جِيَب	جِيْبة
Pocket	جيُوب	جِيبِة
Poem	أَشْعَار	شِعْر

Poison	سُمُومْ	سَمّ
Pole, column	أَعْمِدَة	عَمُود
Police man	شُرْطَة	شُرْطِي
Political party	أَحْزَاب	حِزْب
Pool, pond	بِرَك	بِرْكَة
Poor person	مَسَاكِين	مَسْكِين
Position	مَنَاصِب	مَنْصِب
Position, level	مَرَاتِب	مَرْتَبِة

President	رُؤَسا	رَئِيس
Pressure, stress	ضُغُوط	ضَغْط
Price	أَسْعَار	سِعْر
Priest	خَوارْنَة	خُورِي
Prince	أُمَرا	أَمِير
Prisoner, captive	أَسْرى	أَسِير
Prize, gift	جَوَائِز	جَائِزِة
Professor	أَسَاتْذَة	أُسْتَاذ
Project	مَشَارِيع	مَشْرُوع
Promise	وُعُود	وَعْد
Programme	بَرَاهِين	بُرْهَان
Prophet, apostle	رُسُل	رَسُول
Proverb	أَمْثَال	مَثَل
Purpose, goal	أَهْدَاف	هَدَفْ
Putty	مَعَاجين	مَعْجُون

Question	أَسْئِلة	سُؤَال
Rank	رُتَب	رُتبة
Rat	جَرادين	جَرْدَوْن
Reason	أَسْبَاب	سَبَبْ
Receipt	وُصولة	وَصلْ
Reference	شَوَاهِد	شَاهِد
Region	أَقالِيم	إِقْلِيم

Relative by marriage	نَسَايِب	نَسِيبْ
Religion	أَدْيَان	دِينْ
Report	تَقارِير	تَقْرِير
Restriction	قُيُود	قَيْد
Rich man	أَغْنيا	غَنِي
Rider, passenger	رُكّاب	راكِب
Right	حُقُوق	حَقّ
Ring	خَوَاتِم	خَاتِم
River	أَنْهَار	نَهْر
Roach	صَراصِير	صَرْصُور
Role, part, turn	أَدْوَار	دُورْ
Roof	أَسَاطِيح	سَطِح
Root [of a tree], root	جُذُور	جَذْر
Rope, line	حْبَال	حَبْل
Rude person	شَوَايا	شَاوِي
Salary	رَوَاتِب	رَاتِب

Scale	مَوازِين	مِيزان
Schedule, program	بَرَامِج	بَرْنَامِج
School	مَدَارِس	مَدْرَسِة
Scientist	عُلَما	عَالِم
Scoundrel	زُعْران	أَزْعَر
Scratch	خُدوش	خَدْش

Screw	بَرَاغِي	بُرْغِي
Sea	بُحُور	بَحْر
Seal, stamp	أَخْتَام	خِتْم
Second	ثَوَانِي	ثَانية
Secret	أَسْرَار	سرّ
Secret agent	عُمَلا	عَمِيل
Seed	بِزِر	بِزْرة
Serving spoon, ladle	كَفاكِير	كَفْكِير
Sewer	مَجَارِي	مَجْرى
Sheep	خُرْفان	خَرُوف
Sheep	غَنَم	غَنَمِة
Shelter	مَلَاجِئ	مَلْجَأ
Ship	سُفُن	سَفِينة
Shirt	قُمْصان	قَمِيص
Shoe	كَنادِر	كَنْدَرَة
Sick person, patient	مَرضَى	مَرِيض
Sickness, disease	أَمْرَاض	مَرَض

Sink	مَجَالِي	مَجْلى
Size	أَحْجَام	حَجْم
Skirts	تَنَانِير	تَنُّورة
Sky, heaven	سَمَوات	سَما
Slave	عَبِيد	عَبْد

Sleeve	كْمَام	كِمّ
Smell	رَوَايح	رِيحَة
Soap	صَوَابِين	صابُونة
Soldier	جُنُود	جُنْدِي
Solution	حُلُول	حَلّ
Something, thing	أَشْيَاء	شِي
Song	أغَانِي	غِنِّيّة
Soul	نُفوس	نَفْس
Speaker, Muslim preacher	خُطَبَا	خَطِيب
Spoon	مَعَالِق	مَعْلَقَة
Stage	مَسَارِح	مَسْرَح
Star, celebrity	نُجُوم	نَجْم
State	دُوَل	دَوْلَة
Statue	تَمَاثِيل	تِمْثَال
Stick	عُصِي	عَصايْة
Storage	مَخَازِن	مَخْزَن
Store	دَكَاكِين	دُكّان
Storm	عَوَاصِف	عَاصِفة

Story	قُصَص	قُصّة
Street	شَوَارِع	شَارِع
Student	طُلاّب	طَالِب
Style, manner	أسالِيب	أُسْلوب

Suburb	ضَوَاحِي	ضَاحِية
suffering	آلَام	أَلَم
Suitcase, book bag	شَنَاتِي	شَنْتة
Swing	مَراجِيح	مَرجُوحة
System, rule	أنْظِمة	نِظام
Tape, cassette	أشرِطة	شْرِيط
Tape, sticker	لُزَّيْق	لُزيَّقْة
Tax	ضَرَايب	ضَرِيبة
Taxi	تَكَاسِي	تَكْسِي
Teaching	تَعالِيم	تَعْلِيم
Team	فِرَق	فَرِيق
Temple	هَيَاكِل	هَيْكَل
Terrace	بَلاكِين	بَلْكَوْن
Thousand	آلاف	أَلْف
Thousand	أُلُوف	أَلْف
Tick	بَق	بَقّة
Ticket	تَذَاكِر	تَذْكَرَة
Toilet	مَراحِيض	مِرْحَاض

Toilet	كرَاسي الحَمَّام	كرْسِي الحَمَّام
Tongue	ألْسنة	لْسان
Tooth	سْنَان	سِنّ
Tourist	سُوّاح	سايح

Towel	مَنَاشِف	مَنْشَفِة
Toy, game	لُعَب	لُعْبة
Toy, game, doll	ألْعَاب	لُعبِة
Tradition	تَقَالِيد	تَقْلِيد
Tragedy, disaster	مَآسِي	مَأساة
Traitor, backstabber	خونَة	خاين
Trap	فَخَاخ	فْخّ
Trap	مَصَايد	مَصْيَدِة
Tree	أشْجَار	شَجَرَة
Tribe	قَبَايل	قَبيلِة
Trouble-maker	مِشْكلْجية	مِشْكَلْجي
Trousers	بَناطِيل	بَنْطَلَوْن
Trunk, chest	صَنَادِيق	صَنْدُوق
Truth	حقَايق	حقِيقَة
T-shirt, sweater	بَلايز	بْلِوزِة
Tunnel	أنْفاق	نَفَق
TV show, [special] offer	عُروض	عَرْض
Uncle	عْمَام	عَمّ
Underwear	كلاسِين	كَلْسَوْن

Vacancy	شَوَاغِر	شَاغِر
Valley	وِدْيان	وادِي
Victim	ضَحايَا	ضَحِيِّة

View, look, scene	مَناظِر	مَنْظَر
Village	قُرى	قَرْيِة
Visitor	زُوّار	زاير
Vote	أَصْوَات	صَوْت
Wallet	جَزادِين	جُزْدان
Wallet	مَحَافِظ	مَحْفَظَة
Washcloth	لِيَف	لِيفة
Watermelon	بَطّيخ	بَطّيخة
Wave	مَوْج	مَوْجة
Wave	أَمْوَاج	مُوجِة
Way	طُرُق	طَرِيق
Weak	ضُعَافْ	ضَعيف
Weapon	أَسْلِحة	سِلاح
Wedding	أَعْرَاس	عُرْس
Week	أَسابِيع	أُسْبُوع
Wicked	لُؤَما	لَئِيم
Widow	أَرَامِل	أَرْمَلِة
Wind	رِيَاح	رِيحْ
Window	شَبابِيك	شُبّاك

Wing	أَجْنحة	جَناح
Wire, cable	أَسْلَاك	سِلْك
Witness	شُهُود	شَاهِد

Work	أَعْمَال	عَمَل
Worker, laborer	عُمّال	عامِل
Worm	دُود	دُودة
Worry, concern	هُمُوم	هَمّ
Writer, author	كُتّاب	كاتِب
Year	سِنِين	سَنَة

***

Index

Build	87	To joke	48	Send	45
*****		*****		be shocked	175
To call	185	To keep	127	Show	91
Care	180	Knock	104	Shower	159
Carry	62	*****			
Choose	183	To last	197	Smell	93
Clean	113	Leave	73	Solve	92
Come	105	Like	47	Sort out	121
Compare	143	Long for	95	Speak	84
Concentrate	119	Lose	71	Start	120
Confirm	135			Stay	96
Confuse	137			Stop	111
Consult	200	*****		Succeed	44
Continue	197	To make	147	*****	
Control	138	Make a mistake	72	To	
Be convinced	190	Marry	160	Take advantage of	202
Cover	131	Measure	59	Take care	180
*****		Meet	149	Talk	84
To dance	81	Miss	95	Teach	114
Deal with	169			Telephone	185
Decide	116	*****		Think	102
Deliver	125	To need	181	Throw	86
Differ	176	Need to	186	Travel	142
Disagree	144	*****		Trust	112
Discuss	151	To occupy	192	Try	115
Distinguish	126	Open	42	Try on	59
Do	147			*****	
Doubt	101	*****		To understand	67
*****		To pass by	98	Use 194	195
To be embarrassed	189	Pay	43	*****	
Enjoy	173	Photograph	123	To visit	53
Be excited	163	Pick up	60	*****	

		Plan	118	To wake up	57

Exercise	158	Play	75	Walk	685
*****		Postpone	133		
To fail	74	Pour	99	Wash	61
Fall	110			Win	76
Feel	90	Pretend	172	Wish	165
Fight	170	Prevent	49	Wonder	198
Fill	129	Protect	89	Write	79
Find	146	Put	97		

***